重大基础设施建设

项目策划

刘武君 / 著

中国建筑工业出版社

图书在版编目（CIP）数据

重大基础设施建设项目策划 / 刘武君著. 一北京：中国建筑工业出版社，2020. 8

ISBN 978-7-112-25347-0

Ⅰ. ①重… Ⅱ. ①刘… Ⅲ. ①基本建设项目—工程项目管理 Ⅳ. ①F284

中国版本图书馆 CIP 数据核字（2020）第 137340 号

策　　划：中国建筑工业出版社华东分社

（Email：cabp _ shanghai@qq. com）

责任编辑：胡　毅　张伯熙　滕云飞

责任校对：姜小莲

重大基础设施建设项目策划

刘武君/著

*

中国建筑工业出版社出版、发行（北京海淀三里河路 9 号）

各地新华书店、建筑书店经销

南京月叶图文制作有限公司制版

上海安枫印务有限公司印刷

*

开本：787×1092 毫米　1/16　印张：15½　字数：302 千字

2020 年 10 月第一版　2020 年 10 月第一次印刷

定价：98. 00 元

ISBN 978-7-112-25347-0

（36327）

内容提要

近些年来我国在机场、铁路、轨道交通等重大基础设施建设项目上的规划和投资越来越大，重大基础设施建设项目所具有的复杂度高、综合性强、投资巨大、周期较长等特点，使得这类建设项目的前期策划问题越来越突出。

本书作者长期参与机场、轨道交通等重大基础设施的投建营工作，积累了丰富的经验，在本书中，他以上海虹桥综合交通枢纽为主体案例，同时采用上海虹桥国际机场、浦东国际机场、上海轨道交通工程、上海磁浮交通示范运营线、深圳轨道交通 3 号线、北京大兴机场、扬州泰州机场等一些单项案例，将理论探讨和案例分析相结合，提出了“重大基础设施项目策划”的概念，并在国内外相关案例研究的基础上，按照项目策划的内容——设施功能与功能定位策划、设施规模与设施布局策划、设施区分与开发模式策划、项目公司治理模式策划、投融资模式策划、建设管理模式策划、运营管理模式策划等展开，最后总结了项目策划的三大定律和实践成果。

全书既有理论和方法，更有实践案例，既有专业视角，又具有较强的可读性，图文并茂，见解独到，对于从事重大基础设施建设的规划、设计、施工、工程咨询、管理人员启发思路、改进管理非常有帮助，对其他行业从事项目策划和管理的人员，也是一本非常有价值的思考读物。

修订版前言

笔者所著的《重大基础设施建设设计管理》、《重大基础设施建设项目策划》于2009年、2010年先后出版，开启了国内“业主对项目前期管理的研究”，奠定了从业主角度研究大型基础设施项目建设的初步理论基础。转眼间，十年过去了，国内有关业主角度的“项目策划”、“设计管理”的论文、报告快速增加，许多成果引人瞩目。经过大家的努力，我们欣喜地看到“项目策划”“设计管理”的理念和两书中建立起来的初步理论体系，已经得到业界和学界的广泛认可。在朋友圈里，大家已经把这两本书称作大型基础设施建设中“项目管理者的指导手册”“业主宝典”“THE OWNER’S BIBLE”等。

《重大基础设施建设设计管理》和《重大基础设施建设项目策划》出版以来，在读者群中获得广泛好评，我也听到了朋友们不少的批评与建议，有些读者还与我建立了微信联系，沟通频繁，大家也提供了许多新的案例，并对一些案例进行了深入的探讨。这两年两书基本售罄，找我索书的朋友越来越多。去年底，中国建筑工业出版社的胡毅编辑专程来我办公室，详细介绍了读者需求和编辑们的想法，以及两书的销售情况。网上两书的二手书均已卖到500元左右，读者的抬爱让我非常感动，遂同意对《重大基础设施建设设计管理》和《重大基础设施建设项目策划》两书修订、出版第二版。

《重大基础设施建设设计管理》和《重大基础设施建设项目策划》出版以来，促进了业界和学术界对项目策划和设计管理之认识的不断提升，大家对其重视程度越来越高，“大型建设项目实施前必须要做项目策划”，以及“项目设计过程中必须进行有效的设计管理”，已经成为大家的共识。特别是最近几年，国家注册建筑师轮训、注册咨询工程师轮训、注册规划师轮训，以及社会上的各种建设管理培训都将“项目策划”“设计管理”列入培训课程，这也大大促进了《重大基础设施建设设计管理》和《重大基础设施建设项目策划》两书的销售和理念的传播。

过去十年中，我以“重大基础设施建设项目策划”和“重大基础设施建设设计管理”为题，在清华大学、同济大学、中国民航管理干部学院、湖北工业大学、中国投资协会、国家发改委和国资委的培训班，城市规划学会、交通协会、综合交通枢纽学会、城市轨道交通协会等，以及多家规划设计研究院、几所党校进行了很多次讲授，这也在一定程度上促成了学界、业界对项目策划之认识的统一和提高。特别是项目策划授课使相关行业的许多领导干部对项目策划工作有了基本的认识，使我们的领导们有了“项目启动前应该做个策划”的想法。同时，项目策划工作也大大提高了项目建设的系统性和科学性，吸引了更为广泛的关注，从而也带来了对《重大基础设施建设设计管理》和《重大基础设施建设项目策划》两书需求的提升。

虹桥综合交通枢纽正常运营后，我又主持了浦东国际机场三期（卫星厅）工程的项目策划和设计管理工作。除此之外，在过去的这十年中，我还主持了珠海横琴口岸及综合交通枢纽的项目策划与概念设计、港珠澳大桥珠海口岸岛及综合交通枢纽项目策划与概念设计、郑州机场新航站楼与综合交通枢纽项目策划与设计管理、铜陵市有轨电车项目策划与有轨电车网络规划、北京大兴机场综合交通枢纽项目策划、北京大兴机场及其周边地区开发机制策划、新疆乌吐机场一体化建设运营项目策划与专项规划、揭阳潮汕国际机场综合交通枢纽项目策划、西安机场综合交通枢纽地区一体化开发策划、乌鲁木齐机场扩建工程融资策划、海口市海铁综合交通枢纽项目策划、南通新机场空铁枢纽空间布局策划、南宁机场货运物流园区投建营一体化项目策划、海口美兰机场港产城一体化开发策划、重庆机场集团多元化融资与推进路径策划等，约20个基础设施项目的策划和部分设计管理工作，使我们进一步积累了许多经验教训，我们很愿意将它们贡献出来与大家分享。

尽管如此，总的来说“项目策划”和“设计管理”都仍然处在学科形成的初期，还没有形成系统、完整的科学体系，大家都在理论上和实践中积极探索。因此，这次修订未对章节结构做系统性改变，两书仍以案例研究为主，并进一步增加了新的案例和图片，尽量做到通俗易懂，方便大家阅读和讨论。真诚希望第二版的《重大基础设施建设项目策划》和《重大基础设施建设设计管理》依然能够得到大家的关注和批评指正。

感谢在修订过程中给予诸多帮助的中国建筑工业出版社、中国民航机场建设集团有限公司、美国SPS航空规划咨询公司（Strategic Planning Services Inc.）、上海觐翔交通工程咨询有限公司、同济大学工程管理研究所的各位领导、同事、教授们，以及陈建国、周红波、贺胜中、郭伟、李倩林、黄翔、李胜、万钧、唐炜、顾承东、陈立、李起龙等各位朋友。

谢谢各位读者的抬爱！

谢谢大家！

刘武君

2020年春节，于上海

第一版前言

当了十多年业主代表，一直在为回答清楚“业主想要什么”而苦恼，这些年来我一直在寻找尽早向设计单位说清楚需求的方法。经过浦东国际机场一期和二期工程、上海磁浮交通示范运营线、深圳轨道交通3号线、上海轨道交通3号线北延伸工程、上海机场城市航站楼、虹桥综合交通枢纽、虹桥国际机场等项目策划的实践，我们积累了许许多多的经验、教训和体会，似乎找到了一条通往光明的小路。我在许多场合已将这些经验、教训和体会和盘托出，与众多学者、专家和领导讨论，并从中得到了诸多指点。

我们在做城市基础设施建设时，由于业主和使用者的缺位，往往是项目开始以后，都没有一个明确的任务书。有的项目甚至竣工验收的时候还没有一个完整的、工商意义上的业主。在政府投资项目中这种情况很普遍，因此从这个意义上说，项目策划工作和项目策划者就非常重要和必需。重大基础设施规模大、功能复杂，不像盖一栋住宅楼那么简单，拿到手上就做，交给设计院就行。事先没有一个策划，必定会造成项目实施的混乱和项目目标的偏差、投资的浪费等问题。

设计单位最常有的一个苦恼就是业主的需求总是没完没了地变更。我们的一项调查表明，重大基础设施建设中的设计变更，高达50%以上是因为业主需求变更引起的。而如果事先有一个比较好的策划报告，那我们就能够在很大程度上避免这些问题的产生。一份好的策划报告，实质上就是一本很好的设计任务书。因此，我们做项目策划的一个出发点、一个任务就是要讲清楚设计任务。我们把设计院找过来做设计的时候，要告诉他，业主要什么东西，要对这个东西的性能、指标和规模、形态等等有一个精确的描述。这本来是理所当然的事情，但现实中却非常困难。以我们长期在业主角度工作的经验教训来看，这其实是一门新的学问——项目策划。

我去年出版了一本关于设计管理的书——《重大基础设施建设设计管理》，可以认为本书是它的姊妹篇。实际上设计管理是项目策划以后的工作，业主在项目策划完成，或者说基本完成以后，就应该去做设计管理，在做设计管理的时候考虑怎么实施之前已完成的项目策划。也就是说，指导设计管理的思想方针和基本目标、管理平台等，在项目策划阶段都必须确定。

本书主要根据我2008、2009年在清华大学、同济大学所作"重大基础设施建设中的项目策划"讲演的录音整理而成，书中主要谈了一些我们的实践体会，重点是把虹桥综合交通枢纽建设中我们的做法介绍给大家。所以，本书可以认为是虹桥综合交通枢纽的案例介绍，书中各章没有太强的逻辑关系，读者可以随意挑选自己感兴趣的章节和案例来阅读。

本书先讲我们对项目策划的一些认识，然后讲项目策划的一些主要工作内容。策划工作的内容分功能策划、规模策划、开发策划、组织策划、融资策划、建设管理策划和运行管理策划等不同章节展开讨论。

本书是从业主角度研究重大基础设施的项目策划的，是以更好地完成基础设施的工程建设任务为出发点的。本书中介绍的理念、案例和结论性体会，都是针对重大基础设施的，而且是业主角度的。这一点很重要，我们所做的项目策划，跟纯商业项目的策划还是有一定区别的。

本书以虹桥综合交通枢纽为主体案例支撑整个项目策划的体系，同时也采用了上海虹桥国际机场、浦东国际机场、上海磁浮交通示范运营线、深圳轨道交通3号线等一些单项案例。书中主要对这些单项案例进行案例编号，主体案例一般不参与编号。

希望本书的出版起到抛砖引玉的作用，能引发大家参与这一学问的研讨，并得到各位读者的批评指正。

刘武君

2010年元旦

目录

第1章

项目策划的概念

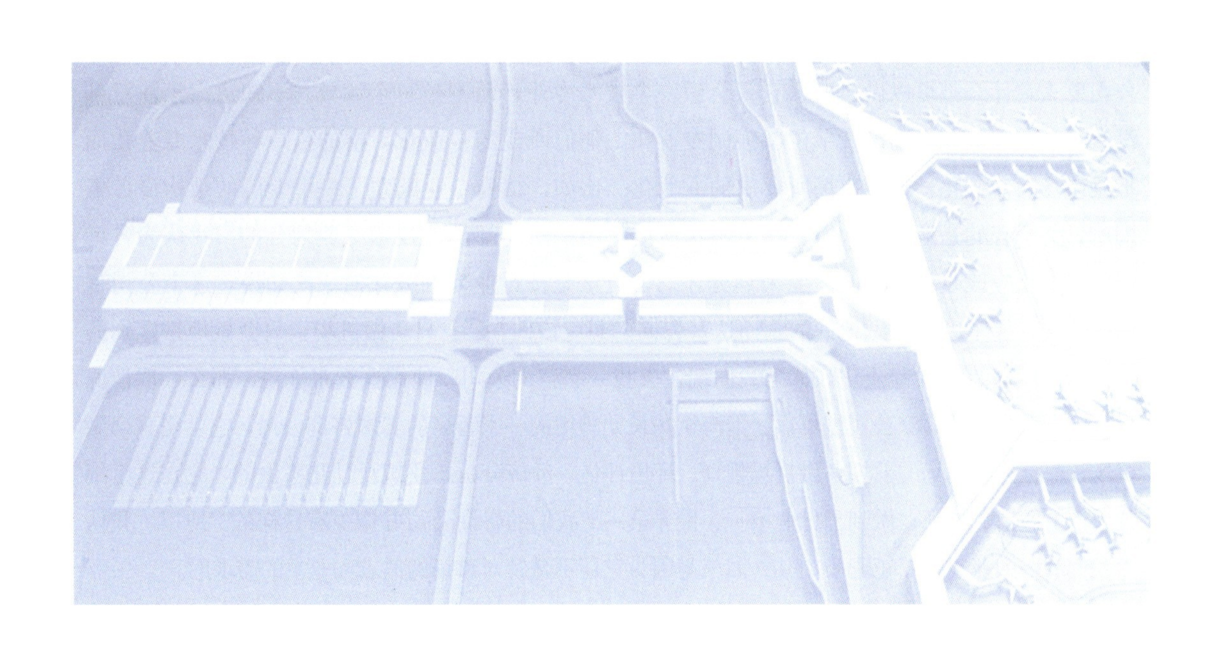

1.1 关于策划的几个概念

1.1.1 咨询公司与咨询行业

我们的业主们一直在做项目策划，许多设计公司、咨询公司、建设公司也在做，但是，实际上，这些公司大都经营得不是太好。这是什么原因呢？一部分是因为行政干预造成的，没有很好地做策划就决策了；另一部分就是我称作的“农村盖房子”问题所造成的。过去农村盖房子是怎么回事呢？农民有了钱以后，他就自己去盖一个房子，他把别人的房子看一看，略加调整很快就盖了，没有很好地去琢磨自身的需求问题，当然也没有去设计。到了20世纪90年代，南方农村盖房子开始做设计了，这时就会遇到任务书的问题，就会发现业主的需求是需要明确的。

在我们这个市场环境里面，咨询业本身的发展还有许多问题。最常见的问题是，一家咨询公司要么它什么都可以做，要么它只会做一个技术专业，而不是一个领域。不知道大家注意到没有，现在有很多咨询设计单位都强调专业化。他们所说的专业化，指的是一种技术专业化而不是市场的专业化，不是市场所要求的专业化。比如，结构专业成立了一个专门的结构设计咨询所，甚至有的是地下结构所、地上结构所或钢结构所，都是按技术专业划分的。我认为咨询业的专业化应该是按市场的需要来划分才对，应该是按行业来细分才对。比如说，这个公司是做机场的，那个公司是做地铁的，而这些咨询公司应该回答：我只会做机场，只会做地铁，别的不会做，应该是这种专业化。如果我们现在去找一家咨询公司，他们这么跟你说，那么一般情况下业主肯定会觉得这家公司很可靠。上海机场长期聘用的一家著名的美国咨询公司，它就是只会做机场，而且只做机场的前期，做机场规划、环境评估、经济分析，建筑设计是不做的，它在这个细分市场上做精、做强，做到了行业第一、世界第一。我们的咨询公司好像少有这样的。所以，我认为我们的咨询业还未真正起步，其原因就是因为它还不是针对市场的需求和业主的需求的。

我国现在的咨询市场需求很大。在社会改革中“小政府、大社会”的发展很快，市场上已经出现了很多独立投资者、出资人。极端地说，就是有的人只做钱的生意，其他什么都不做。而很多项目是政府投资的项目，政府是不可能去具体管这些项目运作的，政府只能是立项、出钱，因此咨询业的市场很大。某商业评论曾报道：国内的咨询项目95%是境外机构在做，国内自己人做的只有5%，这个比例太少了。我们在做项目策划的过程中，对此也深有感触。

1.1.2 项目

讲项目策划，首先要对项目进行理解。项目是具有相同属性的一类工作任务，这个是比较经典的定义。项目有时候是由于社会、经济、文化、环境等一系列因素逐步促成的，往往被人认为是“天上掉下来的”。所谓“天上掉下来的”，就是说它不是逻辑推演出来的，而是很多因素综合作用的结果。比如上海的虹桥综合交通枢纽，绝对不是逻辑推导出来的，也不是原来规划里有的，它是一系列要素综合作用的结果，最后，大家都觉得应该做这么一件事情。

项目具有一次性、独特性、目标的确定性及组织的临时性和开放性、成果的不可挽回性。这些特点，对重大基础设施来说是非常适用的。

1.1.3 策划

“策划”在《辞源》中作“策书、谋划、谋略”解；英文译成“strategy”加上“plan”的含义。在我看来，“策”就是道破天机，“划”就是刻画未来，连起来就是“道破天机、领导未来”的意思。我们做策划，实际上是在做一个对未来的描述和引导。如果只是描述还不能叫策划，那仅仅是给人家讲个故事听听。为什么要叫“策划”，就是还有“划”这一层意思，就是说，还要把描述的这个东西，引导到大家能做出来。

策划还是一种程序，是从一开始到最后要到达的终点的一次次思想的循环。策划的核心，是创新，因为策划是把没有的东西想出来的。这种创新还是一个往复的过程，不断往复的过程。我们做的策划之所以能够有用，就是因为我们在项目的发展过程中，一直不断地在调整，一直不断地在循环，这样才能够把策划做好。我们常讲条条大路通罗马，但是最适合的路可能只有一条。策划就是要通过反复的循环这种思维和创新，找到这条最适合的路。这条路可能不是刚开始策划的、想到的那个，需要有一个往复的过程。所以，策划不仅仅是字面上讲的谋划、计划这类理念的问题，还是一个完整的过程，后面介绍怎么做的时候，还会讲到这个问题。我们有一个很重要的认识，就是策划如果不是跟着项目这么不停地循环，这个策划往往就没有意义，变成空话了。

1.1.4 建筑策划

我接触项目策划是在日本的时候，1989年我有个同学去日本学习，由于不是很了解日本，他就问我学什么。因为他是学建筑的，我就介绍他学日本的建筑策划。他后来真的在日本学习了建筑策划，回国后还写了一本叫《建筑策划导论》的书。我也是从那个时候开始接触策划工作的。他学习后有很多体会，我们经常讨论一些相关问题。我们认为国内的建筑界在做建筑设计的时候，其实非常需要一个策划，但我们一般是没有的，一个设计任务拿上来就做，完全凭建筑师的感觉做。当然，简单点的设施还可以，但是复杂一点的公共建筑就不行了，就特别需要有个策划。建筑策划就是你需要针对建筑服务什么样的人，他想在里面干什么，他是怎么活动的等需求，做出设计任务书。比如最常见的、大家都理解的住宅，其实也是需要策划的（例如每个主妇对厨房和卫生间的要求是不一样的），这就是日本住宅让我们觉得它特别周到、细致的原因，他们在做设计之前，都要认真做策划。策划在日本建筑师的整个工作中是很重要的一环，实际上它占设计费的比例是相当高的，而设计出图所占的比例要比它少。这跟我们相反，我们是施工图环节给的钱最多，越往前给的钱越少。建筑作为一个商品，好用和价有所值是必需的，而要满足使用要求，设计之前的需求研究尤为重要。过去我们的建筑师只有接到任务书后才开始工作，但是否建筑师也要关注一下任务书是怎么产生的呢？我们的建筑师可能都忽视了任务书本身的问题！

1.1.5 开发策划

博士毕业以后，我到日本一家设计公司的咨询部工作，第一个项目就很有意思。前面我讲建筑有一个策划工作，就是你在做建筑设计之前，其实还有一个很重要的工作在前面，它叫策划。而这次我遇到的是一个更大的策划，是项目策划，而不是建筑策划。

东京湾那个时候有很多码头，就像上海黄浦江、苏州河上的码头一样，功能都退化了，整个城市的产业结构调整以后，服务业发展起来，码头用地就空出来了。其中有一个木材码头，占地很大，以前那里不仅有木材码头，还有木材堆场。过去，木材都不是船运来的，是船拖来的，所以堆场占地面积很大，而日本的房地产保有税是很高的，码头没有生意以后，土地放在那里老不用，税收会非常高昂。因此，这块码头土地的所有者就过来找我们，说："现在活不下去了，因为运木材这个业务没有了，地税又交不起，你们看这块地该怎么办？"拿到这个任务以后，我们给他们做了一个完整的项目策划，有两个大的方向，一个是做旅馆、商业一类的开发，另一个是住宅开发。两个方案做完以后，他们采用的是住宅的方案。因为，两家会计师事务所评估的结论是做商业经营比做住宅的风险大，木材码头这种地方还是偏了些，不是很好的商业用地，而这块地上的建筑是看得见东京湾的景观房，位置还是不错的，所以最后他们选用了住宅方案。

我们简单回顾一下整个策划的过程：首先，这块土地的所有者，他什么也不知道，我们完全可以理解成他除了会打高尔夫球，什么都不会，所以他把这个任务交给我们。然后，我们每做一步策划的成果，业主都会找两家会计师事务所对我们的工作做一个独立、平行的评估，通过每一个阶段的评估后，这两家会计师事务所最后会给业主一个最终评估结论，于是他就选定了我们那个住宅策划方案。最后，业主选定策划方案以后，交给规划设计部门去做详细的规划设计，再交给设计部出设计图，就是这么一个过程。

实际上，我们作为咨询公司是站在业主的角度来工作的，在这个项目里面，我们做了一系列开发策划工作。这个策划的目的用一句话来讲，就是要保证你策划的项目实施下去以后，业主是不会亏本的，最好是挣钱的，因为业主的项目开发行为完全是一种市场行为。这与我们书中的案例，重大基础设施的项目策划，可能还有一些不同。我们讲的重大基础设施是有政府性质、公益要求等在里面的，而这个码头的土地所有者是没有这些的。

1.1.6 项目策划

项目策划就是明确项目的目标，找到项目实施的最佳途径。有时候项目到底要达到什么目标，刚开始也是不清楚的。最早提出虹桥综合交通枢纽的时候，虹桥枢纽的建设目标到底是什么也是不够清楚的。所以需要一个从无到有的完整的策划过程，就是要弄清楚我们要寻找的途径最后将通向何处。这也是项目策划中最为重要的。

另外，最佳的途径往往不是最短的途径。就是说，我们刚开始策划的时候，想到的是一个比较理想的途径，可能最后在做的过程中，走了弯路，但是这个弯路不能理解成是不必要走的路，它可能就是一条最适合的路，但它不是最短的，不是理想中的一条直线，往往在里面有很多曲折。

一般意义上的项目策划在很多领域都已被广泛采用，但最常见的还是组织策划、广告策划、美术策划、商业策划等。我们在本书中讲的是重大基础设施、城市设施的策划，而且是从业主角度展开的。

1.2 项目策划的定义

重大基础设施建设的项目策划是在对特定的城市设施项目开展设计工作之前，对其全生命周期运作的统筹和计划；它是项目规划设计工作的前提，也是对项目融资、建设、运营工作的筹划和安排；它是贯穿项目全生命周期的计划调整和实施反馈。

这里面有两层意思，一层是说我们把策划放在整个基础设施生命周期之中，作为程序里面最早的一个阶段来定义。就是说，一个项目必然先有一个策划，然后才有设计、施工和运营。另一层意思是讲策划过程是一个策划、实施、调整策划、再实施、再策划、再实施不断循环的过程，是这样一个工作模式。以上两层意思总结为：

■ 重大基础设施建设项目策划的生命模式："策划→设计→施工→运营"；

■ 城市建设项目策划的工作模式："策划→实施→调整策划→再实施→再策划→再实施……"

1.3 项目策划的意义及其与规划设计、设计管理的关系

1.3.1 项目策划的意义

项目策划的意义在于它存在的必要性。为什么项目实施之前需要有一个策划呢？主要从以下几个方面来说明：

(1) 重大基础设施项目，所涉及技术专业的种类越来越多，所要求的专业程度、要求的水平越来越高，同时有很多项目的专业耦合度也越来越紧密。我们现在经常遇到这种项目，比如机场、轨道交通、磁浮交通（这三类都是交通方面的基础设施项目，比较有代表性），项目里面各专业及各子项，整合度都非常高。这种高度耦合的结果，导致没有一个很好的项目策划就去实施，基本上是要失败的，最后是很难把各专业和子项有机地整合到一起的。我们做过的磁浮交通，就把整个系统整合得非常好，可以认为一条磁浮交通线，无论多少公里，就像一个电动机一样严密地整合在一起。实施这种项目之前，就要求我们事先必须有严密的项目策划。

(2) 从发展趋势来看，重大基础设施项目的功能会越来越多，规模越来越大，投资者越来越多，运营管理者越来越多，使用者的需求越来越多样化、个性化。虹桥综合交通枢纽就是一个典型案例，它的功能非常多，仅建筑设施就有 120 万 m^2，规模很大，运营者、投资者有 15 家之多，当然使用者、管理者的需求也非常复杂、多样，这样一来就使得这个系统非常复杂，项目实施前必须进行项目策划。

(3) 我国社会主义市场经济的高速发展，使重大基础设施项目所处的市场环境越来越复杂、多变。就是说，一个基础设施项目做完了以后，能不能在生命周期内收回成本，或者很好

地赢利，是这个项目是否成立的决定性因素，这就要求业主（项目法人）在项目前期好好地研究市场环境，做好项目策划。

(4) 重大基础设施项目的生命周期长、运营费用高，全生命周期效益越来越重要。这也是重大基础设施项目需要前期策划的一个很重要的原因，也是项目策划存在的意义之一。没有项目策划，是很多项目失败的原因之一。这些项目有的失败在市场上，有的失败在管理上，更多的是失败在前期的功能定位、市场分析、投融资问题等策划工作上。没有一个全面、系统的项目策划，我们根本就不敢想象，能做虹桥综合交通枢纽这样大规模、超复杂、高密度、高耦合度的系统。

1.3.2 项目策划与规划设计

我们在做项目策划的时候，总是要考虑“为什么要做”、“为谁做”、“做什么”“什么时候做”、“在什么地方做”、“怎么做”这些问题，同时这些也是规划设计工作要回答的问题，所以我们需要对项目策划与规划设计的关系做一下梳理。

项目策划解决市场经济下业主“缺位”的问题，为工程可行性研究提供全面支撑。我们做项目策划、做设计管理，一个很重要的目的就是为了解决业主的缺位问题，为后续要做的工程可行性研究和初步设计提供重要的基础和前提。因此，我们认为项目策划是在设计之前的工作。在设计之前，设计人员要向业主提的问题，在项目策划内容里都要回答，否则，就没有办法去指导后面的工作。当然，我们可能没那么聪明，一上来就能把策划全做完，所以可以在不断循环发展的过程中，与设计方面不断沟通，去回答这些问题、完善我们的策划。设计做到一定的深度，业主就要回答一定深度的问题。等到设计做到后阶段，做到详细设计，做到装修了，你就要回答使用期间那些与运营管理、客户服务有关的细节问题。

项目策划首先要提出项目的功能定位、规模、流程和标准。一般来说，一个项目在做设计的时候，这些都是已经确定的内容，都是在任务书上已经写清楚的。如果不写清楚，让设计人员“看着办”那就成问题了。其次就是要提出基础设施未来的使用需求。第三是要策划设计要求、任务书的主要内容，编制出设计任务书来。实际上通过策划，这个任务书自然也就会出来的。最后，就是要指出这个项目的重点、难点以及所要进行科研攻关的内容。这些内容不是在规划设计阶段解决的，有些问题如果在规划设计阶段再去研究，再去组织力量攻关突破的话，也许就晚了。当然，具体操作的时候，有很多工作内容是相互平行的，只要时间、进度上策划好了是可以的。但从原理上来说，它们应该是在设计之前完成的。

案例 001 港珠澳大桥珠海口岸岛项目策划

我们应邀给港珠澳大桥珠海口岸岛项目做了一个策划。这是一个很全面的项目策划，对功能定位、设施布局、开发模式、公司治理、投融资、建设和运营管理模式等七个方面都做了详细的项目策划，并开展了概念性方案研究工作。

该项目策划工作得到很高的评价。业主最后把策划报告的简要版作为设计招标的技术要求发了出去，并作为中标后设计任务书的主体内容，提交给了中标的设计单位。

港珠澳大桥珠海口岸岛项目策划平面图和效果图如图 1-1、图 1-2 所示。

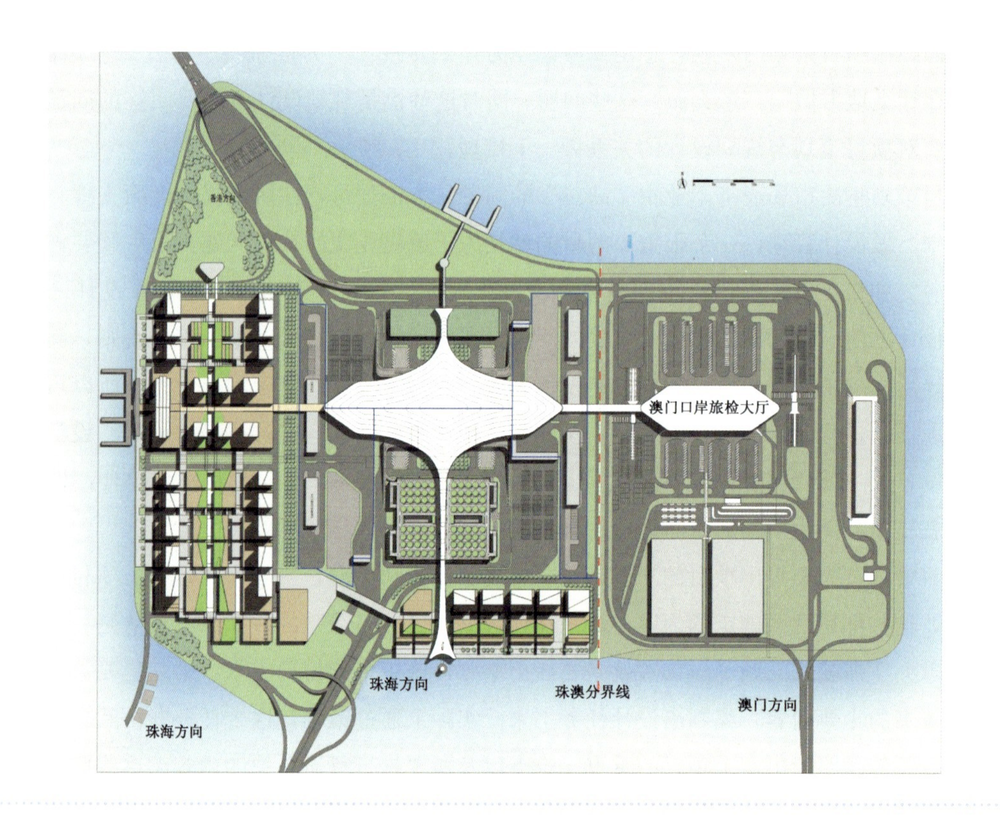

图 1-1 港珠澳大桥珠海口岸岛项目策划平面图

图 1-2 港珠澳大桥珠海口岸岛项目策划效果图

1.3.3 项目策划与设计管理

我在讲重大基础设施建设设计管理的时候，总是要讲项目策划与设计管理的关系。我认为项目策划是沟通业主（项目法人）和设计者、连接理想和现实的一个过程，是设计管理工作之前最主要的工作。

项目策划的成果是设计管理的依据、目标和基础。在案例 001 中，港珠澳大桥珠海口岸岛项目公司，实际上也把我们的项目策划报告作为业主设计管理的依据和指导思想、工作大纲来对待。虽然在设计管理的实施过程中，由于对策划报告的认识和理解不到位，出现了在设施规模控制方面的巨大偏差（口岸设施由项目策划中的 15 万 m^2，扩大到 45 万 m^2），使设计管理工作备受批评，但也正好说明了项目策划与设计管理工作的密切关系和相互定位：项目策划的结论是设计管理的依据、目标。

项目策划将贯穿全设计过程，设计管理也将是对项目全生命周期的管理。因此，项目策划与设计管理总是相伴相随的。在工程竣工投运后，项目策划还要与运行、维护和经营管理等非常紧密地结合。在接下来的相关讨论中还将具体展开说明。

1.4 项目策划的内容

项目策划的内容，我们认为主要包括以下几个方面：

第一个是设施功能及其定位的策划（即功能策划）。功能的策划就是说一个项目开始策划时，首先要做的就是分析它到底需要一些什么样的功能，这些功能在区域和系统、网络中起什么作用，这些问题可以从不同的角度来研究。

第二是设施布局的策划（即设施策划）。由于重大基础设施的功能都很复杂，所以它会包括很多设施个体，比如虹桥综合交通枢纽既有高速铁路，又有机场、磁浮、地铁、公交，当然还有各种社会交通等，相互之间的关系很复杂，我们需要策划一个概念方案，解决主要流程和换乘问题。

第三是开发模式的策划（即开发策划）。这主要是指要研究整个项目在全生命周期里是怎么运转的，怎样能够让这个项目在经济上、社会上、环境上能够成立。项目能够成立，有经济、市场方面的原因，也有社会方面的原因，还有文化方面等等的原因。使项目从无到有、能够成立的这个过程，我们把它定义或取名为开发策划。

第四是项目公司治理结构的策划（即组织策划）。这实际上跟管理里面讲的组织策划有关系，也就是说，成立一个什么样的公司，在目标不一样的情况下，其公司结构和内部构造是不一样的。不同的经营模式，不同的开发模式，会采用不同的公司治理结构。如果项目的目标不同，结构更是不一样，那么投资者对这个公司怎么定位至关重要。因此，每一个项目都应该有一个不同的项目公司，不一样的公司结构。

第五是投融资模式的策划（即融资策划）。融资策划比较好理解，就是要搞清楚钱从哪里来，但这与公司的组建和以后的运营管理模式又有关系，常常也与建设管理模式相关。

第六是建设管理模式的策划（即建设策划）。对业主来说，重大基础设施怎么去建，确实要进行一番策划。把整个建设程序做到很好，让整个建设过程是合理的、经济的、高效的，这不是一件容易的事情。不同的项目，不同的业主，不同的社会、经济、文化背景，建设管理的模式肯定是不一样的。

第七是运营管理模式的策划（即运营策划）。这是很大的一块内容。运营管理者最关心的是怎么用，业主要有一个详细的说法。即使不做项目策划，你也要找到相应的人（运营人员）来回答一系列的问题，否则，重大基础设施的建设就无法推进。

以上七个方面都是项目策划的工作内容，但实际上你遇到某一个策划项目时，业主不一定要求所有这些内容都做策划，有的内容业主可能已经比较清楚了，有的内容是你拿到手上时已经定了，但业主还需要你来解答一些主要问题。七大策划内容都由一家来做策划是不多见的，不是每次都能用到所有的策划内容。我们过去做了很多项目，几乎没有所有策划内容都做的案例。比如，我们给深圳做了一个轨道交通 3 号线的项目策划，业主刚开始的要求其实很简单，他就是希望我们能对这个项目的整体功能定位和开发模式进行策划，其他内容他们是有了主意的。当然，我们后来在做的过程中，发现他们其他方面的策划还是有问题的，跟他们一解释，就又给我们增加了许多工作内容。但是，有许多政府投资的基础设施项目，往往是没有业主时就要开展前期工作的，这时就需要一个完整系统的项目策划了，虹桥综合交通枢纽就是这种案例。

因此，项目策划工作需要我们从对项目背景及其所在环境的认识中，找出需要策划的内容和课题；也可根据业主的需求列出策划的课题，不必面面俱到，也不必拘泥于理论和书本。这些策划内容之间虽然没有严密的逻辑关系，但它们密切关联。

第2章

相关案例研究

我们在拿到一个项目策划任务时，马上就会想到去看看别人类似的项目是什么样的，这其实是一个很重要的工作方法。虽然它不是策划的内容，但是一个很重要的步骤。我在接到虹桥综合交通枢纽项目策划任务以后，首先就带上相关人员，到世界上几个最主要的枢纽去做了一次考察，看看人家是怎么做的。

2.1 法兰克福机场

法兰克福机场是欧洲主要的枢纽机场，2018年旅客吞吐量为6951万人次，居欧洲第4位、全球第14位；货运吞吐量为218万t，居世界第13位；飞机起降51.2万架次，居世界第10位。法兰克福机场在做好航空服务的同时，也在积极探寻机场其他功能的开发，通过更多种服务的提供来提高机场的收益、完善机场的服务。

法兰克福机场采用了“航空城（Airport City）”的理念，将整个机场地区视为一个“航空城”进行开发和经营，在这一大理念下提出了几个服务概念：

（1）四通八达——包括出发、到达、换乘、聚会等。

（2）享受与体验——包括免税商店、餐馆、旅行服务等。

（3）商务与机遇——包括物流、办公、零售、广告等。

法兰克福机场基本的交通服务功能首先得益于其拥有灵活的航空、铁路和公路连接系统：与超过110个国家的300多个目的地，每周有4690个直通航班；与德国高速公路A5、A3直接连接；通过德铁（Die Bahn）运行的线路直接与欧洲高速铁路网络连接，每天有超过170列列车通过；与地区间的连接，每天有超过230列区域列车；拥有14000个之多的公共停车位，以及独立的公共汽车站。这些功能齐全的设施系统和方便的换乘设施为法兰克福机场成为一个真正的大型综合交通枢纽提供了可能。

在法兰克福机场航空城的概念里，有一个被称作“空铁（Airrail）”车站的交通中心（图2-1），这里汇集了航空、地铁、国铁、高速铁路（Inter City Express，ICE）、公交巴士、出租车等多种交通方式的客流，大量的客流使这里具有很高的商业开发价值。在高速铁路车站和航站楼之间已建有单元式的开发设施，包括喜来登酒店、法兰克福空港中心（Frankfurt Airport

Centre）和停车楼等。机场当局又在铁路车站建了一个建筑面积达 20 万 m^2 的集交通功能与商业开发于一体的大型设施——空铁中心（Airrail Center Frankfurt）（图 2-2、表 2-1）。

图 2-1　法兰克福机场的空铁车站

图 2-2　改建后的法兰克福机场空铁中心

表 2-1　法兰克福机场空铁中心开发概况

基本概况		可出租面积		其　他	
长	660 m	办公	82000 m^2	大厅面积	10500 m^2
最大处宽	65 m	宾馆	37000 m^2	3、4 层停车位	700 个
高	47 m	餐饮	1000 m^2	专门停车场车位	约 9300 个
层数	9 层	零售	3500 m^2		
建筑面积	200000 m^2	储藏	3500 m^2		

法兰克福机场航站楼前车道边实景如图 2-3、图 2-4 所示，机场高铁和地铁车站实景如图 2-5 所示。

图 2-3　法兰克福机场航站楼前车道边（一）

图 2-4　法兰克福机场航站楼前车道边（二）

图 2-5 法兰克福机场高铁和地铁车站

2.2 史基浦机场

史基浦机场是荷兰和欧洲主要的门户枢纽港之一，2018 年旅客吞吐量为 7105 万人次，居世界第 11 位；货运量为 174 万 t，居世界第 20 位；飞机起降 50.5 万架次。史基浦机场为了充分发挥机场的功能，提出了机场发展从“空港（Airport）”到“航空城（Airport City）”的理念，认为机场不仅是一个运送旅客、装卸货物的地方，也是一个完整的“城市功能区”，是一个汇集了人、商业、物流、零售、信息和娱乐的动态区域。史基浦的“航空城”具有以下几个突出的特点：

（1）拥有与外界的高速公路、地铁、高铁、普铁和空中航线的良好连接。

（2）拥有 24 小时全天候运行的机场。

（3）拥有为商务活动和人员提供各式各样服务的设施。

（4）拥有高品质的商业场所和设施。

所以，史基浦机场当局不仅将机场视为一个交通基础设施，同时也将其看作一个可产生巨大收益的商业设施。机场当局专门成立了史基浦地产公司（Schiphol Real Estate），对航空城内除了机场跑道、航站楼、道路、停车楼等基本设施外的土地进行综合开发（图 2-6）。

图 2-6 史基浦机场总平面图

史基浦中心（Schiphol Centre）是史基浦机场“航空城”理念的重要部分，被称作航空城的“Dynamic Heart”。史基浦中心与航站楼通过步行通道连接，轨道交通车站和大规模的消费设施，包括咖啡屋、餐馆、购物中心、便利店都在步行范围之内。世贸中心（World Trade Center，WTC）、喜来登酒店（Sheraton Hotel）、希尔顿酒店（Hilton Hotel）则可以提供大规模的交流和会务服务。

WTC 项目按照单元式的发展模式，分期分批进行建设（图 2-7），1995 年一期竣工，2003

图 2-7 史基浦世贸中心单元式的发展模式

年二期竣工。现在的 WTC 包括 4 栋高的和 4 栋矮的单体建筑，总建筑面积约 55000 m^2，每栋建筑都有单独的出入口、800～1000 m^2 的大厅，以及楼下 5000 个停车位。中心开发模块的世贸中心和喜来登酒店如图 2-8 所示，史基浦机场的地铁车站如图 2-9 所示，机场内部商业设施实景如图 2-10 所示。

图 2-8　中心开发模块的史基浦世贸中心和喜来登酒店

图 2-9　史基浦机场的地铁车站

图 2-10　史基浦机场内部商业设施实景

2.3　名古屋车站

名古屋车站是日本中部地区最大的交通枢纽站，该站是拥有新干线、国铁 JR、名铁、近铁、地铁及空港巴士、JR 巴士、名铁巴士、近铁巴士、高速巴士、长途汽车和市内公交等 10 多个交通企业运营、几百条线路的特大型车站，日均客流量达 107 万余人次，世博会期间最大日达 150 万人次。

该车站除了基本的交通枢纽功能外，在车站上方还进行了大量的开发，车站和开发设施形成了一个巨大的建筑体（图 2-11）。站上建筑包括一个 53 层、226 m 高的酒店大楼和一个 51 层、245 m 高的办公大楼，两栋高层建筑之间的联合体及其底部拥有 416565 m^2 的建筑面积（包括地下 4 层）。大楼的地下有各种轨道交通车站、商场和多功能广场；1 层有大型广场、新干线和出租车停车场等；2 层有露天大平台；1～11 层是高岛屋大型百货大楼；12、13 层为饮食广场；14～50 层的右栋塔楼为综合办公楼，左栋塔楼为酒店，右栋塔楼的 51 层为观景台，屋顶为直升机停机坪。大楼内还设有停车场、展示厅、空中走廊等设施。

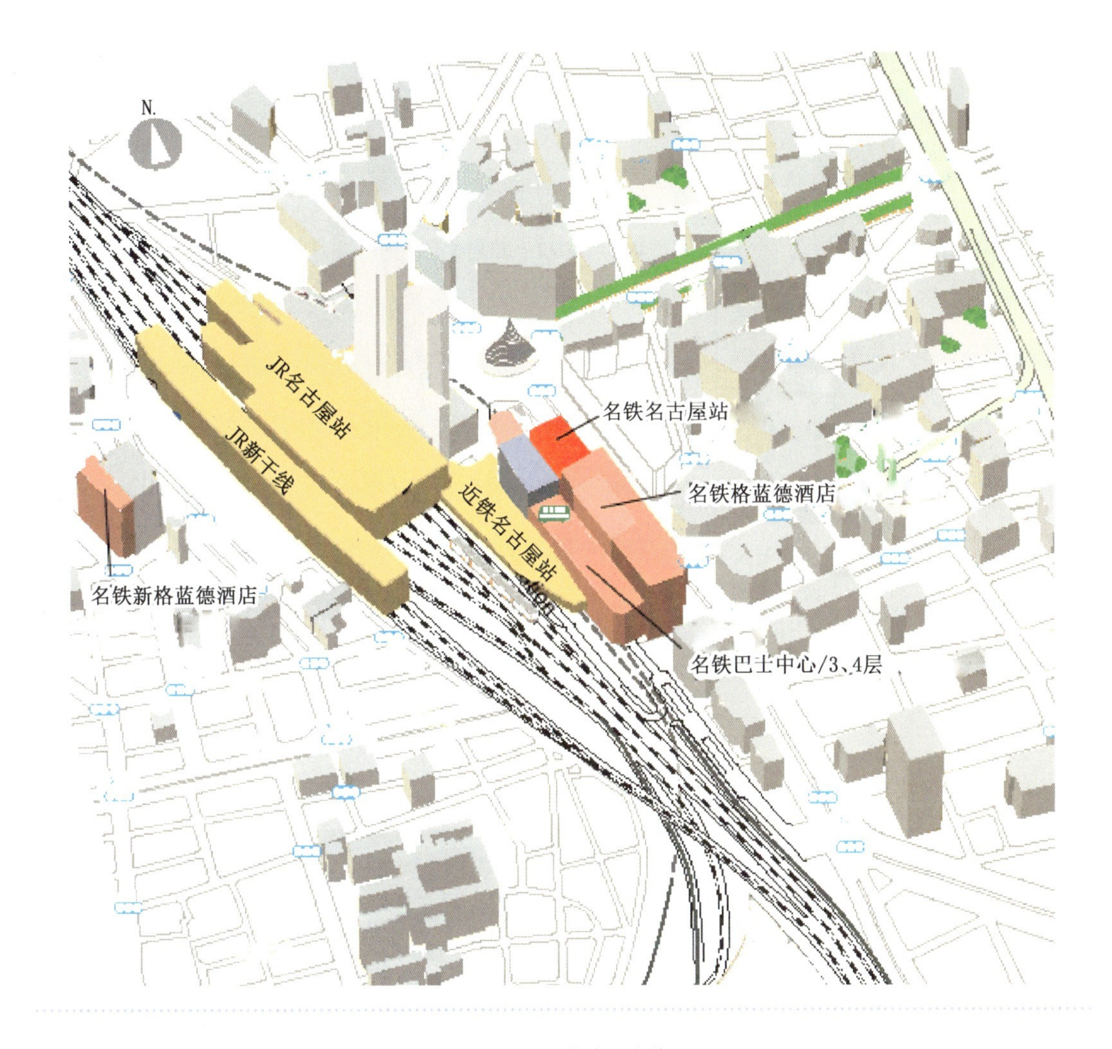

图 2-11 名古屋车站

名古屋车站上部开发项目于1989年开工，1999年竣工，项目公司是日本中央铁路公司（The Central Japan Railway Company，Ltd.），开发设施由JR名古屋高岛屋公司（JR Nagoya Takashimaya）和名古屋万豪酒店（Nagoya Marriott Associa Hotel）共同经营管理。

名古屋车站上部开发项目如图2-12所示，车站地下通道如图2-13所示。

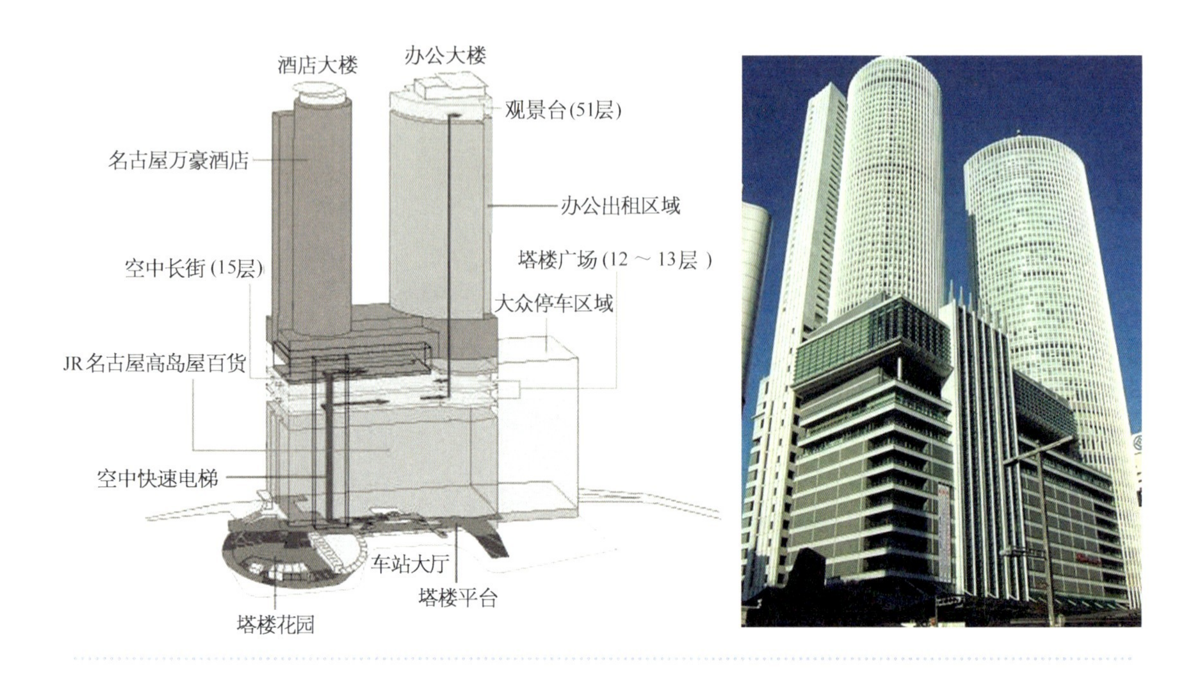

图 2-12 名古屋车站上部开发项目

图 2-13 名古屋车站地下通道

2.4 东京新宿车站

东京新宿车站是世界上日处理旅客最多的车站，其地下有 4 层站台，地铁或电车线路有 20 几条，车站大楼本身就是由小田急和露米奈这两座百货商店构成。新宿车站共分东、南、西 3 个出口，周围是百货商店和休闲娱乐场所，如伊势丹、高岛屋等。现在新宿车站地区日客流量约 450 万人次，庞大的人流为商业的开发和繁荣提供了机遇。新宿车站实景及平面示意图如图 2-14～图 2-17 所示。

图 2-14 东京新宿车站西口实景

图 2-15 新宿车站门口与长途巴士站车道边

图 2-16 新宿车站地下通道和长途巴士售票柜台

图 2-17 新宿车站平面示意图

2.5 启示

国外的实例，给了我们五个方面的启示：

(1) 交通枢纽的一体化包括三个方面：物理设施一体化、功能使用一体化、运营管理一体化。我们得到一个很重要的感受，就是这些枢纽的设施、功能、运营管理已经完全融合在一起了，是真正的一体化。如果仅仅是把长途车站、地铁车站摆在一起，它的运营还是各做各的，那是起不到这个效果的，就形成不了一个枢纽。之所以成为一个枢纽就是它的设施、功能、运营管理完全一体化了。这里，一体化所带来的效率就是交通枢纽建设的目的。

（2）大型交通枢纽超出了交通设施的范畴，已经成为一项典型的城市综合开发工程。只有这样考虑问题才能建设好一个功能合理、运行高效的交通枢纽。正是因为这种综合开发的思路使这个交通枢纽真正具有很高的效率，在城市里面起到相应的作用。

（3）大型交通枢纽作为交通基础设施，周边集聚了宾馆、商务办公、会议中心等开发设施，带动了周边地区的发展，实际上形成了一个很好的服务业的集聚地区。

（4）大型交通枢纽及其周边商业设施，一般都由政府部门牵头，与众多社会投资者联合开发，以减少风险。枢纽及商业设施开发建设后，周边的土地很自然就会升值，升值以后就成为很好的开发资源，所以，这一块地区的开发就会被带动起来。但是，这种开发由于其规模比较大，涉及大量土地资源，投资比较复杂，为了减少风险，政府往往并非自己来做，而只是在里面牵头。土地升值的利益，是交通设施在这个地方建成后带来的，怎样能够把这些开发利益还原给开发者，其周边的土地开发就显得很重要。交通设施绝大多数都是跟政府和公益的投资有关系，所以一般都是由政府出面，同时也能够很好地减少风险。

（5）通过建设交通枢纽，空铁联运就有可能得以实现。这些枢纽里面，如果只是把硬件设施集中在一起那是不够的，还必须把服务整合在一起，把运输和运营整合在一起，联运是最高境界。我们在做虹桥综合交通枢纽的项目策划时也必须要考虑联运问题，这也是我们在项目策划初期未曾考虑周全的。

回头想想，如果我们不是带着项目策划的任务去考察上述这些设施，而只是在无目的的情况下看了这些设施，那我们的脑海里会产生什么呢？我们中的某人一定会想到“在我生活的城市中的某个地方可能也应该建一个这样的综合交通枢纽”——这就是项目的产生！

第3章

设施功能与功能定位策划

我们在做一个重大基础设施的项目策划时，首先要做的就是对它的功能和功能定位进行策划。功能和功能定位研究往往都是从设施所在的区域开始的。功能定位要么在区域中，要么在城市中，要么在整个系统或网络中开展研究。设施功能的设定和设施功能的定位是相辅相成、相互推进的一个过程，当设施定位确定时，设施功能也就确定了。我们在做虹桥综合交通枢纽项目策划时，就是从长三角、上海市，以及整个交通网络、各个交通系统的角度对这一交通枢纽的定位进行研究的。

3.1 项目的产生

首先介绍一下虹桥综合交通枢纽这个项目是怎么来的。如前所述，可以认为它是“天上掉下来的”，因为它在原上海的城市规划中是没有的。

3.1.1 虹桥综合交通枢纽项目的产生

1）虹桥国际机场总体规划修编采用近距离跑道，为枢纽建设提供了空间

虹桥综合交通枢纽在原来的上海城市总体规划里面是没有的，原规划中这个地方是为虹桥国际机场保留的发展用地。实际上虹桥国际机场的发展规划，在新的上海航空枢纽发展战略里面已经有了一些变化。这主要是两个方面的原因，一个是浦东国际机场作为枢纽机场的迅速发展，导致虹桥国际机场 1994 年制订的原规划中的发展需求实际上是降低了；第二个就是城市发展以后，虹桥国际机场已经被城市的建成区包围在里面，机场的飞行噪声对环境的影响比较大。在这种情况下，虹桥国际机场在 2005 年做了一次总体规划修编，这次修编中一个很重要的变化就是采用了近距离的跑道。这样一来就把原来留给虹桥国际机场扩建的用地节约了大约 7 km^2，有了这块地，我们的脑子里才有“空”接受这从天而降的灵感：建一个大型对外综合交通枢纽。这就是虹桥综合交通枢纽产生的前提之一，要有这块空地才有这个可能性。

2）高速铁路站和磁浮车站几乎同时选址，使综合交通枢纽成为可能

上海的高速铁路站和磁浮车站在选址的时候遇到很多困难。最初高速铁路站选在七宝，但那个地方建高铁车站需解决很多问题，有很多的难处，做不下去。几乎同时，磁浮沪杭线上海

站也在选址。而虹桥机场西侧是这两条线路和未来的长三角城际铁路线必经的地方，这自然会在我们的大脑中“掉下来”虹桥综合交通枢纽这个灵感。

3）土地和市政配套设施等资源的集约化使用，可提高综合交通枢纽建设和运行的经济性

把机场的发展跟高速铁路、磁浮等结合起来考虑，集约化使用土地会有很多好处。正好高铁和磁浮车站选址还没有找到合适的用地，虹桥国际机场又释放出这样一块地，如果集中在这一个地区规划这些设施，虽然在一个点上交通量大大提高了，但对土地资源的集约化使用，对市政配套设施资源和环境资源的节约是非常有利的。也就是说，如果把这三大交通设施分成三个地方，需要的用地更多，需要的市政资源更多，对环境的影响更大。因此，集约化使用土地、市政和环境资源无疑是合理的。所以，我们提出了虹桥综合交通枢纽这个概念。显然，这个概念的提出不是一个逻辑推理的过程，是多种要素在时间上和空间上“撞”在一起而自然形成的。

3.1.2 虹桥国际机场 2005 年规划修编

按 1994 年的虹桥国际机场总体规划，西边要再建一条跑道，加上已有的跑道，准备做两条相距 1700 m 的远距离跑道。2005 年我们在做虹桥国际机场总体规划修编的时候，就把这条拟新建的跑道向东移过来，与已有跑道形成相距 365 m 的近距离跑道。这样一来就节约出约 7 km^2 土地，这就有可能把磁浮车站、高铁车站和虹桥国际机场二号航站楼一起放在这里。于是，这个项目即虹桥综合交通枢纽就产生了，如图 3-1 所示。

3.2 项目功能的策划

3.2.1 功能目标的策划

前面讲到项目的功能策划要从区域、城市和网络系统三个大的方面考虑，要从这三个方面去研究项目的功能要达到一个什么目标。我们在研究虹桥综合交通枢纽的时候，请了四家国内外专业机构用了近一年的时间，对这个项目的功能做了多家机构相互独立、平行、背对背的研究，实际上就是对它的功能进行了一个策划。也就是说，我们提出了这么一个项目，这个项目到底应该具有什么样的功能，定位在什么位置比较合理，我们请四家机构做平行研究。听了四家不同的意见后，我们把四家的意见进行分析和整合，确立了虹桥综合交通枢纽的功能目标是如下五条。

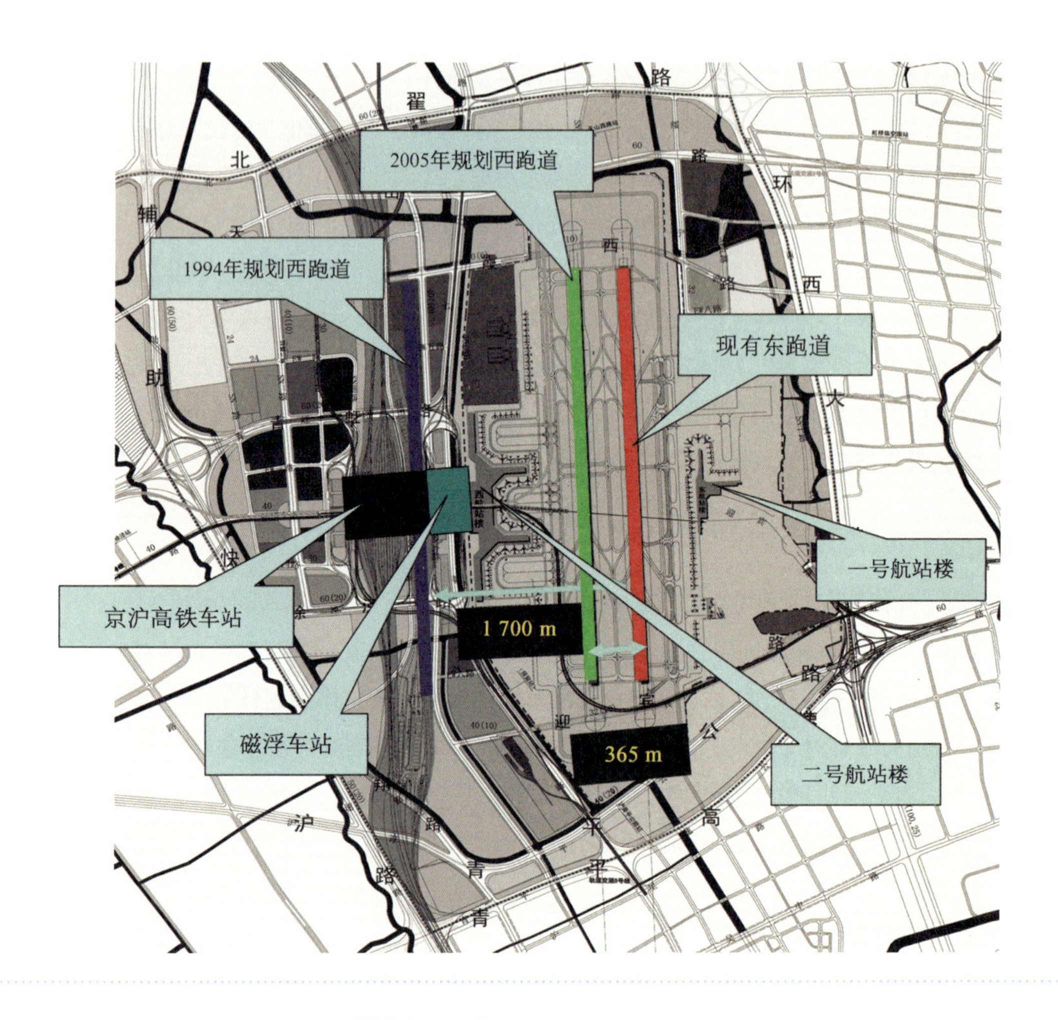

图 3-1　虹桥综合交通枢纽的产生示意图

第一个目标是改善上海内外交通的衔接，形成综合换乘枢纽。这是最直接的目标。就是说，既然把三个对外的交通设施，即高铁、磁浮和机场放在一起了，那么接下来就是要解决怎样跟城市内部交通对接的问题。上海在虹桥枢纽建设以前，对外交通与城市交通的衔接一直是未能满足需求增长的。大家都知道上海站挤得不得了，上海南站刚一建好又非常拥挤，这首先是因为对外交通的设施在量上是不够的。我们横向对比一下伦敦、巴黎、东京、纽约这些城市的对外交通，仅以铁路为例的话，它们都是有 100 股道左右；而我们两个站，南站跟上海站加起来只有26股道，这个差距是很大的。从规划上来说，如果说我们以前的总体规划没有虹桥枢纽，那也是一个遗憾。上海与其他相同规模的城市相比，它的股道数是不够的，对外交通的通道是不够的。机场也是这样，刚才举的那些国际性大城市，都有两个以上的机场，都有1亿人次左右的旅客量，而当时浦东、虹桥两个机场的旅客量加起来只有5000万人次，就是说还要增加5000万人次的量。接下来的问题就是怎样把对外交通跟城市交通网络对接好的问题。显然，这是虹桥综合交通枢纽的核心目标，这个功能目标要保证达成，这是一切的前提。

第二个目标就是要通过虹桥综合交通枢纽的建设，提高城市的辐射力，服务长三角，服务全中国，即让上海作为金融中心、航运中心的城市功能更好地为长三角和全国服务。

第三个目标是迅速在虹桥综合交通枢纽的交通设施周围地区形成内需型的商务中心。也就是说，要在这个交通枢纽的周围形成一个服务业的集聚地，很好地带动地区的发展。这里所说的地区，小一点说是指虹桥综合交通枢纽核心设施的周围，大一点说就是整个长三角地区。

第四个目标是要通过虹桥综合交通枢纽的建设实现虹桥和浦东两个机场的快速连接。当时虹桥和浦东两个机场的联系不方便，长三角的旅客要到浦东国际机场去乘机要穿过整座城市，费时费力。我们在虹桥综合交通枢纽建设时，必须找到一个很好的办法，把长三角的旅客快速输送到浦东国际机场去。

第五个目标是要完成好2010年上海世博会的交通疏散任务。因为在世博会期间有7000万人次的旅客量，日均达到40万人次左右，这7000万人次的参观者中有很大一部分要通过虹桥综合交通枢纽换乘去世博会现场。

3.2.2 功能定位的策划

功能目标确定后，就要解决功能的定位问题。功能定位的研究重点是从区域经济、城市经济的角度展开，找到经济、社会发展的真实需求。经研究，我们认为虹桥综合交通枢纽的功能定位应该是：

(1) 服务型。虹桥综合交通枢纽的功能应该是服务长三角、服务长江流域、服务全国，是建设上海四个中心的又一重大骨干工程。因为从虹桥综合交通枢纽到全国任何地方甚至东亚诸国都能够当天往返，实际上是提高了上海的辐射能力，同时也提高了服务能力。

(2) 综合型。虹桥综合交通枢纽中多种交通方式综合设置，应该成为一个内外交通紧密衔接、不同交通方式集中换乘、国际一流的现代化大型综合交通枢纽。它的综合性还体现在除了这些交通设施以外，还会有一大批其他相关设施集聚，比如各种商业、服务、住宿设施等，当然也包含其他各种城市交通设施的集聚。

（3）超大型。虹桥综合交通枢纽将形成独特的轨陆空联运枢纽，空铁联运、空陆联运将迅速发展起来，整个枢纽日处理能力在 100 万人次以上。这种超大规模也是上海在长三角和国家经济生活中的地位决定的，必须要有这个规模，才能满足上海发展的要求。实际上，从长远来看日处理 100 万人次的能力还是不够的，将来还有可能突破。如果枢纽设施的日处理能力能达到 100 万人次左右，那么随着运营管理效率的提高，未来还可以进一步提升。

（4）高能型。虹桥综合交通枢纽将成为长三角地区人流、信息流、资金流等的集散地，这将大大提高其自身的经济能级和本地区的区位能级，这又将对上海城市空间发展战略产生深远的影响。所谓高能型，就是强调它的高端辐射能力。

3.2.3 功能内容的策划

功能目标、功能定位清楚了，那么接下来就应该策划一下功能的具体内容了。我们把虹桥综合交通枢纽的功能内容归纳为：

（1）利用良好的区位条件，在虹桥综合交通枢纽的西部，建设京沪高速铁路与沪宁、沪杭城际铁路的铁路车站。这个铁路车站实际上是两个车站，一个是国家干线站，一个是城际线站，共计 30 股道，远期处理能力为每年近 1 亿人次。

（2）建设虹桥国际机场二号航站楼。就是在虹桥国际机场西边再建一个候机楼，远期处理能力为每年 3000 万人次左右。

（3）建设磁浮交通虹桥站，即在铁路和机场之间建设磁浮交通的虹桥站。

（4）为集散铁路、机场、磁浮等的客流，在铁路车站以西、磁浮站和二号航站楼之间规划建设城市交通换乘设施。

除了三块大的对外交通外，刚开始策划阶段，我们在磁浮站与机场之间策划了一个城市交通换乘中心，包括地铁、公交、出租、社会车辆等的换乘。但是后来我们发现铁路那边旅客换乘的距离太远，所以调整为做两个城市交通换乘中心。由于铁路的量大，一个换乘中心专为其服务；另一个换乘中心则服务于机场和磁浮。

项目的功能目标、功能定位、功能内容都策划好之后，就可以建立一个空间模型了，也就是说虹桥综合交通枢纽是什么样的就有了一个轮廓（图 3-2）。

图 3-2 虹桥综合交通枢纽的四大功能内容模型

3.2.4 设施在枢纽内的功能与运行定位策划

虹桥综合交通枢纽中交通方式有航空、铁路、磁浮三大对外交通和地铁、公交、出租车、社会车辆等配套集疏运系统，那么，系统内部还有一个功能定位的问题。铁路运量最大、航空次之、磁浮较小，这也就决定了虹桥综合交通枢纽以铁路和航空为主体的特征。

接下来最重要的任务是城市集疏运交通的功能定位问题。我们认为地铁应该也必须是最主要的集疏运设施，然后是公交、出租车辆和社会车辆。这是因为如此大的客运量规模，如果不采用地铁这种大运量的公共交通为主来运行，那么给城市带来的交通冲击会是不可接受的。我们一旦按这种方式排序，功能这么定位，就会影响后续对设施布局的策划，就应该是让地铁最方便，公交其次方便，也就是“公交优先”。这样一来，社会车辆可能就会有不方便的感觉了。

虹桥综合交通枢纽内部的设施运行关系同样需要一个定位策划。运行定位是说虹桥综合交通枢纽运行应该怎么分区、怎么管理。虹桥综合交通枢纽首先一定要有一个统一的运行指挥中心（Hub Operation Center，HOC），它负责整个枢纽的运行协调，统一发布相关的交通信息，并负责应急救援指挥工作。在它的下面分为几块，一块是铁路的运行指挥中心（Rail Operation Center，ROC），一块是交通换乘设施运行管理中心（Transfer Management Center，TMC），另外一块就是虹桥国际机场航站楼的运行管理中心（Terminal Operation Center，TOC）。虹桥国际机场自己还有机场运行指挥中心（Airport Operation Center，AOC），其下面还有飞行区运行管理中心（Airside Operation Center，AOC）和外场运行管理中心（Outside Management Center，OMC）。虹桥国际机场飞行区和外场这两部分跟虹桥综合交通枢纽的运行没有直接关系，可以相对独立。我们策划了图 3-3 所示这样一个运行体系，这个体系跟接下来的设施布局有着很密切的关系。之所以在这个阶段就策划这个运行体系，是因为这个策划是一个大的指导思想，如果不尽早确定，就会影响后面的工作，很容易造成系统没有统筹和集成，使运行管理做得很分散，甚至做出许许多多的运行指挥中心，结果会造成虹桥综合交通枢纽内各种各样的交通方式各自为政、各搞一摊子，就达不到我们整合的目的，也就无法形成真正的综合交通枢纽。

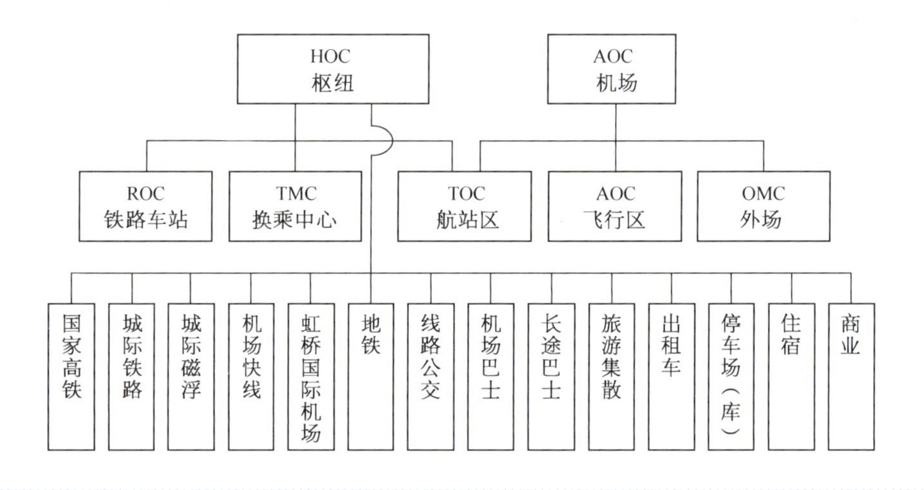

图 3-3 虹桥综合交通枢纽运行指挥系统

任何项目策划的第一步必然是对项目功能的目标、定位和内容的策划。接下来就要考虑项目对其周围地区的影响，并评估这一影响的程度和范围。重大基础设施项目规模大，生命周期长，这一步非常重要，大型交通设施更是如此。

3.3 在城市中的定位策划

虹桥综合交通枢纽这样的大型交通设施必然对周边区域、交通系统造成巨大的影响。首先是影响其所在的城市地区，直接影响的就是图 3-4 所示的这 26.26 km^2 的地块，然后是上海西部地区，再后是对上海全市的影响。

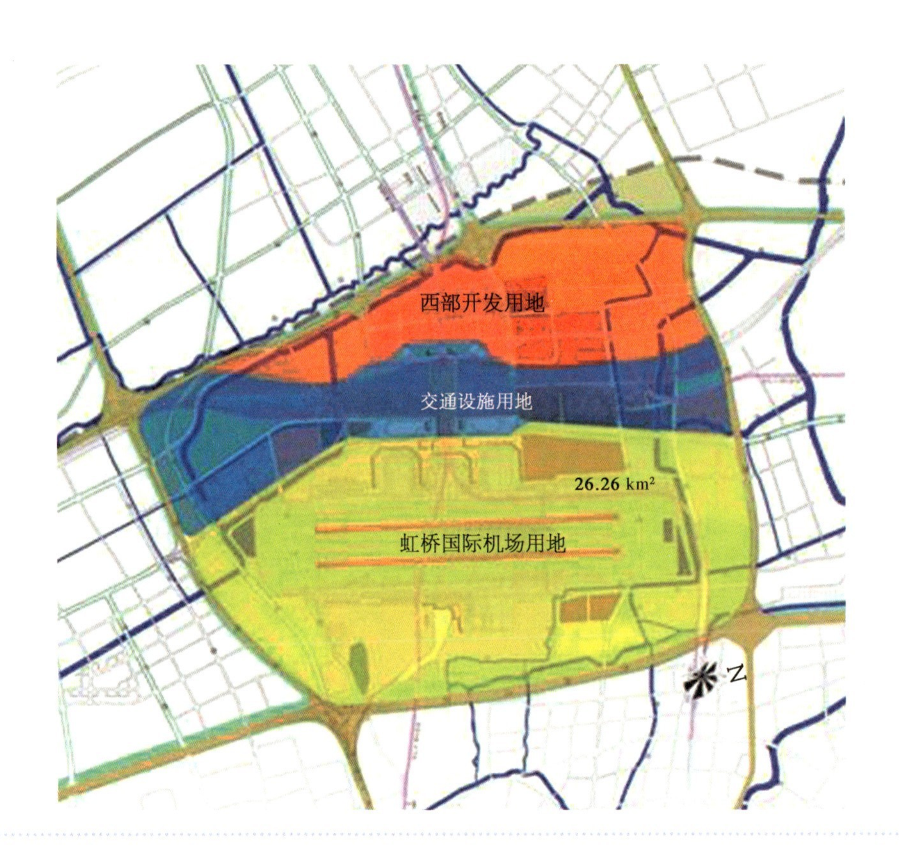

图 3-4 虹桥综合交通枢纽地区示意图

3.3.1 虹桥综合交通枢纽地区在城市中的定位

上海市现在已有以人民广场为中心的中央商务区和以陆家嘴为中心的新中央商务区，并且形成了从虹桥国际机场到浦东国际机场的城市商务轴。有了虹桥综合交通枢纽以后，将强化这一城市商务轴。当然，在这个轴上浦东、浦西是有一定分工的，比如浦东的金融服务、外贸服务、出口加工等，加上浦东国际机场，具有明显的外向性特征；虹桥综合交通枢纽建成后，浦西地区会明显地提高上海服务长三角、服务全国的能级。过去，我们在提高内需这方面做得不够，从城市结构上看得出来，上海往江浙方面辐射能力的建设一直跟不上长三角高速发展的需求。因此，我们希望通过虹桥综合交通枢纽地区的建设，在整个城市发展上提高上海辐射长三角的能级，使城市各中心相互之间有一定的分工和错位，避免简单的同构，使城市结构得到更加平衡的发展（图 3-5）。

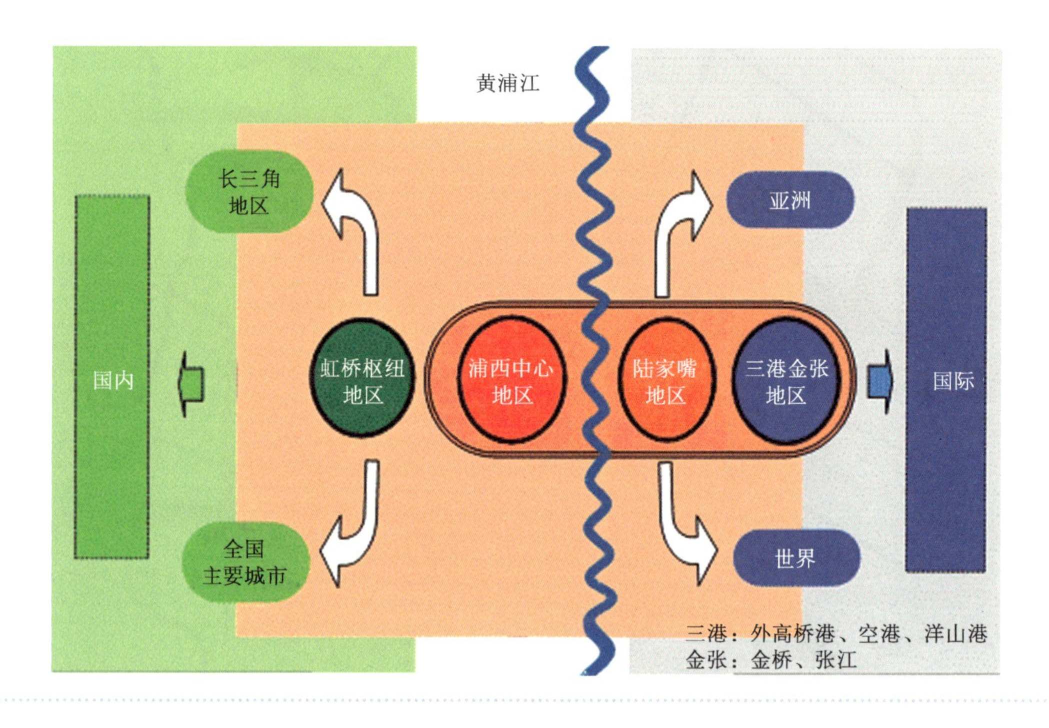

图 3-5 虹桥综合交通枢纽对城市结构的完善示意图

3.3.2 优先发展与服务长三角相关的产业

具体一点说，为长三角服务这一功能的落地，主要依靠枢纽设施西侧开发用地（图3-6），特别是靠近高铁站门口这块地区的开发。那么在这块地上开发什么样的功能，需要建设什么样的产业和设施才能够为长三角、为内地服务呢？我们做了专题研究，得到的结论是适合开发下述功能：

（1）总部功能：吸引国内企业，特别是长三角大型企业总部、运营中心入住。

（2）生产性服务业：发展枢纽服务业，包括商业、零售、航空物流、快递、仓储、供冷供热等。

图3-6 虹桥综合交通枢纽西侧开发区规划示意图

（资料来源：中国城市规划设计研究院）

(3) 金融服务业：促进以拉动内需为主的金融服务业的发展，特别是促进消费金融服务业的发展，推进采购结算中心的形成。

(4) 专业服务：咨询业、医疗、娱乐、教育培训、光电子为代表的各种高端制造业、软件业等。

(5) 展览业：面向长三角和全国的内向型贸易博览会、产品展销会、文化产品博览会等。

(6) 会议中心：利用高效便捷的枢纽优势，提供各种会议服务，特别是为全国和长三角提供当日往返的“一日会议”服务。

(7) 酒店：各种不同档次、不同特色的住宿设施和休闲娱乐设施，与商务、会展、旅游功能配套。

(8) 创意产业：发展以美术、工艺品、设计、时尚产业为中心的各种创意产业。

与之相反，如果我们不做这些，在这一地区开发传统产业，那么就可能跟嘉兴或者苏州冲突。而我们研究后，策划的这些设施与之相互冲击的可能性是比较小的，并且这些功能设施也正好符合这一地区的发展优势。接下来，在这些产业设施里面，还需要策划优先做哪些、次优先做哪些，因为这些产业的发展有一个过程，要有先后、主次。

3.3.3 相关产业的开发时序

理所当然，我们应该优先开发与枢纽配套服务有关的产业，主要是下述三大类产业：

(1) 商务、办公，即开发一批可供出售、出租的办公设施。

(2) 零售、娱乐、餐饮，即与枢纽建设结合，开发一批商业服务设施。

(3) 旅游、酒店，即在枢纽周边地区开发各种住宿设施。

在该地区，次优先发展的产业是：

(1) 国内航空物流，即在机场货运区附近开发物流园区。

(2) 供应链管理园，即在枢纽周边地区建设采购、结算、加工等供应链园区。

(3) 高科技装配制造业，即在枢纽附近发展高科技高端制造业。

我们在上述这些策划的基础上，开展了虹桥综合交通枢纽地区的详细规划（图 3-7），而这一策划报告本身则成为详细规划工作的指导性文件，或曰“任务书”。

图 3-7 虹桥综合交通枢纽地区详细规划

（资料来源：中国城市规划设计研究院）

3.4 在区域发展和交通网络中的定位策划

接下来，我们还要研究一下项目在所属地区，即在长三角区域规划中的城镇发展和产业发展中的定位，在长三角的道路、铁路网中的定位，以及在长三角航空运输网络中的定位。这些方面也要做一个策划。

3.4.1 虹桥综合交通枢纽地区的城镇发展定位

图 3-8 是中国城市规划设计研究院提供的，它把嘉兴、苏州、昆山和上海的规划图放在了

图 3-8 上海与苏州、嘉兴地区规划

一张图上。可以看到，该区域已经走向一体化发展，城市用地基本上连在一起了。那么，在这个一体化的趋势里面，经济的一体化是以交通的一体化为前提的，建设一个什么样的功能设施能够在这个区域一体化发展中发挥出很好的作用，其实也就是虹桥综合交通枢纽的定位。

从虹桥机场、浦西市中心 CBD、浦东 CBD 到浦东机场所形成的上海城市发展轴与长三角的沪宁、沪杭两条发展轴，在虹桥综合交通枢纽这个位置对接，使得虹桥综合交通枢纽地区成为一个非常关键的地区，它成为长三角进出上海的一个很重要的门户，是交通通道上的一个非常重要的节点，应该发展成为一个很重要的服务业的集聚地。图 3-9 非常直观地描述了长三角

图 3-9 虹桥综合交通枢纽周边地区城镇结构

（资料来源：中国城市规划设计研究院）

发展轴和上海城市发展轴的关系，说明了虹桥综合交通枢纽地区是两大发展轴的交叉点，是一个非常重要的地区，或者说是最高能级的地区。

“建设枢纽功能、服务区域经济”是上海城市最基本的功能定位，而虹桥综合交通枢纽正是实现这一定位的重大措施，其所在地区自然应该是辅助、强化这一功能定位。因此，虹桥综合交通枢纽及其所在地区是上海城市发展的最重要节点之一，是上海面向长三角的橱窗，是上海城市发展的引擎。

3.4.2 虹桥综合交通枢纽地区的产业发展定位

虹桥综合交通枢纽地区应该以交通枢纽功能为特征，成为长三角最重要的人员集散、信息交流、资金流通节点；以国内交流为特色，分担上海经济、金融、贸易、航运四个中心服务长三角的职能。其实就是成为长三角的 CBD。

在上海市内，虹桥综合交通枢纽将建设成为最大的对外交通门户，成为内贸、服务业的集聚高地，补充并强化上海东西轴的功能。上海在对接沪宁、沪杭、沪湖三个方向上已有安亭汽车城、物流园区，松江大学城、先进制造业基地，以及青浦方向的旅游、居住设施等（图3-10），在虹桥综合交通枢纽再去做类似产业，显然是冲突的，所以，我们在这一块的策划认为应该将其产业定位为商务办公，应该以现代服务业为重点，使之成为上海重要的现代服务业集聚区之一。

3.4.3 虹桥综合交通枢纽在区域综合交通网络中的定位

虹桥综合交通枢纽具有非常明显的特征：规模大、具有多样性、区位优越，其影响是综合性的。

虹桥综合交通枢纽的建设将带来大量人流、物流、信息流、资金流的汇聚，将吸引与之关联的产业集聚，这将有利于上海和长三角区域的产业结构调整，有利于国家和区域的发展模式调整。枢纽的建设将使过去相对分散的、同构的产业体系位于同一市场平台上，这将加速长三角区域的产业重筑。

虹桥综合交通枢纽建设将完善上海城市空间结构及城乡规划体系，完善对外交通体系和上海城市交通格局，同时也将使这种城乡空间结构的构筑向整个长三角区域拓展，带动长三角城市群的空间结构发生质的飞跃。

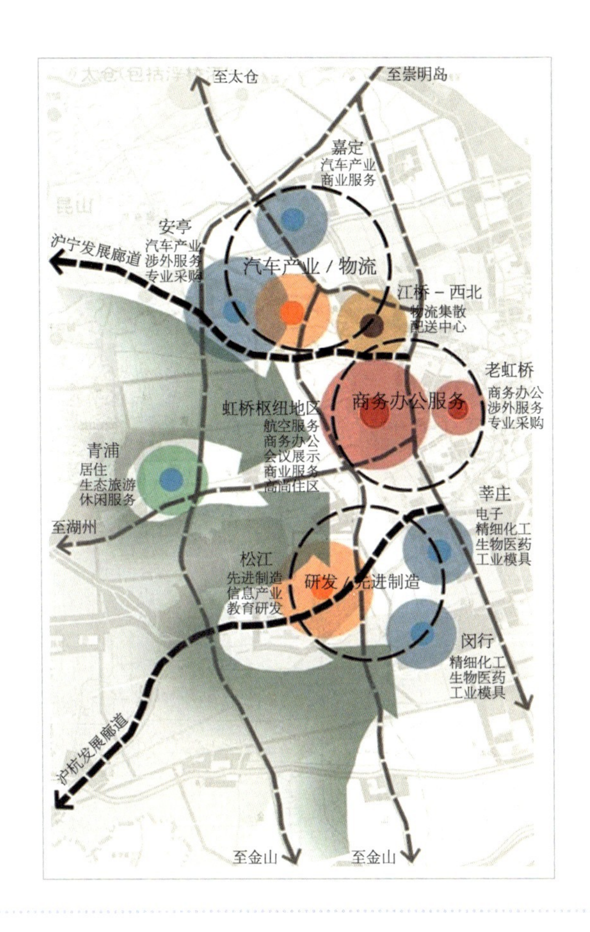

图 3-10 虹桥综合交通枢纽周边地区产业结构

（资料来源：中国城市规划设计研究院）

虹桥综合交通枢纽建设将加强上海与长三角城市群、长三角与国内城市之间的联系，为长三角提供更强的国内外联系。方便的空陆轨中转的实现，不仅使长三角进入上海的一日交通圈，而且通过虹桥、浦东两个机场使全国，甚至东亚都进入上海的一日交通圈，这将大幅提升上海及长三角城市群的国际地位和经济能级。

因此，虹桥综合交通枢纽在长三角综合交通网络中是最重要的综合型、复合型枢纽，也是上海市的门户型枢纽（图 3-11）。

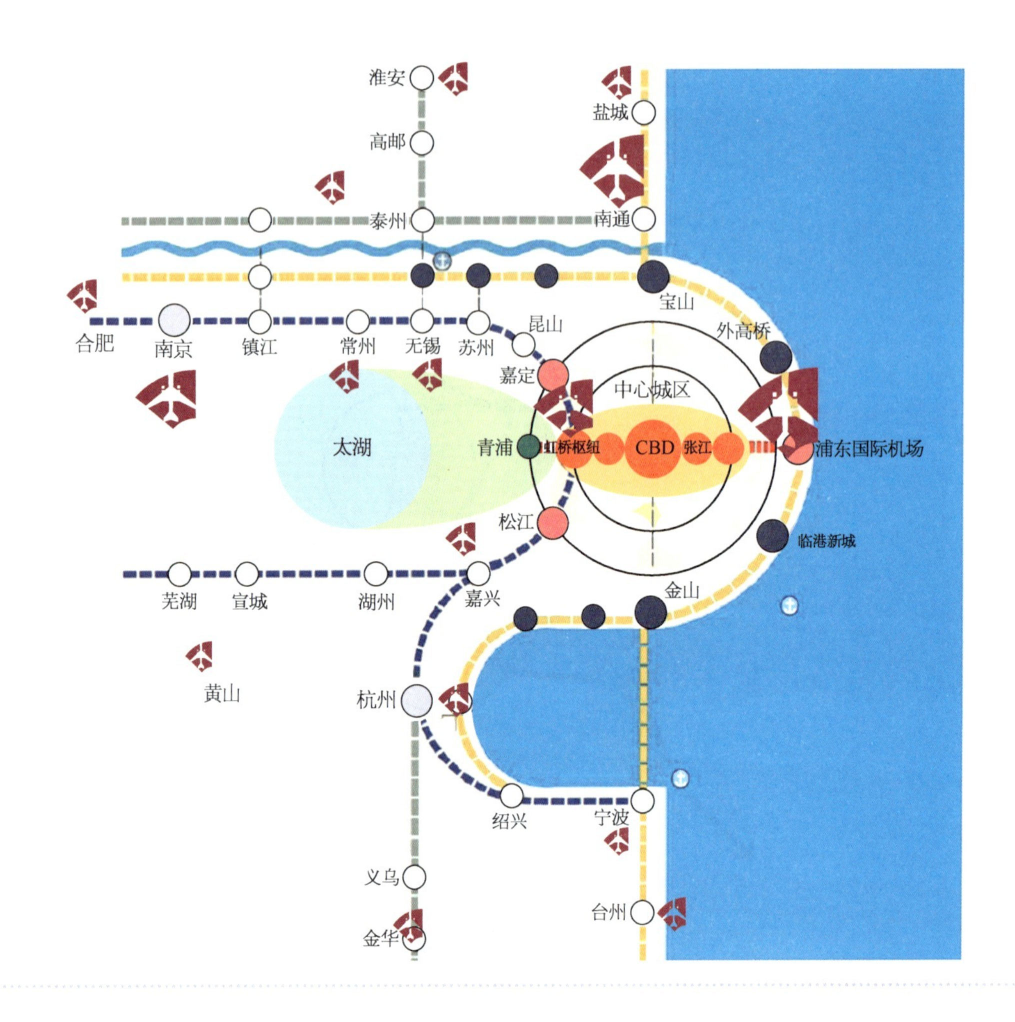

> 图 3-11 虹桥综合交通枢纽是长三角的枢纽和上海的门户示意图

3.5 环境保护策划

环境保护策划是重大基础设施项目必须要早做的事情。这里讲的环境保护策划不是做环境影响评估（简称环评）或者做环境保护方案，而是做一个策划，即从自然环境（水系、湿地、山势、动植物等）、社会环境（族群、团体、就业等）、经济环境（产业、GDP、税收等）、公害治理（水、气、光、噪声、垃圾等）等四个方面找出重大问题，通过研究分析，提出解决策略。

策划跟环评的最大区别在于环评是对环境要素存在什么影响进行分析和评估，而策划是要很快抓住项目的重大环境要素进行分析，找出对策。例如，在虹桥综合交通枢纽的策划中，我们把最主要的环境要素提出来，逐个分析，认识到这个项目的第一环境问题是噪声问题，第二环境问题是动拆迁问题（即社会环境问题），第三环境问题是税收、GDP 的问题（即产业的问题），我们把这三块作为最主要的环境问题来研究，很快我们就认识到减少飞行噪声是环境保护策划的重点。

案例 002 减小虹桥国际机场扩建后飞机噪声的策划

为了减小虹桥国际机场扩建后飞机噪声的影响，我们从五个方面做了环境保护策划。

（1）远距离跑道改为近距离平行跑道。我们把远距离跑道变成近距离跑道以后，两条跑道的噪声影响区域会非常接近重叠，即两条跑道越接近影响的增加量就越小。原来规划的两条跑道相距 1700 m，噪声影响的范围不重叠，肯定是要大得多。我们现在做的是全国相距最近的两条跑道，已经做到按照运行标准间距不能再小的程度。

（2）建设飞机绕滑道，使高噪声区进入机场内。我们设立了跑道南北两端的飞机绕滑道，部分飞机可以在不影响跑道使用的情况下绕滑过去。这一做法有两个效果。一个是凡在绕滑道范围内的用地被机场征用，则原跑道端头地区的居民可以搬迁。因为按照我国现行法律，光有噪声问题是不能征地的，不能征地就不能搬迁居民，只能给予补贴，但 85 dB 以上的噪声对居民生活的影响实在太大了。解决高噪声地区问题的最好办法就是居民都能搬走，我们这个绕滑道的策划彻底解决了这个问题。第二个效果是绕滑道在运行上有很多好处。比如，有了绕滑道小飞机就不用穿越跑道了，可以绕着走，跑道的使用效率就得到了很大的提高。

（3）飞机着地点内移。我们把飞机的着地点内移了 300 m，因为飞机起飞的时候需要的跑道长，落地的时候需要的跑道短，而我们把落地的着地点往跑道内部移一点，并不影响使用功能，但把噪声区移进来 300 m，这个措施也解决了很大的问题。

（4）减少夜航、取消夜货航。在运行上，把夜航，特别是晚上的货运专机取消，对减少噪声非常有利。货运飞机往往是客机改装的，发动机比较老旧，噪声比较大，一般来说，发动机越用噪声越大。尽管取消夜航货运专机对虹桥国际机场的经济效益影响很大，但我们还是下决心把这类货运专机取消了。

(5) 研发降噪飞行程序。这个措施就是开展飞机起飞和降落时降噪飞行程序的研究和实施。

显然，我们做的这些工作绝对不是环评所做的工作，而是项目策划阶段要做的策划工作。通过这些策划，我们改变了机场传统的设施建设方案，拿着这个方案去做环评，结果当然是很好的。

虽然，我们增加了一条跑道，但从噪声图上看，两条跑道的噪声图与原来一条跑道的噪声图是差不多的（图 3-12）。噪声图只是横向“长胖”了一点，但“长胖”的问题是不大的，因为跑道两边都是机场设施。比如，西边的候机楼上建有办公楼，高度已达到 45 m，面宽超过了 400 m，完全挡住了跑道和机坪上传来的噪声。因此，这个噪声曲线还会变化，影响范围会大幅变小。

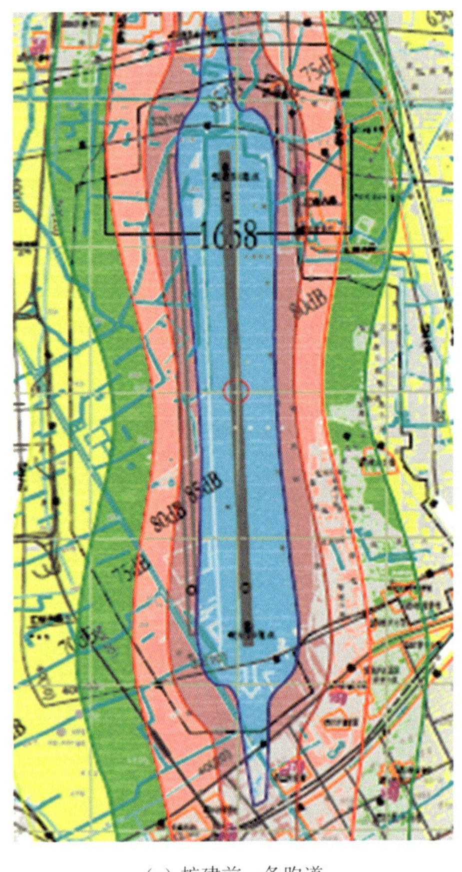

(a) 扩建前一条跑道

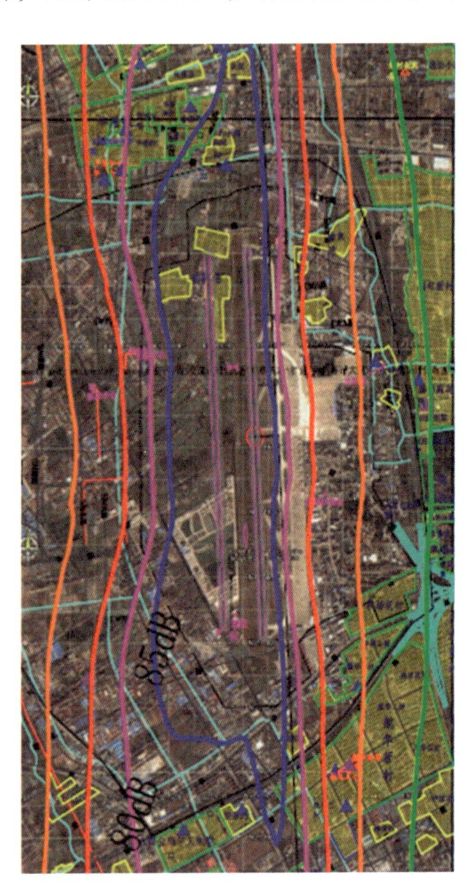

(b) 扩建后两条跑道

> 图 3-12　虹桥国际机场扩建前后飞行噪声预测的比较

举这个案例，我主要就是想说明环境保护策划和环评不是一回事，环境保护策划比环评更重要。人们经常会有一个错误的认识，以为通过环评就能把环境保护好，其实这是做不到的。因为环评只能说清问题，而解决问题需要前期策划，如果跑道已经开工了，再要想把这个跑道的噪声降下来，那是极难的。

因此，关于环境保护的策划，比环评重要百倍！

第4章

设施规模与设施布局策划

设施策划是策划阶段的方案设计，是对设施间的相互关系进行明确、对设施布局原则进行确定的过程。设施布局又与设施的规模密切相关，不同设施间的关系和规模都会影响设施的布局。

4.1 项目规模的策划

我这里要特别说明一下，规模策划不是规模预测。我们已经有很多非常专业的部门和机构在做预测，他们对设施应该是个什么样的规模，可以有比较准确的把握，而且时间越近，它预测得越准。比如，5 年以后，虹桥机场将达到什么规模，按照这个规模，需要什么样的设施，这都可以比较准确地计算出来。但是，我这里讲的是项目的策划，不是预测。我们要做的实际上是策划项目达到某个阶段、某个时间或是满足某些条件时的规模。我们最常遇到的就是策划终端规模。终端规模对业主来说是非常有意义的，一定要讲清楚。如果这个设施，我只知道 5 年以后或者 10 年以后的规模，那是不够的，10 年以后怎么办呢?

项目规模的策划有三种常见的方法。

4.1.1 需求推测法

需求推测法是根据某个特定的因素对规模进行趋势外推的策划方法。最常见的有两种，一种是用未来人口规模去推测设施规模，另一种是用未来 GDP 去推测设施规模。比如，我们常讲人均 GDP 1 万美元，一人一年坐一次飞机，那么人均 GDP 到 2 万美元是多少呢？发达国家现在是年人均 1～3 次（差异在于综合交通运输结构不一样）。我们国家现在是年人均 0.45 次，因此，以后增长空间是很大的。现在长三角地区每年已有近 2.7 亿人次的民航运输量，已接近年人均一次。

需求推测法的缺陷在于越是远期越不确定，因此比较适合用于某个特定时间和某个特定要素的策划。

4.1.2 容量策划法

容量策划法是根据基础设施的能力或基础设施所处环境的承载力对设施规模进行策划的方法。比如，一座机场的飞行区具备一条跑道，一条平行滑行道，一条站坪滑行道，即有 2 条滑行道，再有 4 条快速脱离道等相关设施与之配套，那么一年完成 2000 万人次的旅客量是可以的。又如轨道交通，一条轨道交通线路，如果采用甲型车，就是大车，那么这条线路的单向高峰小时断面通过能力就有 5 万人次。某条地铁运行以后，即使其断面通过流量实际只有 1 万人次，它也依然是有 5 万人次的断面通过能力的。因此，对于我们做规模策划来说，就很简单，即如果说我们考虑以后要达到 5 万人次断面流量，那就可以修一条轨道交通线路；那什么时候要修第二条，则超过 5 万人次以后肯定要修第二条，这个叫策划。

其实，运输量的台阶是人次单向高峰小时：巴士 0.8 万人次，单轨（4 节）2 万人次，轻轨（6 节）3 万～4 万人次，地铁（8 节）甲型车 5 万人次、乙型车 7 万人次。记住这些对策划工作很有利。

接下来人家就要问你："哪一天达到这个量？"要回答这个问题就比较难了，这就需要预测了。策划有利于决策，有利于下一步工作的开展。当然，这个只能作为策划工作之后，即规划工作的依据，还不能作为设计工作的依据，做设计前还要有近期的准确预测。因此，策划和预测这两个环节都是不可缺少的。

4.1.3 类比策划法

类比策划法是将自己策划的设施同与之相类似的设施进行比较，从而确定其设施规模的策划方法。

上海机场的远期容量 1 亿～1.2 亿旅客运输量是类比出来的，因为跟上海类似城市的机场都是在这个数值左右时就成长乏力了。又比如虹桥综合交通枢纽中的铁路站 30 股道的规模，也是类比出来的。

那么这个 30 股道是怎么来的？我给大家讲个故事。当时为需要多少股道争论得一塌糊涂，不知道到底多少好。另外，还有别的原因，比如，市有关部门不愿意给铁道部门太多的土地；不愿意投资太大；等等。这样一来，对于多少股道合适就众说纷纭了，有一大堆无法理清的问题。恰巧在此时，上海市领导要到美国去，在机场他就问我："我们原来只答应给它（指铁道部）10 股道，底线是 15 股道。你觉得应该多少？"我就跟他说："您这么看，伦敦是 80 几股道，有 8 个大的车站，巴黎是 7 个车站，还有东京、莫斯科，一个个城市都有 100 股左右。上海有什么理由比它们少呢？正好您去美国，可以到纽约去看看，它有多少股道。仅纽约中央车站，上层 25 股道，下层 25 股道，一个站就是 50 股道。如果按这样算，我们给虹桥枢纽 30 股道也不能算多，因为现在上海站有 13 股道，上海南站有 13 股道，加起来一共只有 26 股道。当然这个地方也只能给 30 股道，再多给旅客的步行距离就太长了。"后来，市里就决定建设 30 股道，就是这么定的，不是预测出来的，这是类比策划确定的。世上有很多事情影响要素众多，说不清楚，或者说清楚要花很多的时间，项目建设又不允许，而用类比的办法常常会很有说服力。

案例 003　扬州泰州机场（原苏中江都机场）的终端规模策划

2009 年，扬州请我们帮它做一个机场的终端规模策划。按照法规，做一个这样的新机场，要做运输量预测，设计院就给它测了一个 2015 年，测了一个 2020 年，然后再测了一个 2040 年的运输量。那个 2040 年，实际上就没说出什么，也说不清楚，因为要讲 2040 年扬州机场有多少旅客，神仙也说不准。但是，市领导就难办了，他的机场到底应该怎么定位？到底应该规划多大、预留多少土地？所以，市领导要我们帮助做项目策划。我说其实就是一个终端问题，你们不要这样讲规模，就讲扬州机场是为扬州、泰州服务的，扬州、泰州加在一起有 1000 万人口，GDP 已是人均 40000 元人民币左右，按此 GDP 水平作类比，美国是一个人年均乘 3 次飞机，日本人是一个人年均乘 1.5 次，扬州、泰州再发展，一人年均一次总归要考虑的，客流量再多，可能就要被周围的机场吸走一部分。如果就是一年 1000 万人次，那至少要有一条比较像样的跑道，要有十来万平方米的候机楼。如果有了一条像样的跑道，又有了一个十来万平方米的候机楼，那实际上就是虹桥机场现在（2009 年）的规模。反过来说，有了这个基础的设施，能做到的客流量还不止这个数，是可以做到 2000 万人次的。所以，我就跟他们说，结论是很简单的，做一条像样的跑道，做一个以后能够发展到 10 万 m^2 的候机楼规划，再加上其他配套设施，这个规模这么定就可以了。

可以看出，这个绝对不是预测，这实际上就是我们所讲的规模策划。扬州泰州机场终端规模宜设为：1000 万人次/年左右，近期定位为支线机场（图 4-1）。

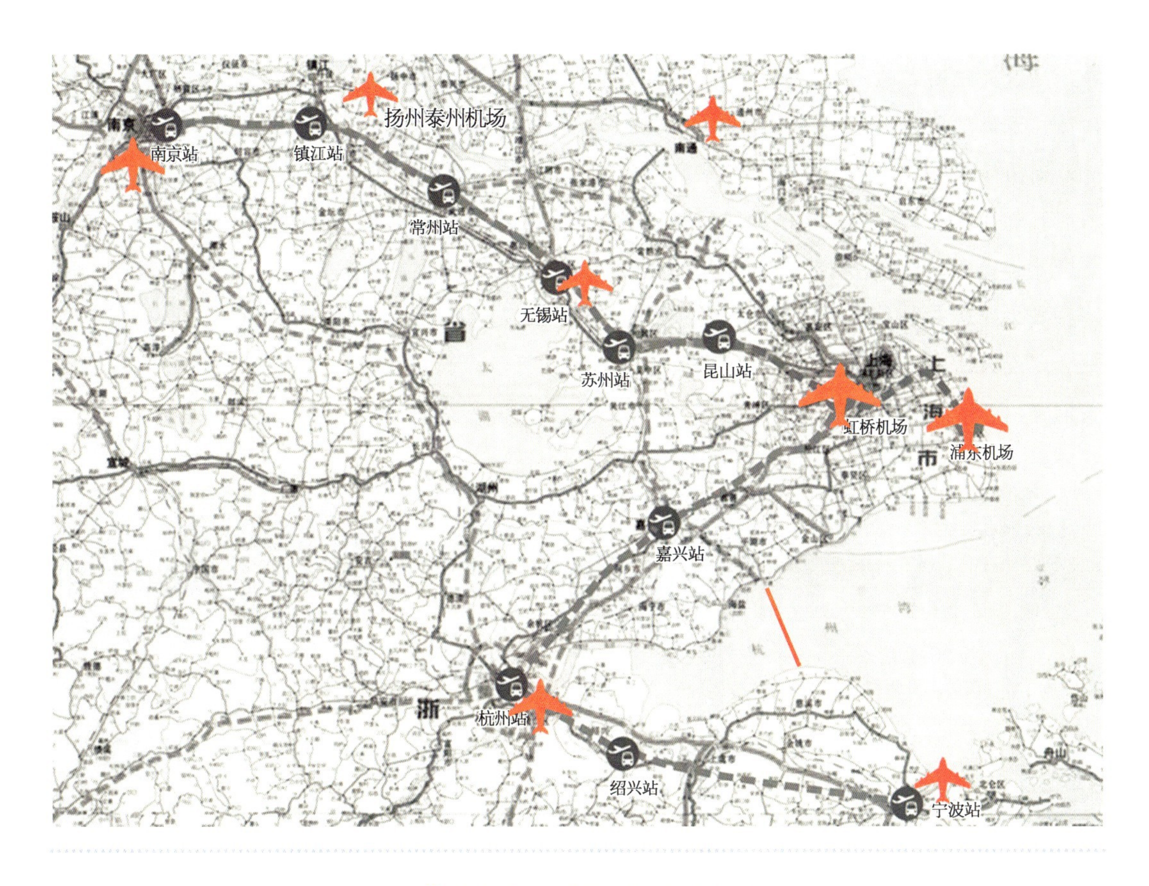

图 4-1 扬州及其周边地区主要机场

案例 004 深圳轨道交通 3 号线的运量策划

2003 年，我们为深圳市龙岗区做了其轨道交通 3 号线的运量策划工作，这个案例讲解这条轨道交通线需求生成的策划过程。

图 4-2、图 4-3 是深圳当时法定的规划图，深圳的城市规划是很有名的，获得过联合国规

划人居奖，做得很好。从图中可以看出，深圳市主要有3个发展轴，一个是龙岗方向的东部发展轴，一个是宝安方向的西部发展轴，再一个就是中间的中部发展轴。当然还有一个就是深圳市中心横向的带状发展地区。这种城市是典型的带状城市，最适合建轨道交通。但是，它原来的规划是大组团式的发展方案，其轨道交通3号线规划是往龙岗方向走的，有3个组团：布吉、横岗、龙岗。我们做这个策划的时候，区政府的要求就是要我们把这条轨道交通的需求说清楚，因为铁道第二勘察设计院（以下简称铁二院）做了一个可行性研究，认为没有运量、需求不足，就是说没有做一条轨道交通的需求，一条巴士线路就可以了。这与龙岗区积极发展轨道交通，带动区内经济、社会发展的愿望相矛盾。于是区政府决定另寻高明。

我拿到这个任务的时候，觉得这是策划问题，不是人家铁二院的预测做错了，铁二院的预测肯定没做错，人家长期做这个，肯定都是准的。所以，我接这个任务的时候说这个是策划，我们可以做。

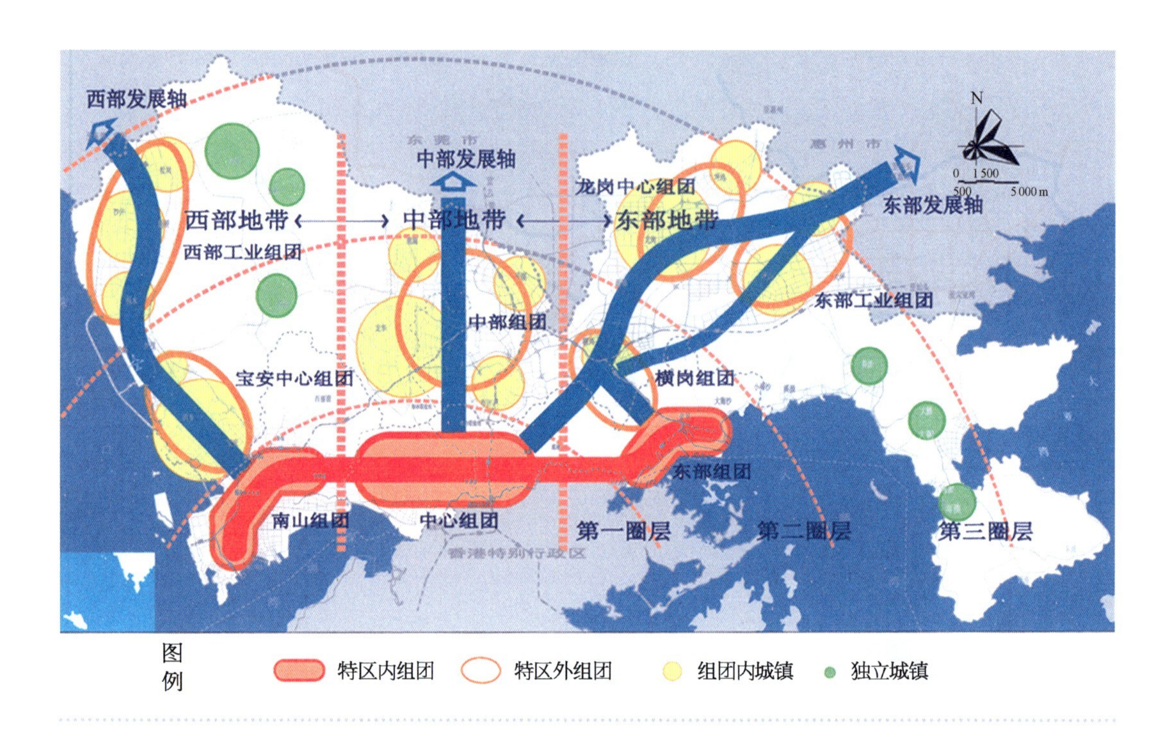

图 4-2 深圳市城市布局结构规划

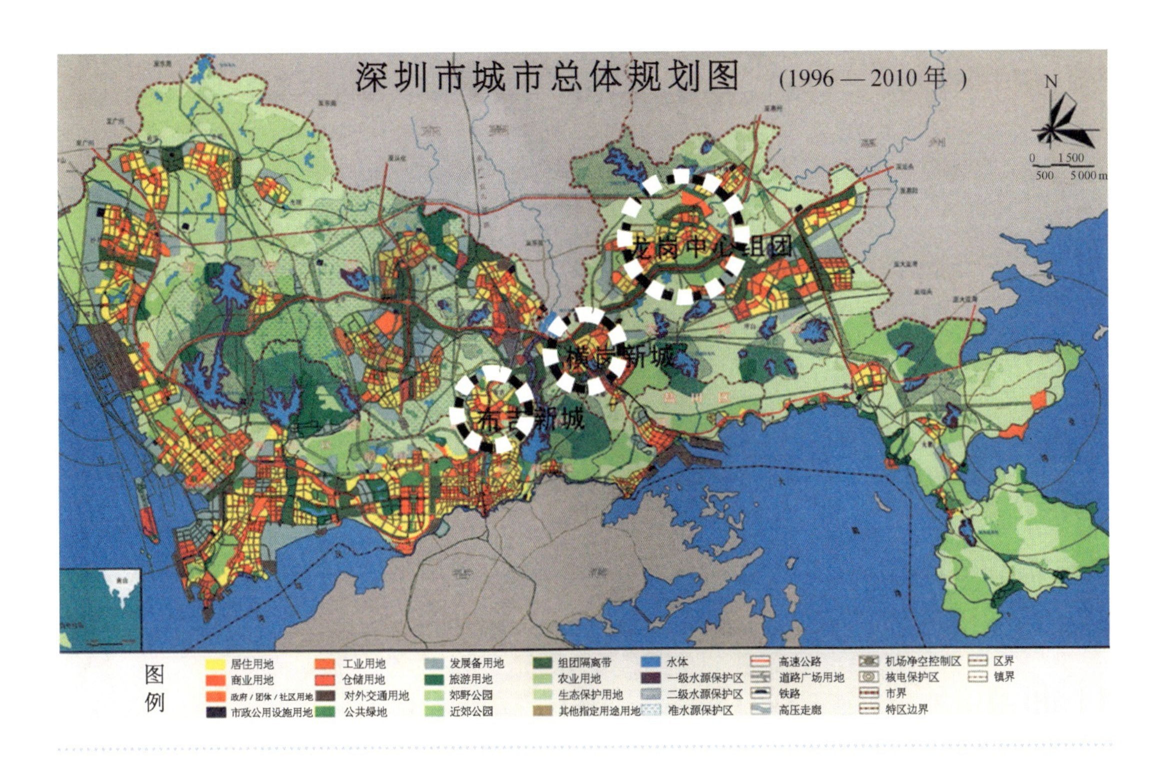

图 4-3 深圳市城市总体规划（1996—2010 年）

我们开始工作后，就对深圳龙岗区的城市结构作了认真的研究，我们发现它有问题。深圳虽然是带状城市规划，但它这个大的组团规划思路是将其人口、就业都在组团内部平衡，所以它的组团规模是相对比较大的，这里的居民可以在里面工作、学习、看病、居住，走出这个组团的出行量非常少，绝大多数事情都可以在组团内部解决。因此，它的交通量就算不出来，自然修地铁没必要的结论也就出来了。

在城市发展中，公路会串起一个个小城；在高速公路出口的城市会高速发展起来，没有出口的地方，这些城市会衰退下去，最多保持原来的样子。而轨道交通则不同，每个站点周边都会发展起来，发展以后，各个站会自然分工，比如这个站服装商店集中，下一个站食品商店会集中，再下一个站电影院等娱乐设施会集中。当然，我们也可以在规划上进行分工，推动这种分工的发展。这个就是轨道交通发展的规律（图 4-4）。

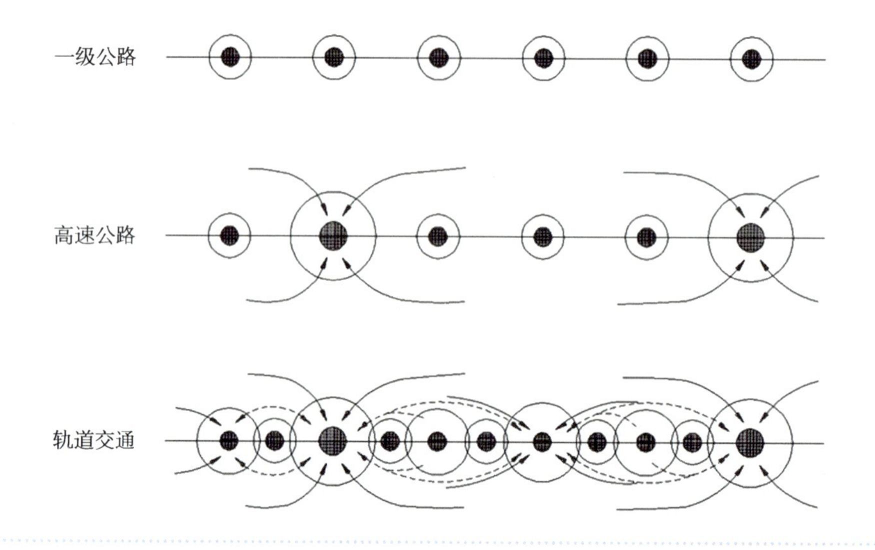

图 4-4 不同交通方式沿线发展规律

因此，深圳市的龙岗发展轴应该从高速公路模式（大组团规划）调整为图 4-4 中的轨道交通模式（小组团规划），否则这条轨道交通线肯定没有运量。认识到这一点后，我们就策划对规划进行调整（图 4-5）。轨道交通车站周围的用地规划，全部要进行调整，把每个站点周围都规划一块商业用地，并将原来大组团间的空地也结合那些车站附近的规划，将车站附近用地的容积率提高。车站用地原来没有建设用地的，则把它变成建设用地，最好变成商业用地。

用地规划调整好以后，再进行交通规划的调整。过去，我们适应了一种交通方式完成一次出行的模式，但这不符合轨道交通时代的要求。我们为 3 号线沿线居民的出行规划了一种新的组合出行方式，即居民的出行应该是这样的（图 4-6）：先从家步行，或骑自行车、坐巴士、开小汽车都可以，到离家最近的轨道交通车站；然后乘坐轨道交通从起点车站坐到换乘车站，比如市中心的车站（深圳轨道交通，市中心是一条横向的 1 号线，居民可以从 3 条纵向的轨道交通线下来，到 1 号线上换乘），再乘到任何想要去的终点车站；从终点车站下来，如果你要去某栋办公楼或某处商场，下来以后还没到，那就再走两步。出行方式变成这样以后，这个轨道交通的运量就能上来了。

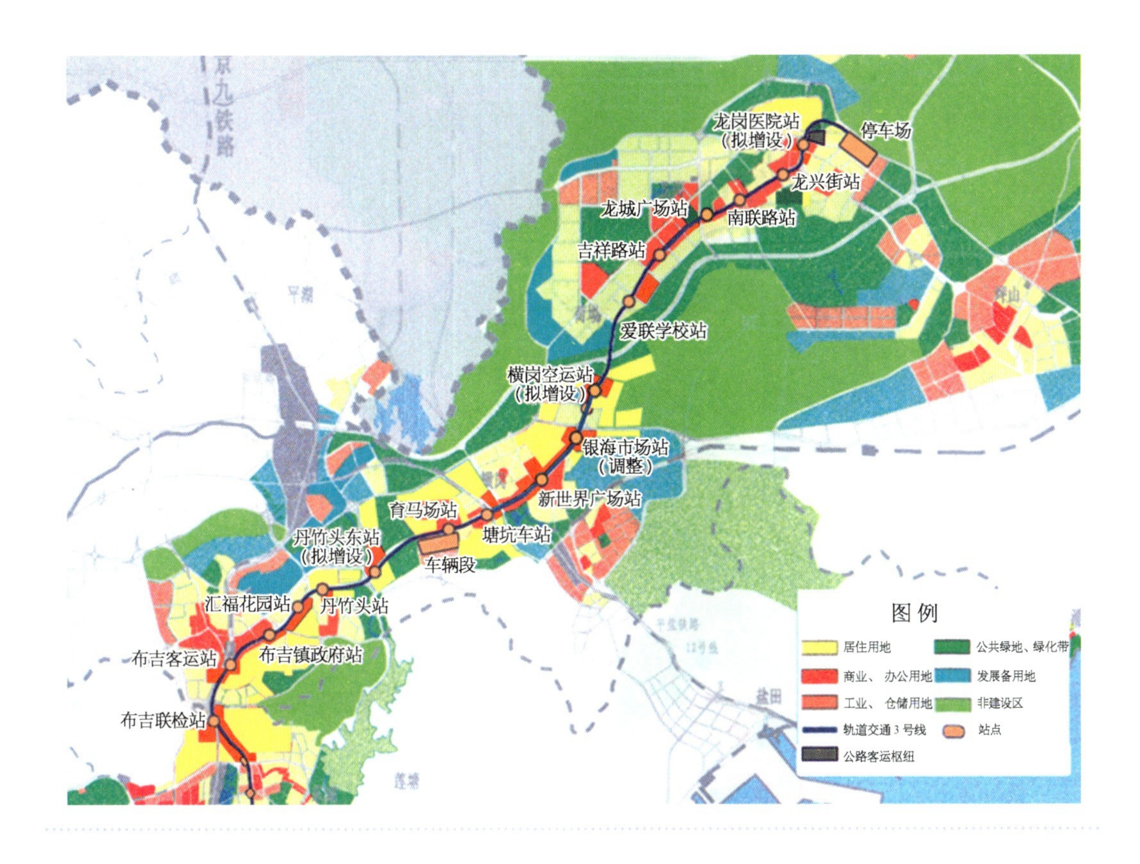

图 4-5 深圳龙岗方向城市发展轴用地规划调整建议

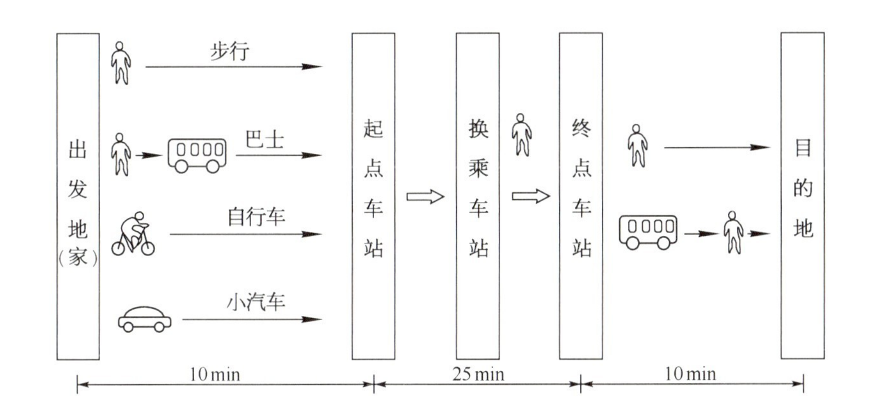

图 4-6 组合式市民出行方式

那么最后，公交巴士怎么跟这个轨道交通发生关系、怎样换乘呢？我们也提了一些建议，如图 4-7 所示。

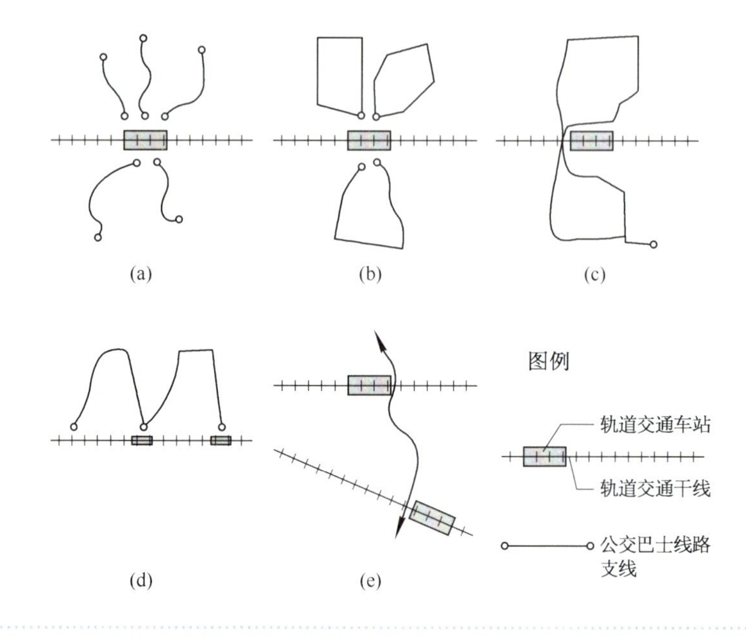

图 4-7 公交巴士在轨道交通车站周边接驳开行方式

经过上述策划之后，再请铁二院做需求预测就不一样了，运输量大大提升，原来不需马上建设的 3 号线也就排上了建设日程。

 **讲评：** 在这个案例中，我们的策划工作主要做了两件事情：

（1）调整城市土地利用规划，包括改变用地的功能性质、使用方式以及开发的密度和强度。措施包括：将原集中组团式布局调整为“点-轴式”带状布局；将商业用地和高密度居住用地与车站，即交通用地相结合；划定商住综合性用地等，以提高居民的出行量。

（2）调整沿线地区的客运交通结构。措施包括：调整公交线路，使其与地铁由竞争关系转为互补关系，方便乘客通过公交接驳换乘地铁；调整公路长途枢纽，使深惠路上原有长途客流通过轨道交通 3 号线进入中心城；完善交通枢纽和各种方式的换乘设施，尽可能方便乘客换乘，以吸引更多客流。

这两条，如果市里认为可以进行调整，那么客流问题就解决了。

很多策划都是这样的，上海市最著名的策划案例，就是陆家嘴。陆家嘴原来晚上一片黑突突的，一些仓库，一些农田在那。后来上海市在那画了一个圈，讲了一个故事，说这地方要建金融中心，后来就建成了。大家想想，如果人家不信这个故事，它就是一句空话；如果信，大家把钱投进来，它就是一个很好的策划。那怎么让大家相信的呢？上海市政府做了两件事情，修东方明珠塔，修南浦大桥、杨浦大桥。大家一看，嘿！真的要干！去晚了这个地价不就上来了，还是早点去吧！这么一个策划、一个动作，大家全来了。这，就是策划！

4.1.4 虹桥综合交通枢纽的规模策划

虹桥综合交通枢纽比较复杂，这里面有十多种交通方式，那么它的旅客量、设施规模是怎么出来的？答案仍旧是：策划出来的。

首先，铁路车站的股道数，前面已经介绍过，是用类比法策划出来的。

其次，虹桥国际机场的旅客量是根据设施容量策划出来的。上海的年航空容量一共是1.2亿人次，虹桥国际机场两条近距离跑道，最多也就只有4000万人次的年处理能力。

第三，虹桥综合交通枢纽的轨道交通，我们策划安排5条线，但实际上这在运量上是不需要的，这是由于条件可行加上舒适需求的结果。我们把轨道交通定位为虹桥综合交通枢纽最重要的客流疏解方式，希望大家都换乘轨道交通，这样对我们城市道路交通的影响最小。所以，我们就要把轨道交通做到最舒适，如果你要乘坐轨道交通，会很容易乘上，并且有5条线，到哪个方向都很方便，而且不会很拥挤，这样轨道交通才有吸引力，才能达到我们策划的目的。如果按我们计算出来的旅客量，其实一条线就够了，仅2号线断面通过能力就是5万人次，但那会造成很严重的拥挤，而挤了以后，旅客可能就不乘轨道交通了。我们希望在虹桥综合交通枢纽有50%以上的换乘旅客乘坐轨道交通，这个策划就要求我们把轨道交通做得舒适一点。5条轨道交通线的规模就是这么来的，绝对不是算出来的，也绝对不是通过预测做出来的。所以，我们的计算往往只是一个参考的依据，真正解决问题的、真正能够把相关领导和专家说服的，不是算出来的那个预测，而是这种策划的思路。

第四，虹桥综合交通枢纽的车库规模，也是根据需求推测出来的。按我们的策划思想，车库比需求的规模要小，就是想让停车位不够，不够停收费就高了，收费高了一部分旅客就干脆不开车、乘坐地铁了。这个就是策划。

第五，轨道交通设东站、西站两个站，也是我们策划的结论。铁路车站这一块的旅客量是机场的两倍，且与机场相距较远，已不适宜步行，所以专门设一站，而且形成5条线的轨道交通枢纽站，而机场这边只是个两条线站。

第六，公交巴士站点和线路策划。在虹桥综合交通枢纽有很多旅客是从外地来沪的，大多带着行李，坐巴士不是很方便，为了让他们便捷舒适地乘坐巴士，策划把巴士停在枢纽门口，而且线路也很多。如果就需求本身来计算的话，其实也没有那么多旅客乘公交巴士，之所以这样策划只是为了为旅客提供方便，体现公交优先的原则。

最终，项目功能设施的规模策划结果如下：

（1）虹桥国际机场，年处理4000万人次和100万t左右的货物（容量策划法）。

（2）铁路虹桥站，共有30股道（类比策划法），其中10股道用于城际线，20股道为高速铁路使用。至2020年预计年旅客吞吐量为5000万～6000万人次（容量策划法）。

（3）磁浮虹桥站的站场规模为10线10台，站型为通过式。至2020年预计旅客年发送量为1000万～2000万人次（需求推测法）。

（4）轨道交通安排5条线，在枢纽设施下设2个站（条件可行+舒适需求）。

（5）策划了商务办公和商业服务开发部分（容量策划法+类比策划法）。

（6）西交通中心设地铁西站，有2号线、10号线、5号线、17号线、青浦线共5条线路进入，服务于高速铁路（公交优先+舒适方便需求）。

（7）各类巴士线路有40～60条（公交优先），另外还兼顾社会车辆、出租车、社会巴士等（需求推测法）。

（8）各种停车位数量在10000个以上（需求推测法+容量策划法+公交优先）。

4.2 核心设施的布局策划

4.2.1 布局策划的依据

解决了设施的规模问题，接下来就是要策划设施的布局问题。设施的布局策划，主要考虑两个方面，一个是流程（功能或空间之间的逻辑关系），一个是流量（流程的主次关系）。

对设施的终端容量和各个不同时间点的交通量，先得有一个数量的概念。比如虹桥综合交通枢纽，长远的如20年、40年以后的交通量会有多少，我们也许说不清楚，但是，可以算出5年以后的或10年以后的交通量。即使这个量还是不准的，但是所有这些交通量之间的比例关系是可以比较准确地描述的，而且这个比例关系在发展变化中是有一定规律的，甚至很有可能到了 40 年的时候还是这个比例关系。

在分析这个量的关系时，虹桥综合交通枢纽周围 26 km² 开发地区的交通量也要考虑进去。枢纽旅客总流量构成为：大交通每天进来 30 万人次，出去也是 30 万人次，其中有 10 万人次在大交通之间换乘，没有出枢纽；城市交通每天有 25 万人次进来，也有 25 万人次出去，其中各有 5 万人次是接送客与上下班人流（图 4-8）。

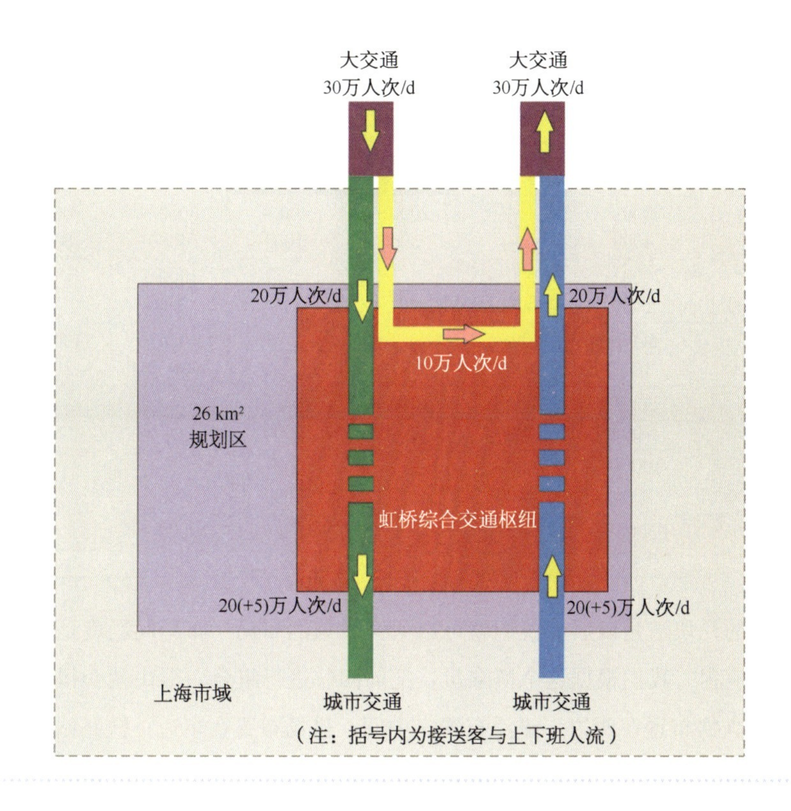

图 4-8 虹桥综合交通枢纽旅客总流量构成

（图片来源：上海市城市综合交通规划研究所）

以这个量作为前提，我们来预测 2020 年各种交通方式之间的换乘关系，见表 4-1，研究表明各种换乘量之间的比例关系在以后不会有大的变化。分析这个表，我们看到高铁、城际铁与地铁的换乘量最大，比其他所有换乘量加在一起还大，这个肯定是没错的。机场跟地铁的换乘量第二大，这肯定也是不错的。虽然今后换乘的总量会变化，换乘量排名和这个比例关系肯定是不会有大的变化的。然后是磁浮跟地铁的换乘量也比较大，是第三大。磁浮跟铁路的换乘量，由沪杭磁浮和机场磁浮两条线的量组成，分开看每个量都不大，但由于两条磁浮线是做在一个站体内的，而且高铁和城际铁也是一个站体，所以在两个站体之间的换乘量还是蛮大的。把这四个量加起来，可以排在第四位。剩下的其他交通方式之间的换乘量就明显小一个数量级了。

表 4-1 枢纽内客流换乘量分析 （人次/d）

交通方式	高铁	城际铁	虹桥机场	机场磁浮	沪杭磁浮	高速巴士	高速公路	城市交通
高铁	—	1000～2000	2000～3000	7000～8000	1000～2000	500～1000	6000～7000	65000～66000
城际铁	1000～2000	—	3000～4000	7000～8000	400～1000	500～1000	1000～2000	68000～69000
虹桥机场	2000～3000	3000～4000	—	2000～3000	400～1000	3000～4000	7000～8000	34000～35000
机场磁浮	7000～8000	7000～8000	2000～3000	—	0	1000～2000	0	—
沪杭磁浮	1000～2000	400～1000	400～1000	0	—	1000～2000	1000～2000	24000～25000
高速巴士	500～1000	500～1000	3000～4000	1000～2000	1000～2000	—	0	3000～4000
高速公路	6000～7000	1000～2000	7000～8000	0	1000～2000	0	—	0
城市交通（地铁为主）	65000～66000	68000～69000	34000～35000	—	24000～25000	3000～4000	0	—

换乘量最大的几块清楚以后，我们就可以研究设施的布局。布局问题就是以换乘量决定设施相邻关系，即流程。我们根据这个换乘量，把前四位进行组合，很快就会得到一个方案（图4-9）。该方案将高铁布置在西边，磁浮布置在中间，机场布置在东边；铁路站跟地铁换乘量最大，所以应该让地铁跟铁路站接近；机场跟地铁换乘量第二大，也要接近；磁浮跟地铁换乘量是第三大，当然也要接近；磁浮跟铁路换乘量第四大，两者也要紧邻。如果只有一个地铁车站，一个城市交通换乘中心，那么换乘的人流走的路就太远了，而且会造成拥挤。所以很自然，我们就想出了一个两座地铁站的布局方案。从剖面图上看，就是一座地铁车站放在机场和磁浮之间，另一座地铁站专门为铁路服务，因为地铁与铁路间换乘量最大。同时，第四大换乘量是磁浮和铁路之间的，让它们也能够接近。这样一来，设施的布局方案就策划出来了。这么一布局，流程也就出来了，最主要的换乘流程也就解决了。剩下的道路交通，只要把道路修到铁路、机场、磁浮站的门口就可以了。在两个地铁站的上方，我们再布置两个公交候车设施。

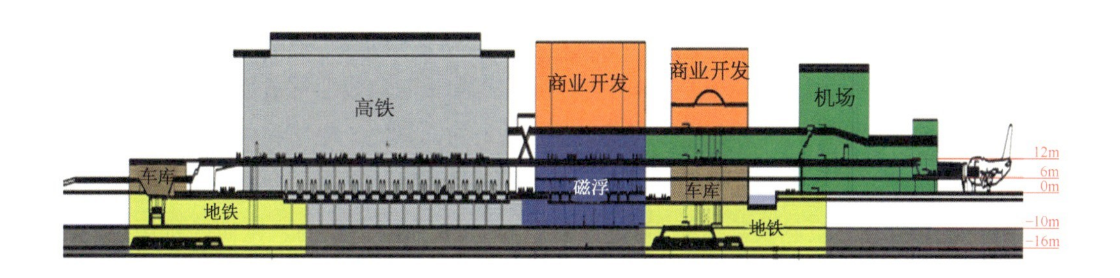

图 4-9 虹桥综合交通枢纽核心区主要交通方式间的相互关系剖面图

4.2.2 平面布局策划

平面布局首先研究地面情况（图 4-10），分地铁、机场、磁浮三块，两个地铁车站分别位

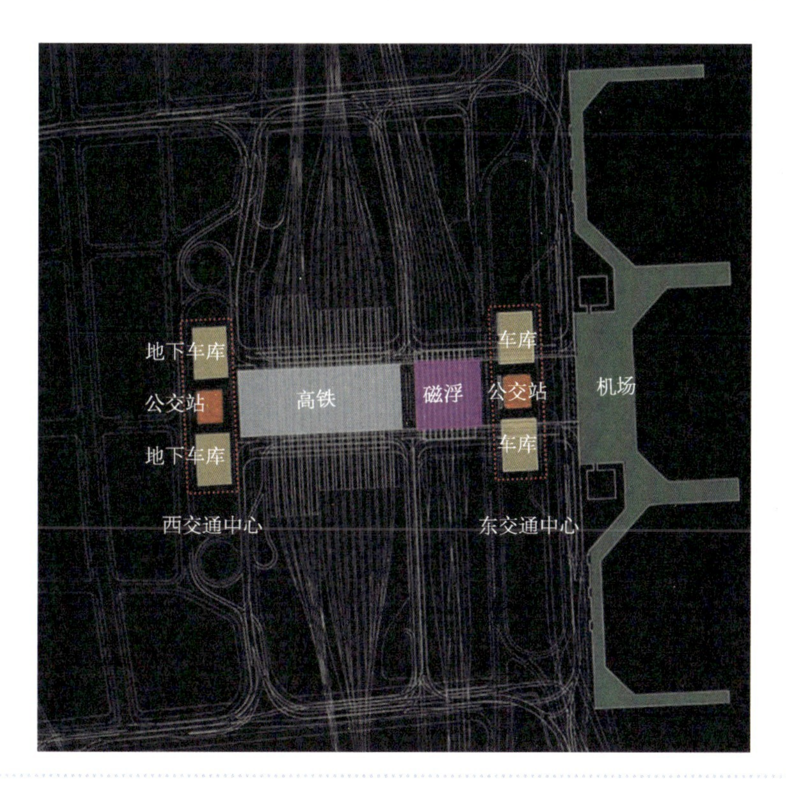

图 4-10 虹桥综合交通枢纽核心区平面布局

于铁路车站西部和磁浮、机场的地下，那么我们可以把公交站布置在地铁上面的地面。这样，就可以形成两个城市公交的换乘中心，两个换乘中心的服务对象也非常清楚。我们再把车库布置在公交站的南北两侧，旅客停好车后可通过换乘中心进出铁路、磁浮和机场，虽然走得远了些，但也符合我们策划的公交优先原则，否则自驾车旅客换乘方便了，公交就没人乘了。

还有一些换乘流程虽然换乘量排不到前四名，但也是非常重要的。比如说机场跟铁路换乘，对于我们开展空铁联运是至关重要的。于是我们就把机场设施尽可能往西边移，即把机场的出发办票厅西移，扩展至紧邻磁浮车站，把浦东国际机场和部分虹桥国际机场的办票设施布置在机场和磁浮车站之间的公交换乘中心的上方，使铁路、磁浮、机场三者之间的换乘更加紧密（图 4-11）。

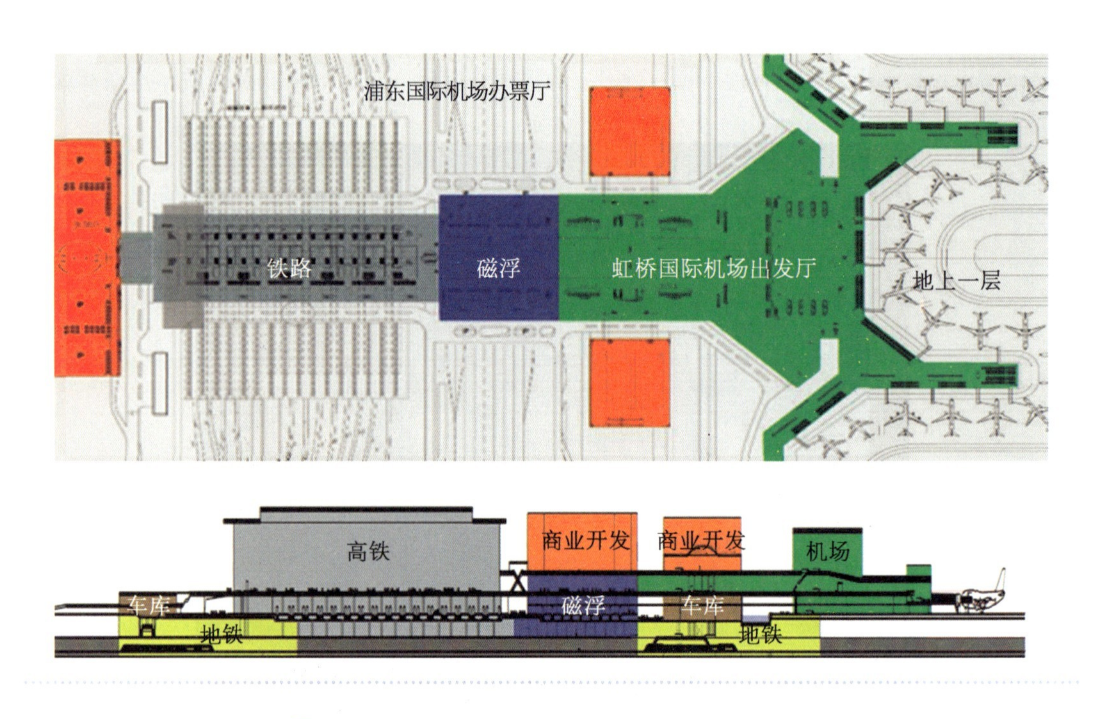

图 4-11　虹桥综合交通枢纽核心区地上三层平面图及剖面图

按这个思路，我们策划出来的各层面布局就是图 4-12 这个样子，地面层有车库、机场、磁浮、铁路轨道；地下是两个地铁站，旅客从机场航站楼下来和从磁浮站过来换乘地铁都很方便。实际上，我们把这个策划方案和分析的思路作为设计任务书纲要，指导了全部设计工作。

当然我们的策划方案画的都是相互关系，很荣幸最后做出来的设计方案基本上和我们的策划一致，变化不是很大。特别是这些关系在里面得到了完美的体现，虽然有的地方作了调整、作了优化，但是这些大的关系，我们在策划阶段做的这些思路，几乎没有一样被推翻。

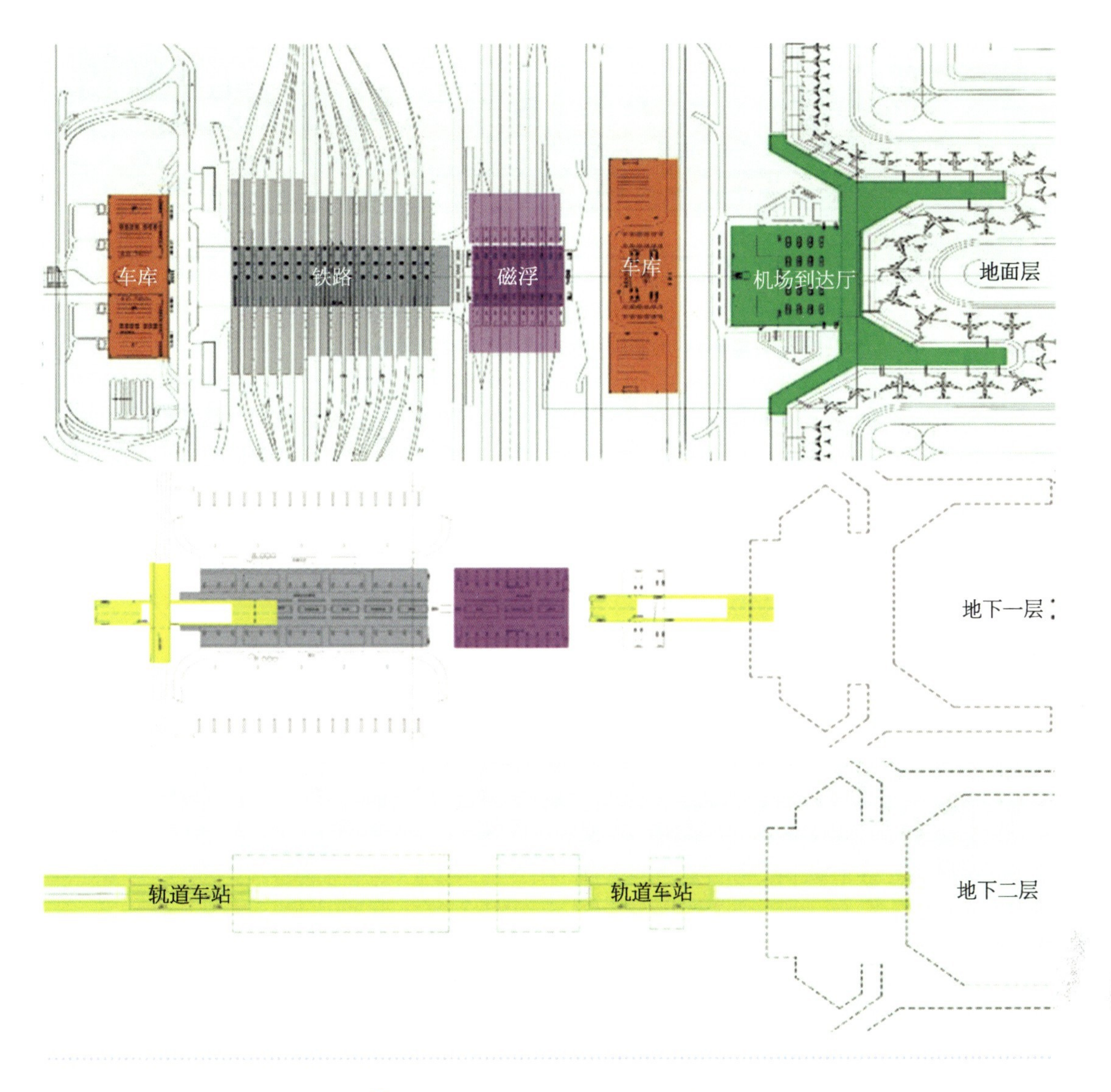

图 4-12　虹桥综合交通枢纽核心区不同层面

4.2.3 空间布局（换乘）策划

接下来，我们再看空间的换乘关系（图 4-13）。

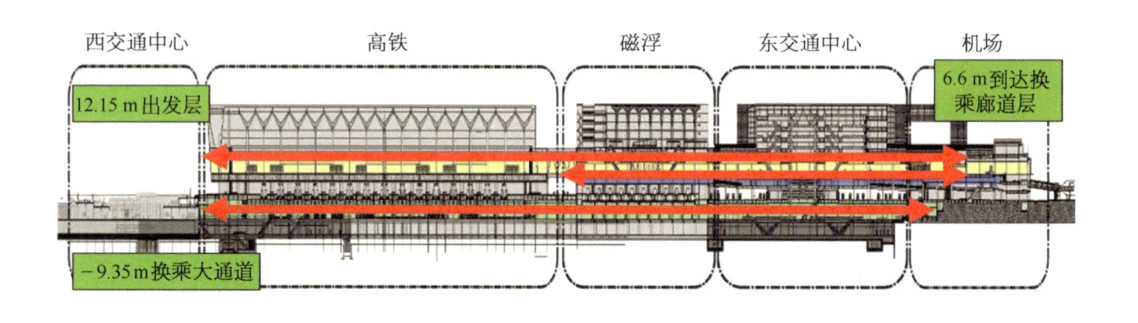

图 4-13 虹桥综合交通枢纽核心区三大换乘通道

首先，我们在 12 m 出发层策划了一个完全互通的具有双通道的换乘层（图 4-14）。在这个旅客出发层，做了两个平行的大的通道，把西交通中心、高铁、磁浮、东交通中心、机场这些设施全串联起来，通道两边有商业设施、各种服务设施。

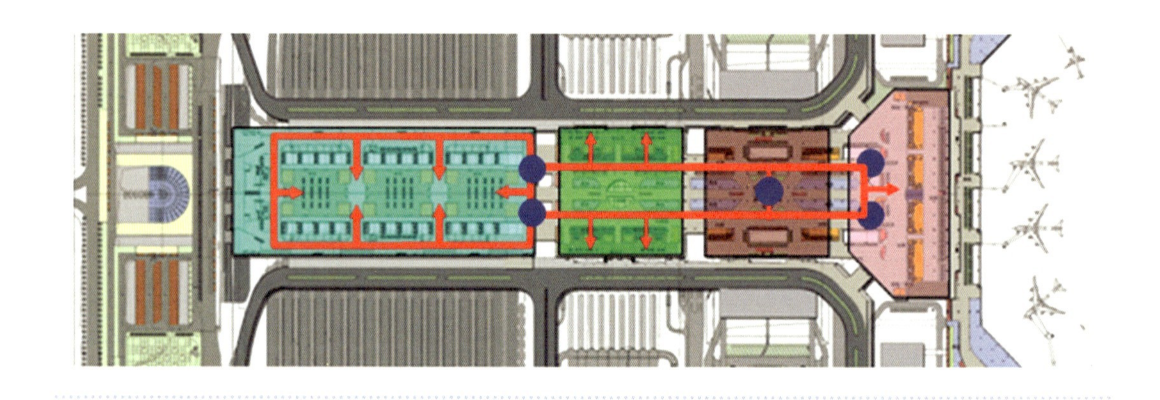

图 4-14 虹桥综合交通枢纽核心区 12 m 层换乘关系

然后，我们在磁浮跟机场之间策划了一个位于 6 m 高度层的换乘通道（图 4-15）。这是因为磁浮和机场的到达旅客，出来时都在 6 m 这个层面，所以我们让旅客不要再上上下下，能够直接就在这个层面推着行李很方便地换乘。

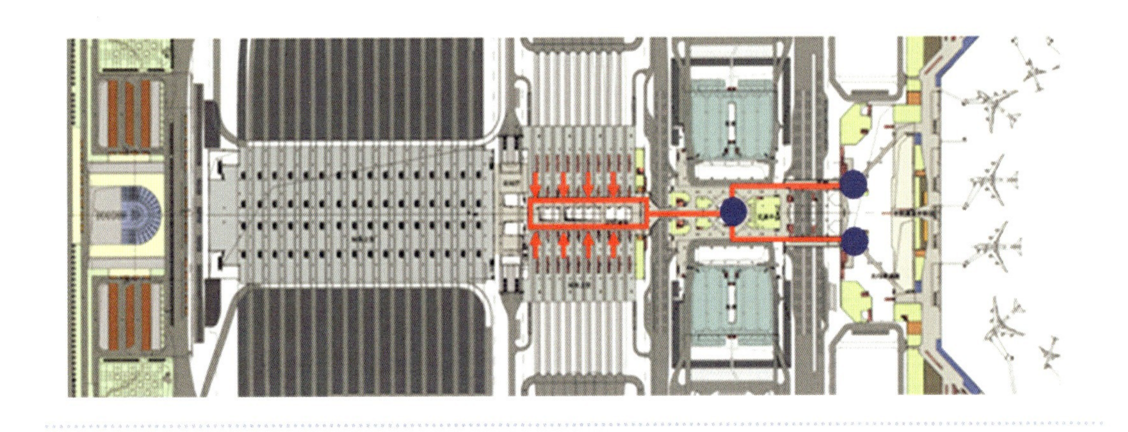

图 4-15　虹桥综合交通枢纽核心区 6 m 层换乘关系

我们在地下一层策划了一个宽敞的换乘通道（图 4-16），利用地铁的站厅层把两个地铁站的站厅连起来。这样，实际上就形成了三个不同高度层的换乘通道，所有的旅客换乘都在这三个层面上解决了。

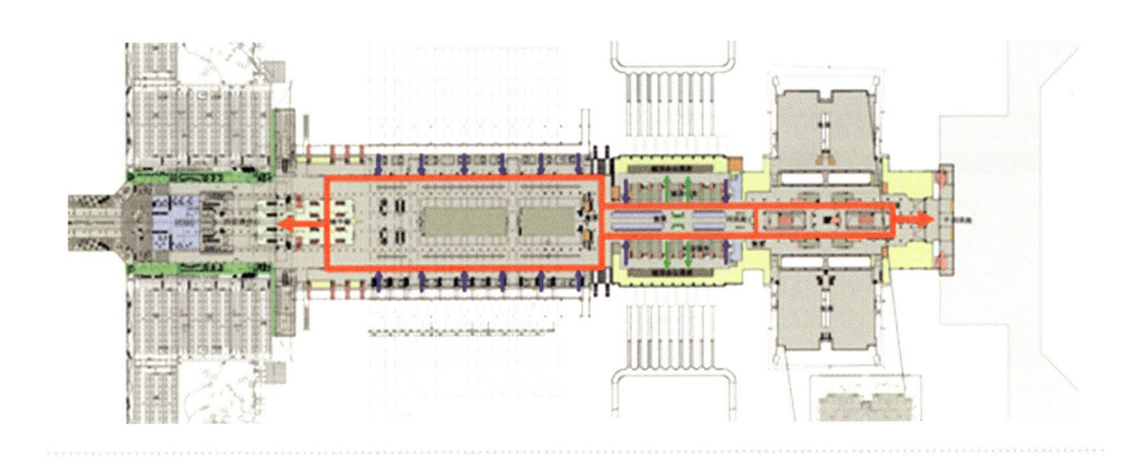

图 4-16　虹桥综合交通枢纽核心区地下一层换乘关系

从图 4-17～图 4-22 可以看出，所有交通方式之间的换乘通过这三个换乘通道都实现了。这些图上的换乘流程是在实施的设计图上画的，比较细致准确。我们当初画的就是一个概念流程，然后就把这个概念交给设计单位去做设计了。高铁与地铁的换乘，策划阶段地铁站是在铁路站外面的，后来发现换乘量很大，旅客步行距离会比较长，所以就将半个站移了进来。没有完全放在铁路站下面也是考虑到安全问题，当然也考虑了西侧开发区的需求，于是就没有完全放进来。

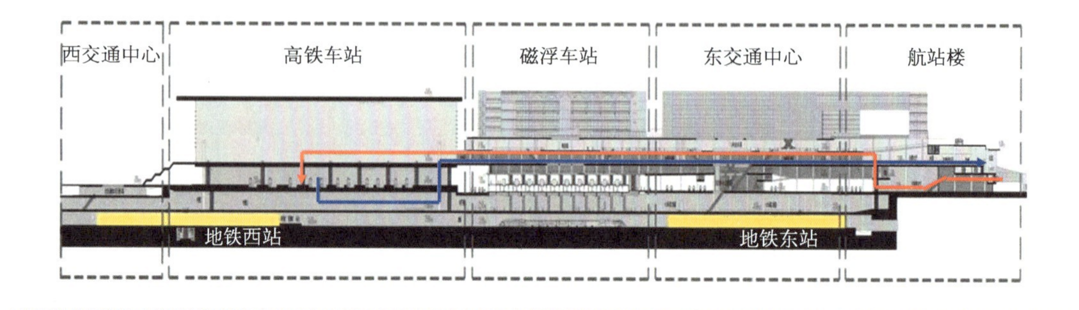

图 4-17　虹桥综合交通枢纽机场与高铁换乘示意

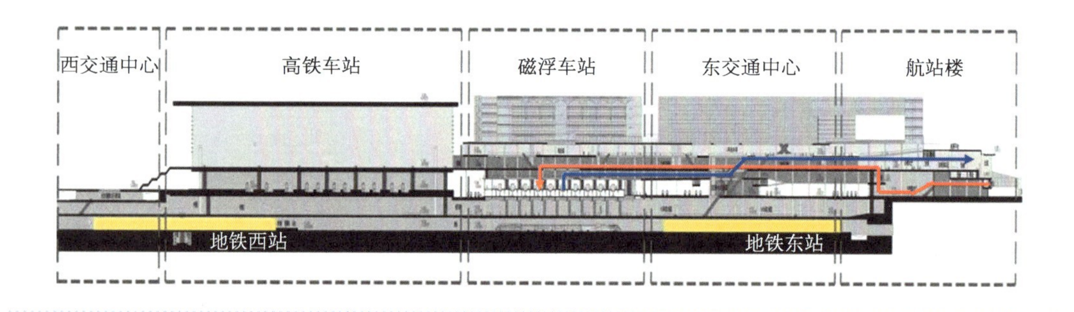

图 4-18　虹桥综合交通枢纽机场与磁浮换乘示意

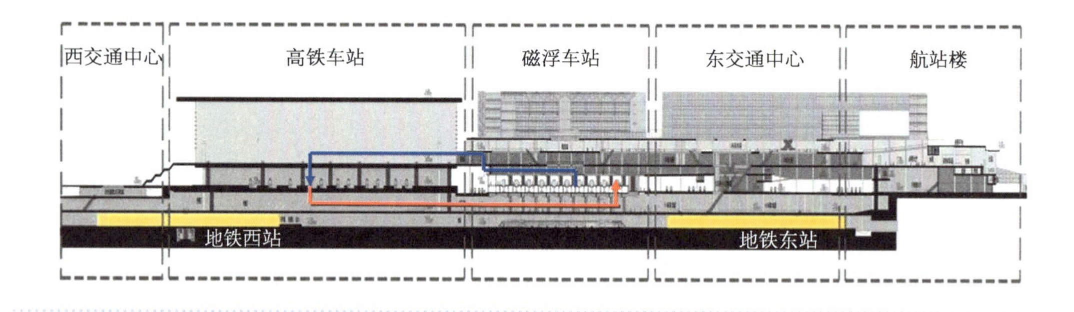

图 4-19　虹桥综合交通枢纽高铁与磁浮换乘示意

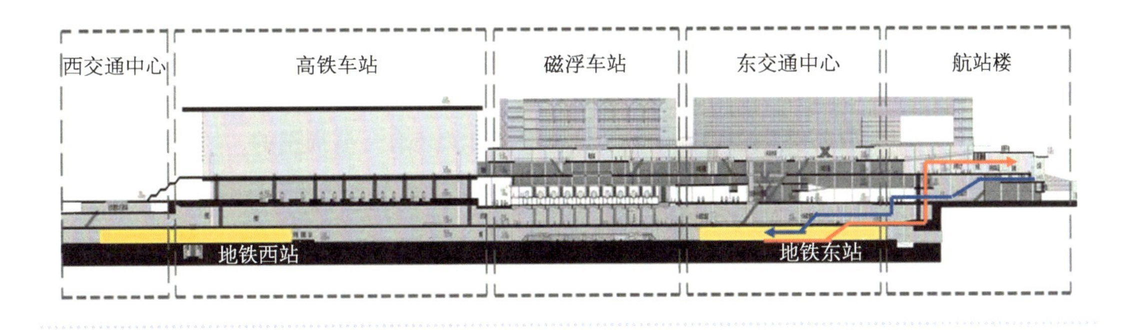

图 4-20 虹桥综合交通枢纽机场与地铁换乘示意

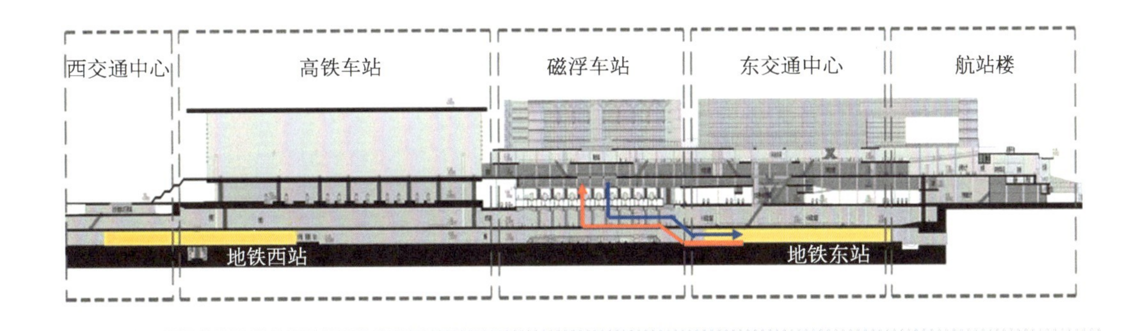

图 4-21 虹桥综合交通枢纽磁浮与地铁换乘示意

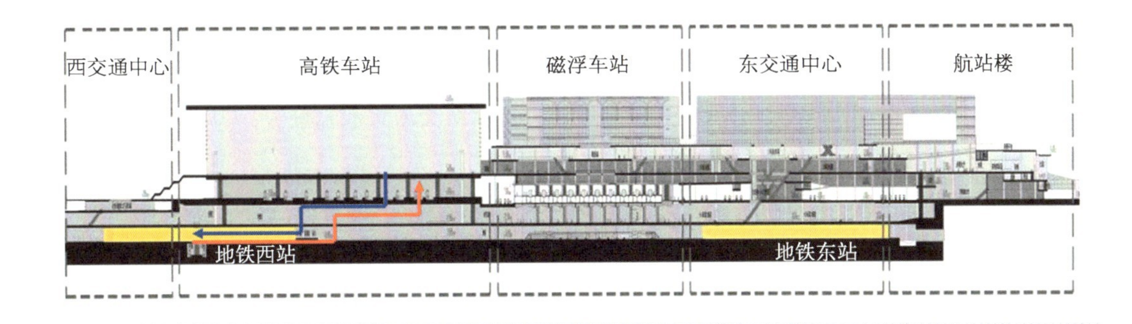

图 4-22 虹桥综合交通枢纽高铁与地铁换乘示意

（图 4-17～图 4-22 图片来源：华东建筑设计研究院）

4.3 关联设施的布局策划

除了上述核心设施以外，这么大的一个交通枢纽自然还有一些周围的、相关联的其他设施，也需要有相关策划。在表 4-2 里，我们对不同的交通方式及其服务对象做了一下梳理。

表 4-2 虹桥综合交通枢纽的交通服务对象

交通功能	交通方式	服务对象
对外交通	航空	全国
	铁路（高铁、城际铁）	全国
	高速磁浮（城际线、机场线）	长三角
	高速公路巴士	长三角
配套交通	道路交通	整个市域
	出租车、私家车	整个市域
	社会巴士、公交巴士	整个市域
	轨道交通	主城区
	静态交通	本设施周边

4.3.1 道路交通设施布局策划

1）道路交通需求预测

预计至 2020 年，如前所述，我们在策划阶段确定枢纽交通集散总量为：110 万人次/d，车辆 13 万～22 万 PCU/d。其中，对外（长三角地区）60 万人次/d，3 万～4 万 PCU/d；对内（上海市内）50 万人次/d，10 万～18 万 PCU/d（图 4-23）。

我们对外围道路进行了一个策划（图 4-24），就是通过 A5（嘉金高速），把其西侧来的旅客全部汇集到崧泽高架上面，然后在外环线和 A5 之间建一条辅助环线，现在叫嘉闵高架，通过这个高架把来自崧泽高架和北翟高架、漕宝高架、延安高架，即东西两个方向的交通量汇集起来进入枢纽。

图 4-23 虹桥综合交通枢纽交通集散图

然后我们策划在虹桥综合交通枢纽这个 26 km^2 的区域里面，外部交通量通过四个入口进来（图 4-25）。枢纽内的道路交通策划就是从这四个入口开始的，目标就是建立一个虹桥综合交通枢纽核心设施专用的快速高架系统。

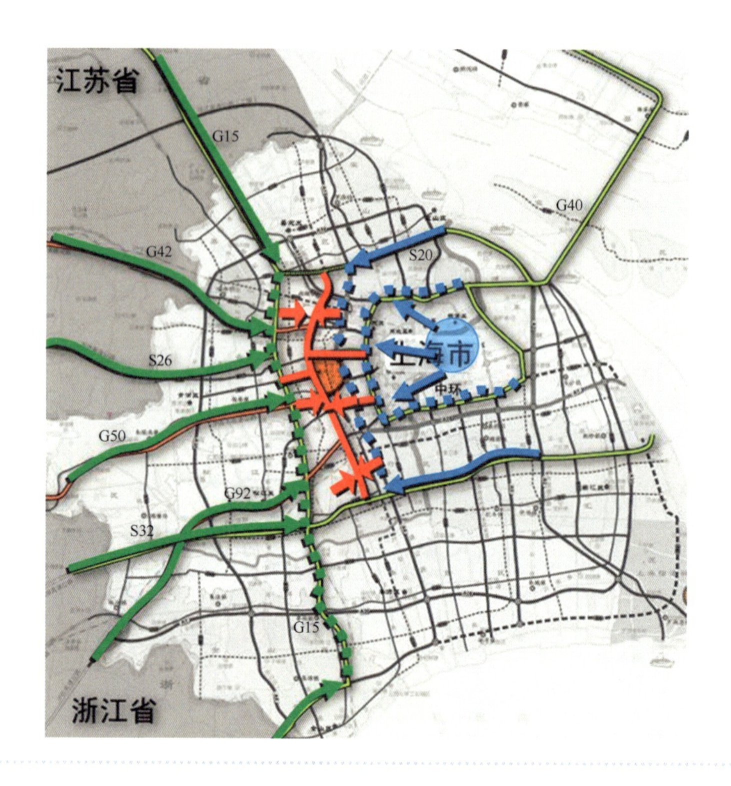

图 4-24　虹桥综合交通枢纽“一纵三横、内外兼顾”的快速道路系统

图 4-25　虹桥综合交通枢纽高架四大快速节点流量示意图

2）道路出入口建设规模策划

按预测的机动车高方案，枢纽自身产生的车流量将达 21 万～22 万 PCU/d，需要 18 条快速出入车道，按衔接路网容量需设 4 个不同方向的出入口（图 4-26）。考虑一定的安全因素，策划阶段确定的 4 个出入口均按双向 6 车道布置，共计 24 条车道，这就能保证在任何一个出入口遇紧急情况关闭时，系统依然可以正常运行。

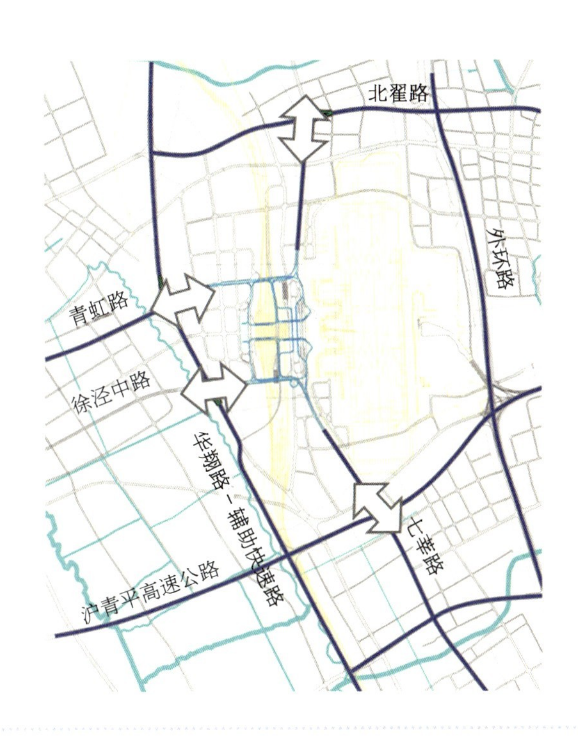

图 4-26　虹桥综合交通枢纽快速道路出入口示意图

然后，把这一地区的地面道路跟这些高架道路分离开来，建立一套自己的系统。根据虹桥综合交通枢纽地区开发产生的客货车流量（16 万～20 万 PCU/d），需要地面道路出入车道 28～34 条。于是，我们的策划提出在已有天山西路、仙霞路、沪青平公路的基础上，增设 9 个地面出入口，共计 38 条出入车道。后来在进一步的详细规划中又增加了多条出入车道，从而保证了充足的冗余能力（图 4-27）。

> **图 4-27** 虹桥综合交通枢纽地面道路出入口示意图

（图 4-23～图 4-27 来源：上海市政工程设计研究总院）

这样，我们就实现了项目策划中提出的把枢纽的交通跟周围地区的交通分离开的目标，通过将枢纽专用快速道路系统（高架）与地面道路完全分离的办法，为保证车流通畅、高效地进出枢纽奠定了基础。

3）枢纽高架道路交通规划原则策划

对于枢纽专用高架道路的规划设计，我们在项目策划阶段就提出了如下原则：①建设枢纽专用的高架快速道路系统，将地区内的交通与枢纽集散交通完全分离；②按西进西出、北进北出、南进南出的原则引导高架快速道路交通流向；同时，枢纽的道路系统保持良好的互通性，使旅客有多种选择；③枢纽专用的快速道路系统采用单向大循环方式（图 4-28）。

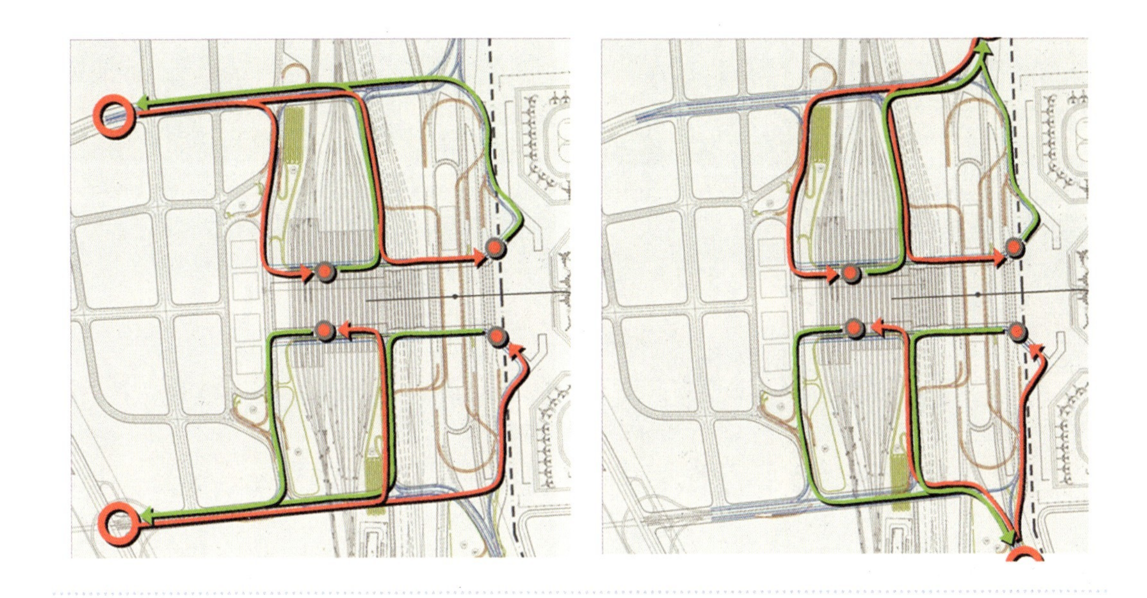

图 4-28 虹桥综合交通枢纽高架车流进出枢纽流线策划

我们先提交了一个概念性的策划方案，随后就一直根据规划设计的进展，不停地做策划和调整去跟它配合。

4）各种车辆进出枢纽流线

图 4-29 中的各图描述的是各种车辆进出枢纽时的流线。这里重点讲一下长途汽车、线路巴士是怎么走的。我们最初策划是在两个城市交通换乘中心让旅客都在那里上下车，后来，有人提出旅客还是走得太远，能不能让出发的旅客直接到铁路车站、机场门口下车，车子下完客以后，到设定的旅客候车点去接上车旅客［图 4-29（a）～（d）］。由于乘车旅客是陆陆续续来的，所以给定一个候车的地方，让旅客们在这个地方等车是可以接受的，只要出发旅客能够就近到出发点下车就可以了。

图 4-29（e）～（h）所示为出租车的站点和蓄车场，比我们最早做的策划有了很大的进步，这也是在设计深化的过程中，结合出租汽车公司提出的各种要求后不断优化的结果。

图 4-29（i）～（m）所示是社会车辆的接送客流线。

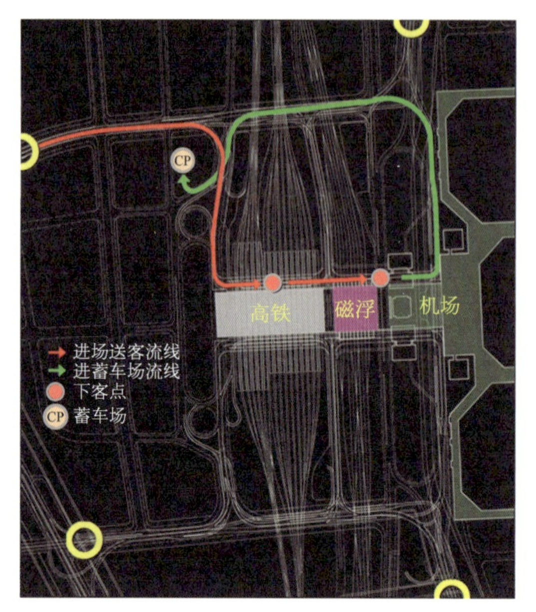

(a) 长途巴士送客蓄车流线

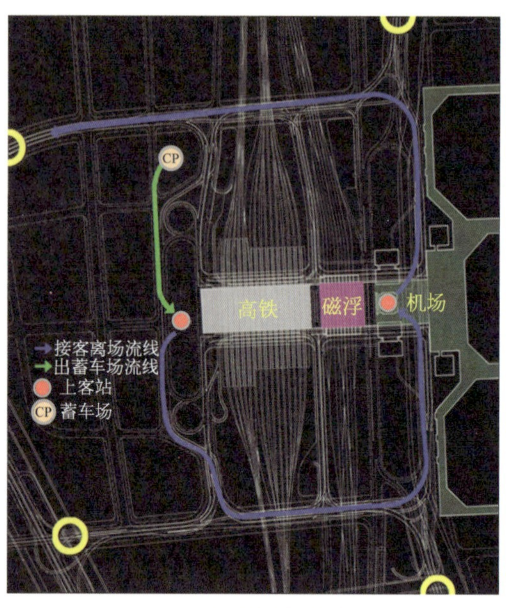

(b) 长途巴士接客离场流线

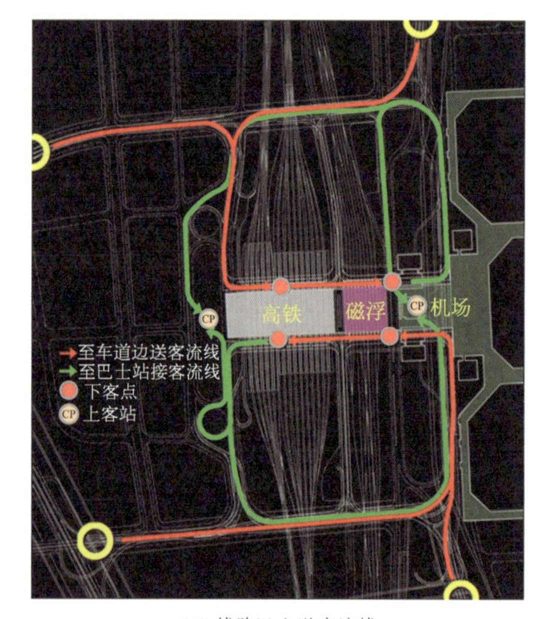

(c) 线路巴士送客流线

(d) 线路巴士接客流线

图 4-29 虹桥综合交通枢纽各种车辆的流线策划

（e）出租车送客蓄车流线

（f）出租车机场接客离场流线

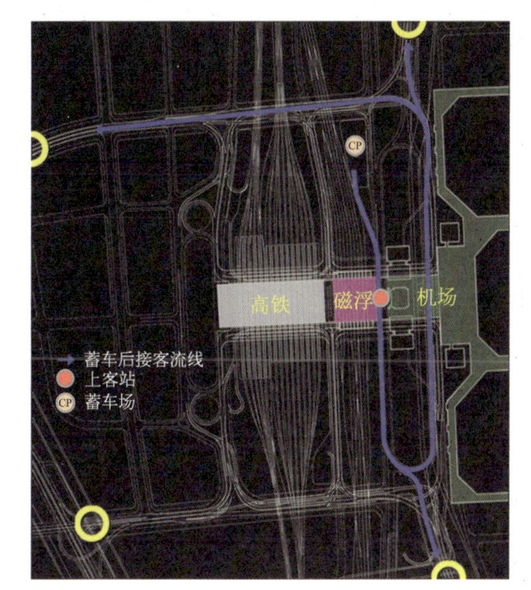

（g）出租车磁浮接客离场流线

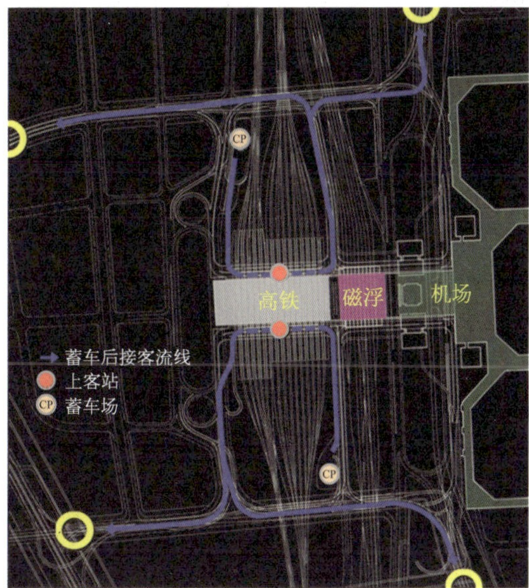

（h）出租车高铁接客离场流线

图 4-29 虹桥综合交通枢纽各种车辆的流线策划（续）

(i) 社会车辆西向送客至车道边流线

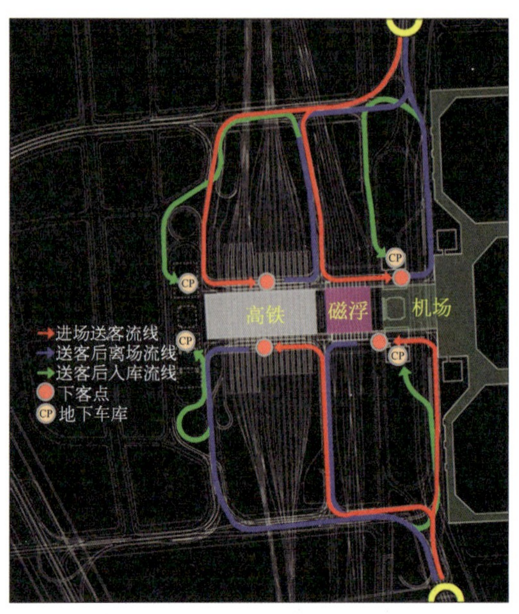

(j) 社会车辆南北向送客至车道边流线

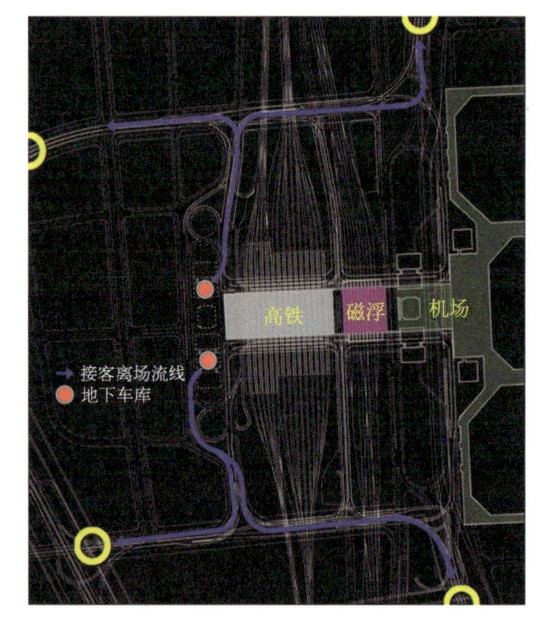

(k) 社会车辆高铁接客离场流线

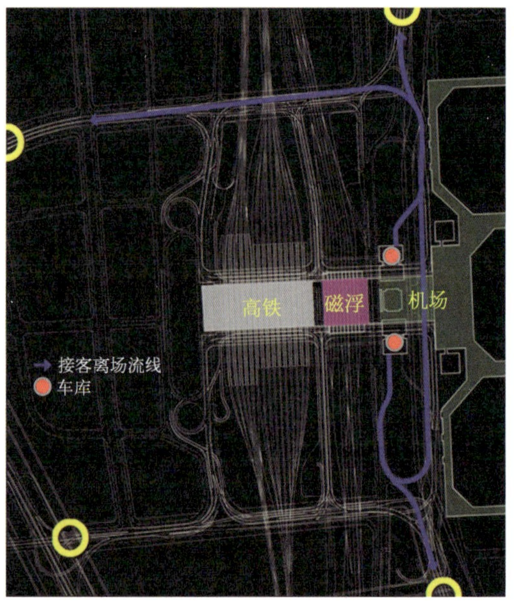

(l) 社会车辆机场、磁浮接客离场流线

> **图 4-29** 虹桥综合交通枢纽各种车辆的流线策划（续）

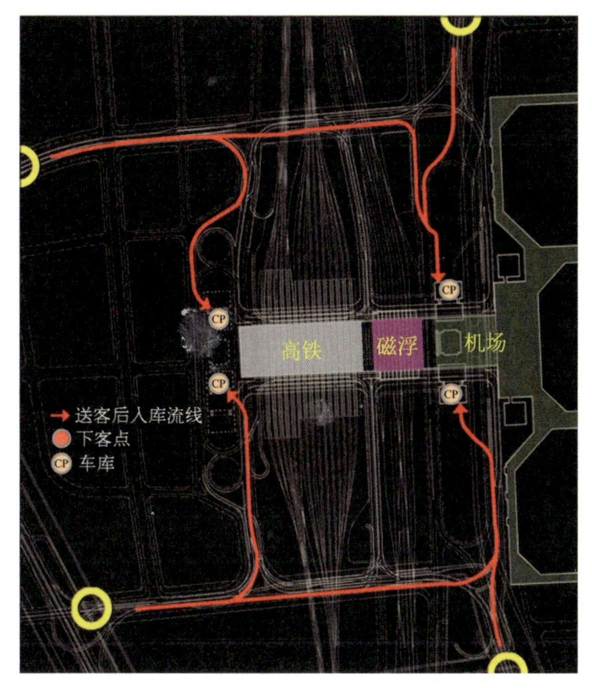

(m) 社会车辆直接入库流线

图 4-29 虹桥综合交通枢纽各种车辆的流线策划（续）

4.3.2 轨道交通设施布局策划

在虹桥综合交通枢纽的项目策划中，轨道交通设施的布局策划是很有意思的。我们花了很多精力反反复复地做轨道交通方案的策划，刚开始只有两条轨道交通线路，后来逐步增加到5条线。起初的策划只有一个车站，后来由于旅客步行距离太长的问题改成了两个站（图4-30）。最早的线路策划是绕过虹桥国际机场跑道的，主要是因为当时我们认为轨道交通线路不能下穿机场跑道；后来经过反复论证和科研攻关，认为下穿也有可能。于是，我们就一步步调整策划，并用这个策划来指导规划设计怎么做。这是一个在技术论证过程中不断调整策划方案的典型案例。

顺便介绍一下，轨道交通下穿运营中的机场跑道，这在世界上还是第一次。我们为此获得了中国民用航空局的科技进步一等奖。

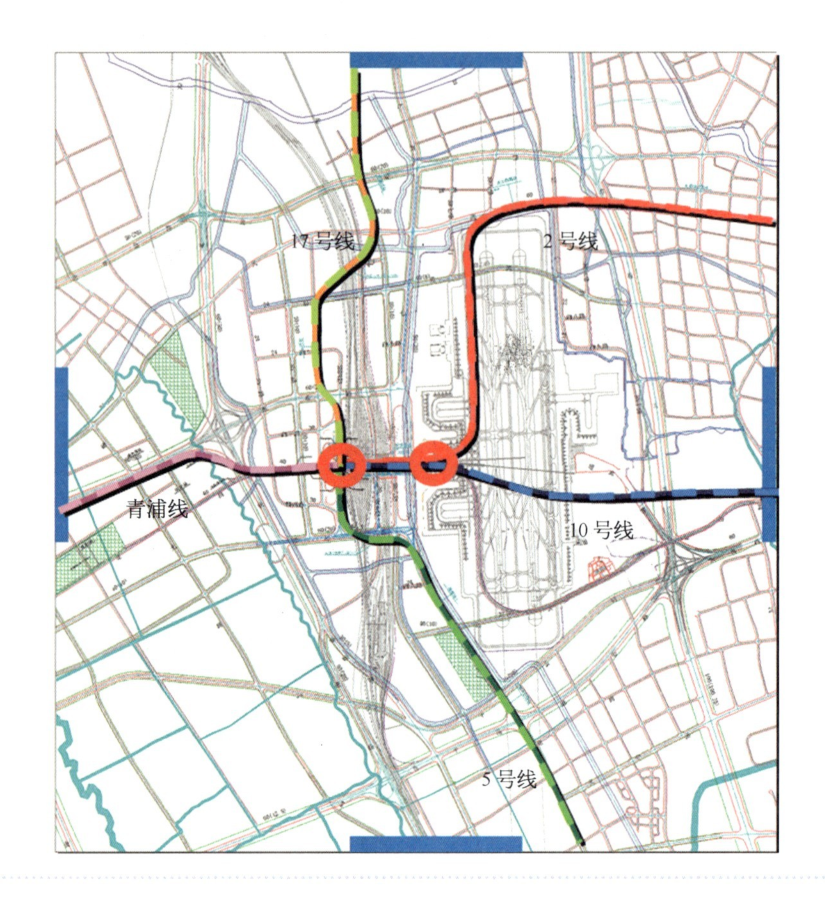

图 4-30　虹桥综合交通枢纽轨道交通规划

4.3.3　静态交通设施策划

在静态交通设施即车库的策划中，我们主要提出了在车库的每层都布置供旅客上下车的“车道边”，让社会车辆能在车库内上下车，并将这些车道边与主要交通设施和公交换乘中心方便连接，再辅以进车库内的车辆半小时之内出库不收费的政策。这样一来，既缓解了铁路、磁浮、机场门前的拥挤程度，又提高了旅客的舒适度。

另外，我们还提出了车库内实施人车分离的策划方案（图 4-31）。设置于停车库内车尾的人行通道使步行旅客与车行道分离，既解决了旅客安全性问题，也提高了车行道的效率，从而也大大提高了车库的使用效率。

图 4-31 虹桥综合交通枢纽停车库内的旅客人行通道

4.3.4 配套设施的布局策划

配套设施的策划是布局策划的后面阶段，要求与设计管理密切结合起来。比如设计单位在做商业设施设计、标识设计之前，业主要给设计单位一个任务书，即一个基本策划，告诉设计单位应该怎么做，基本的理念是什么。如果没有这个策划方案，作为业主或者业主代表，设计院就会让你回答一系列的问题。要回答这些问题，也要有个策划，才比较好回答，否则临时拍脑袋肯定不行，肯定会拍出问题来的。所以这些方面我们都会做一些策划。当然有的策划比较专业，比如广告，可以请专业单位做，请广告公司做，做完以后，再把这个策划方案确认好，交给设计院去做设计，这个程序比较合理，好操作。

常见的配套设施布局策划包括下述几个方面：

(1) 商务、商业服务等设施的布局策划。

(2) 标识系统的布局策划。

(3) 广告布局策划。

(4) 绿化、景观布局策划。

(5) 水（上水、下水、雨水）、电、气、暖、通信等市政基础设施的布局策划。

对于业主和业主代表来说，前期工作主要就是做两件事。第一件是项目启动初期要做一些策划的工作，用以指导设计管理；第二件是通过设计管理把投资、进度和质量控制住。在这里我们可以明确地说：做项目策划就是为了指导设计管理，项目策划的成果就是设计管理的依据，就是用来指导设计工作的，详细的策划报告甚至就是设计的任务书。

实际上，在我管理的项目中，总是有一个策划的。我们有时候把它当科研课题发出去做；有时候我们把它当竞赛来做方案征集；有时候我们聘请咨询公司出咨询报告等等，更多的则是我们自己与运营单位一起做项目策划。我们在行业内得到一些好评，评价说我们做的什么事情都讲得出来道理，就是因为我们做了很多这样的策划工作。

第5章

设施区分与开发模式策划

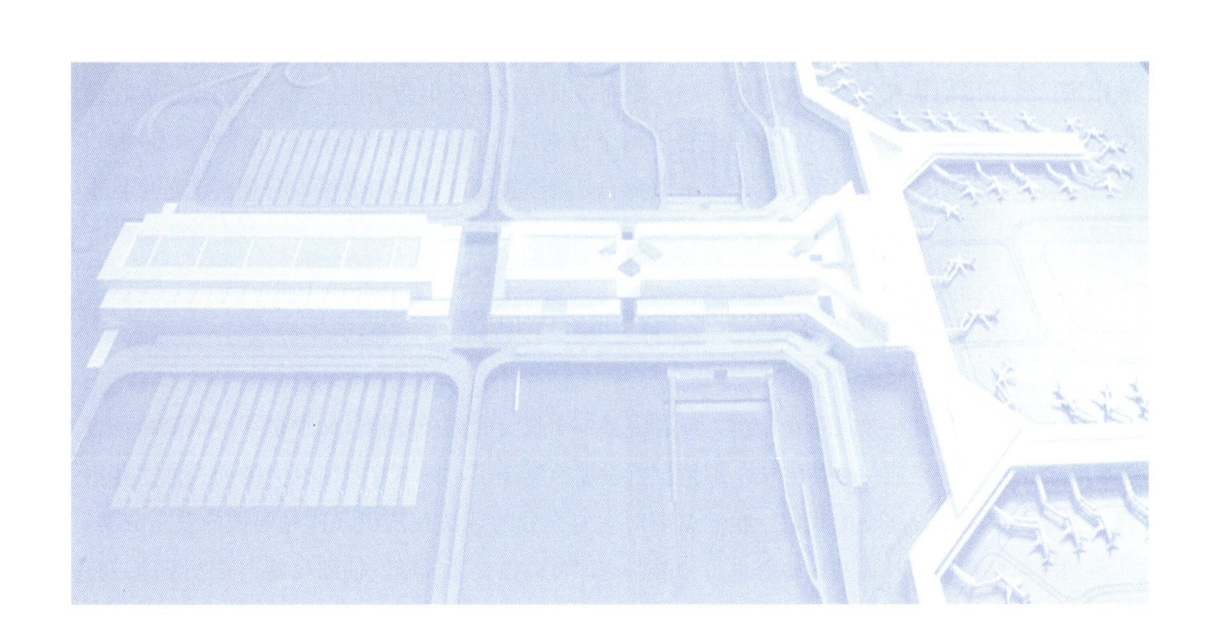

上一章讲了设施的布局策划，本章我们讲设施的区分和开发问题，这个问题的实质是开发模式的策划。前面讲的那些内容，与设施规划设计的关系比较密切，按策划学的逻辑，设施布局的策划本应该放到后面讲，但在工作中，我们往往首先是遇到设施策划的问题，然后才会想到开发策划问题。所以，本书还是按照实际工作中遇到问题、解决问题的程序安排章节的先后关系。不按学术体系来讲的好处就是对策划的对象设施已经有一些印象后，我们可以更加直观地、快速地认识工作中遇到的情况。

也就是说，我们的工作程序是当我们遇到一个项目，会产生一个设想，我们这些学工科的人就擅长于将这个设想用图纸表现出来，然后再把这个设想一步步落实到地上。那么怎么落地呢？比如我们前面讲到虹桥综合交通枢纽的布局策划、设施的相互关系的布局、流程等等这些都还只是设想，是图纸上的东西，把这些想出来的东西开发出来使它们能够成立，就是我们这里要讲的开发策划。开发策划就是在对虹桥综合交通枢纽有了一个充分认识的基础上，在对设施市场运营环境的认真分析后，对虹桥综合交通枢纽的设施全生命周期运营模式的设定。在做虹桥综合交通枢纽开发策划时，我们坚持了两个原则：一个是要做到建设投资有来源有保障；第二个就是运营期的资金要平衡。也就是说我们要把设想变成现实的最根本的东西就是项目本身要能“活”得下来，即它必须自己在财务上有生命力。

5.1 设施的构成与分类

重大基础设施往往是一个设施群，或者说是一个很大的综合设施。如果是一个很简单的设施，比如一栋办公楼或一栋住宅楼，那情况就没那么复杂了，用不着费那么大的劲去做这些事情。一个重大基础设施交给我们，我们就要对它有充分的理解和认识。首先要做的就是分类，从不同的角度和目的对它的设施群进行分类，比如可以按交通设施、辅助设施、开发设施进行区分，也可以按不同的交通方式，如铁路、民航、公路、水运等把它分开，还可以从资产的不同所有者和运营者的角度对它进行分类。

这里，我们介绍一种开发策划的方法，即“区分策划法”。我们在开发策划的时候，首先对设施本身是否具备经营性和它是否可以拆分进行区分。所谓经营性，就是说这个设施有没有赢利能力；可不可以拆分就是说这个设施能不能相对独立地运营。从这两个角度进行区分，我们能够得到不可拆分不可经营性设施、不可拆分可经营性设施、可拆分不可经营性设施、可拆分可经营性设施这样四类设施。

图 5-1 是我们做虹桥综合交通枢纽策划的时候，最早画的一张图，这是一张示意图，跟现在的设计方案相比有很大差距。但是，如果我们从开发策划的角度来说，这与我们现在实施的结果是高度一致的。图中绿颜色的是交通设施，实际上是核心功能设施，灰颜色的是具备可经营性的设施，经营性比较好的设施。比如，候机楼（①）的两边，我们策划的时候考虑，一边做一个旅馆（②、③），这旅馆肯定是经营性很好的。中间是换乘的设施（④），就是公共交通、地铁在这里换乘，磁浮跟机场的客人也到这里来换乘，这个交通设施本身没有经营性（绿颜色设施的经营性相对要差一些），即如果仅仅只考虑交通功能，它是没有什么经营性的，在这个地方建一个公交车站、一个地铁车站，车站肯定是亏本的，除非在车站里面再建商店，再

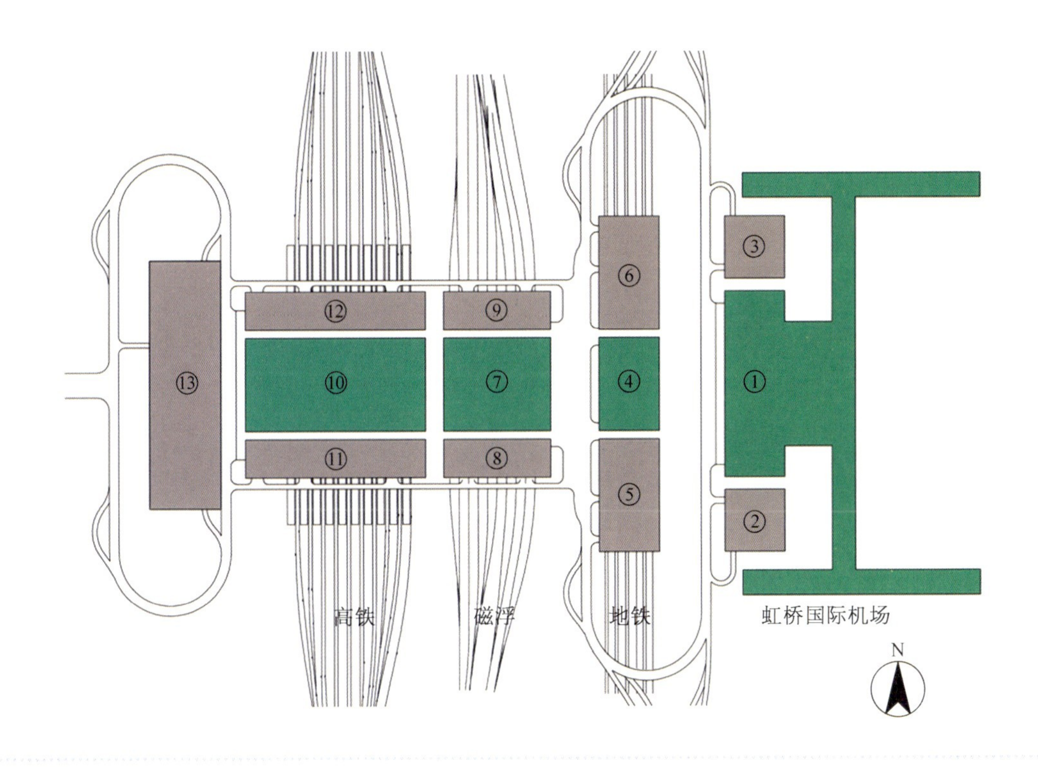

图 5-1 枢纽设施的经营性拆分示意图

建一些开发性设施。然后我们在这换乘设施两边做了车库（⑤、⑥），由于到虹桥综合交通枢纽来的客流除了公共交通以外还有大量社会车辆，那么这两个车库是很挣钱的，属于经营性设施。磁浮车站（⑦）的两边，我们考虑在这个范围里面（当然也可以是在车站的上面）要开发一些经营性设施，比如商业或办公设施（⑧、⑨）。铁路车站（⑩）我们也策划在上面做一些商业和办公服务设施（⑪、⑫），这些设施也都是有较好的经营性的。铁路因为人流量很大，西边做了一个很大的车库（⑬），这也应该是经营性比较好的设施。综上所述，我们在这个策划里面，实际上把经营性设施和不可经营性设施分开了。可以看到，如果在候机楼旁边建宾馆，这个宾馆是相对独立的，就是可以拆分出来的，停车楼也是可以拆分出来的；而与交通设施合建的商店或者办公楼这两块就有可能是拆不开的，它们建在车站的上面或者合建在一起，跟交通流程糅合在一起，那就拆不开了。

这里谈到了两对概念，一对是可以拆分和不可以拆分的概念，另外一对是可以经营和不可以经营的概念。我们把虹桥综合交通枢纽的各种设施，进行具体的拆分，就会发现的确有的设施是不可以拆分的，但是可以经营；有的设施是可以经营的，也可以拆分；有的设施是可以拆分但不可以经营的；有的是不可以经营也不能拆分的。比如，宾馆既可以拆得开，又有经营性；人行的通道既拆不开也没有经营性；车站可以相对独立做一个磁浮车站，但没有经营性；而与流程整合在一起的商业设施、餐饮服务设施、旅行服务设施有很好的经营性，但与车站设施一定拆不开，如果拆开的话它就不成立了，因为拆开以后它就没有旅客了，没有客人这个商店本身就无法成立了。

我们把不可以拆分也不可以经营的设施称为Ⅰ类设施，不可以经营但可以拆分的设施称为Ⅱ类设施，不可以拆分但可以经营的设施称为Ⅲ类设施，可以拆分也可以经营的设施称为Ⅳ类设施，如图 5-2 所示。

Ⅰ类设施有人行通道、服务通道、共同沟、捷运通道，还有高架道路等等这一类的，实际上就是纯公共设施。Ⅱ类设施，是地铁车站、磁浮车站、铁路车站，这里没有列航站楼（候机楼），因为如果航站楼里面没有开发性的设施、商业设施，只有旅客上下的功能，那它实际上也是属于Ⅱ类设施，是不可以经营的，有很多小机场就只有这点功能。但是虹桥国际机场的航站楼是一个综合体，有许多可经营性设施。Ⅲ类设施就是虹桥综合交通枢纽里面服务用的一些商业设施，还包括出租给旅行社的柜台等，它们都有一定的经营性，但是必须在流程上跟旅客的公共设施结合在一起。Ⅳ类设施就是停车楼、宾馆、办公设施、商务设施，还有一些其他的服务设施，可以相对地拆分。哪怕是同样建在车站的上面，它也是相对独立的，有自己单独的

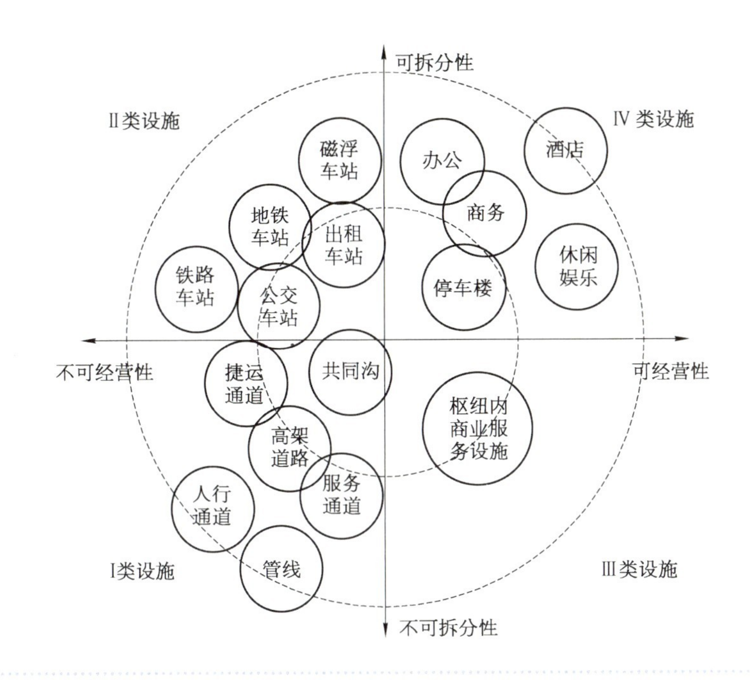

图 5-2　枢纽设施的四种类型划分

出入口，我们从经营上也可以把它拆得开。

因此，我们把所有的设施分成四类（表 5-1），剩下的就只有土地了，土地当然也属于可以开发的设施，但是我们把土地专门拿出来放在外面，称为第Ⅴ类设施。

表 5-1　枢纽设施的可经营性、可拆分性分类

设施类型		设　施
Ⅰ类设施	不可经营、不可拆分的设施	人行通道、服务通道、共同沟、捷运通道、高架道路等
Ⅱ类设施	不可经营、可拆分的设施	地铁车站、磁浮车站、铁路车站、公交车站等
Ⅲ类设施	可经营、不可拆分的设施	枢纽设施内的商业服务设施及部分物业等
Ⅳ类设施	可经营、可拆分的设施	停车楼、宾馆、办公、商务、休闲娱乐等设施

5.2　开发模式策划

5.2.1　开发运作的理论基础

在对上述这四类设施的开发进行策划之前，我们要分析一下，公共交通设施的经济效益是

怎么循环的。每个交通设施的经济效益都包括直接经济效益和间接经济效益两块。像使用者付费的机场，旅客使用机场坐飞机就得交50元的机场建设费，火车站则通过售卖车票获得收入，这些就是直接经济效益。间接经济效益是因为有了这个交通设施以后，周边土地开发的价值会提升，物业和土地的增值而产生的相应效益。那么，我们把这些经济效益形成的循环叫效益循环内圈，就是说，由于交通设施所带来的直接、间接的经济效益，可以回收，最后再拿它们来建设新的交通设施或其他公共设施，也可以把它们还给政府，还给公益机构。还有一块是效益循环外圈，就是社会效益形成的循环，包括局部个体的和社会全体的社会效益，就是说，有了这个公共交通基础设施可以带来方便，最后会反馈到社会，比如带来税收的增加和就业的增加。明确这两个循环（图5-3）以后，我们就要研究落实怎么把交通基础设施带来的资金还原回来，还原到我们的设施投资者手上来，使设施能够在市场上、经济上成立。

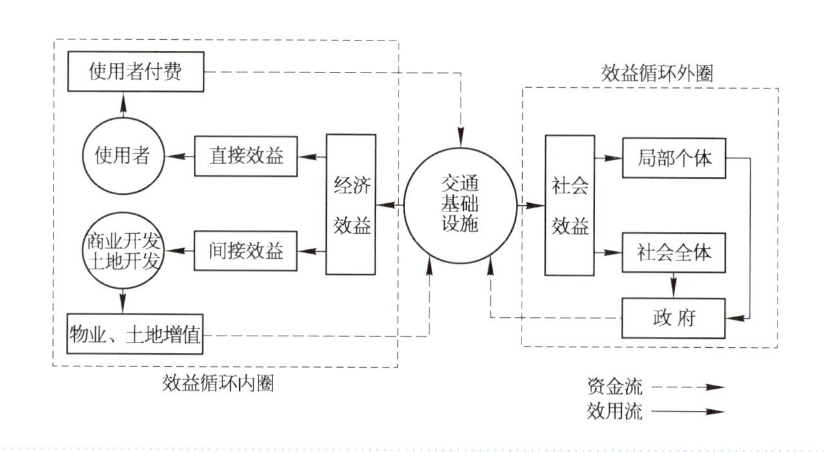

图5-3 交通基础设施开发的效益循环

5.2.2 虹桥综合交通枢纽开发运作模式策划

我们对虹桥综合交通枢纽开发模式进行了如下策划，见表5-2。第一块是不可经营、不可拆分的设施，那应该直接由政府来投资，因为没有直接经济效益，政府不投资就没人投了；或者，把它与其他设施捆绑在一起，比如把它与相关的商业设施捆绑在一起，让民间的力量来开发，当然必须按要求把这个公共设施建设好。有很多人行通道、地铁通道，就是这样与旁边的酒店捆绑在一起建设的。有时候我们甚至会把另一块无关的开发利益给开发者，但是附加一块公益设施的建设任务，要求他把这条路建设好或者把这座高架桥建设好。但是，这种不能产生利益的公益设施，法理上应该是公共投资、政府投资来承担的。第二块，是不可以经营，但可以拆分的设施。这些设施可以委托给相应的公共投资部门来开发建设，然后再委托社会化、专业化的管理机构进行运营，运营亏损时政府还会给予补贴。比如地铁由地铁的投资公司，磁浮由磁浮的投资公司，铁路由铁路的投资公司去承担开发建设任务，尽管虹桥枢纽的开发者和它们都是公共投资者，但是可以进行分工，没必要自己全部背在身上。第三块是可以经营、不能进行拆分的设施，是枢纽里面附属的一些商业、服务设施，可以由公共投资者先把它们建设起来，然后再把经营权出售出去，也可以捆绑在相关设施里面一块做。要说明的是，自己建设起来然后再出租，这个管理的难度要高一些，但由于在业主的统一管理之下进行，对效益的回收比较好，同时对设计、建设、维护和以后的管理也比较方便。第四类就比较好做了，是可以经营也可以拆分的设施，可以全部由社会投资者来做，因为它们有很好的经营性，有效益，可以招商。对土地的策划，我们作为开发者来说，首先要完成征地动迁，其次是把它做成熟地，然后再推向土地市场上去拍卖，把投资收回就行了。

表 5-2　虹桥综合交通枢纽开发的运作模式

设施类型		设施	运作模式
Ⅰ类	不可经营、不可拆分的设施	人行通道、服务通道、共同沟、捷运通道、高架道路等	公共投资者（或政府）投资、建设、运行管理；或捆绑到其他设施中进行投资开发
Ⅱ类	不可经营、可拆分的设施	地铁车站、磁浮车站、铁路车站、公交车站等	先由公共投资者（或政府）投资建设，再委托社会化、专业化机构管理；或通过补贴方式，交由社会投资者开发
Ⅲ类	可经营、不可拆分的设施	枢纽设施内的商业服务设施及部分物业等	先由公共投资者（或政府）投资建设，再出售经营权；或捆绑到其他可经营性设施中一起进行投资开发
Ⅳ类	可经营、可拆分的设施	停车楼、宾馆、办公、商务、休闲娱乐等设施	全部交由社会投资者开发
Ⅴ类	可供开发的土地	土地	完成动迁，把生地做成熟地，然后交由社会投资者开发

前面，我们已经谈过整个设施有一个开发目标。那么，针对这四类设施，我们也要研究一下它们各自的开发目标。首先，每一块设施的目标应该是不一样的、有区别的。不可以经营不可以拆分的设施，比如流程上的旅客通道，目标就是要提供一流的服务。不可以经营可以拆分的设施是要提供专业化的管理，比如地铁就是要提供最好的地铁管理，按照地铁的标准去运行

管理这些设施。可以经营不可以拆分的设施，通过经营权的出售，要能够平衡一部分管理费用。这些Ⅲ类设施是有一定收益的，比如旅客通道旁边的商店，租给商家经营就可以有收益，当然自己开商店也有收益。这个收益应该拿来平衡运行管理的费用。前面讲的Ⅰ、Ⅱ类设施是没有收益的，要把其运行费用平衡掉主要靠Ⅲ类设施。第Ⅳ类是可以经营可以拆分的设施，也是应该拿来平衡运行费用的。这些收益如果有多余还可以承担一部分建设投资，但是一般来说这种大型交通设施投资比较大，可以用于开发的余地比较小，能够平衡运行管理费用已经很不容易了。因此，一般来说，交通设施旁边的旅馆之类的Ⅳ类设施的收益会全部被用来平衡运行管理费用。

第Ⅴ类可供开发的土地是首先要把钱花下去，完成拆迁并把生地做成熟地，即把市政配套配上去，然后才能把这个土地卖出去。有了这块收益，可以用来平衡运行或者建设的费用。虹桥综合交通枢纽设施的开发目标见表5-3。

表5-3 虹桥综合交通枢纽设施的开发目标

设施类型		开发目标
Ⅰ类	不可经营、不可拆分的设施	提供一流服务
Ⅱ类	不可经营、可拆分的设施	要求各专业管理者提供一流服务
Ⅲ类	可经营、不可拆分的设施	通过经营权的出售平衡运行管理费用
Ⅳ类	可经营、可拆分的设施	平衡枢纽设施的运行管理费用
Ⅴ类	可供开发的土地	通过土地批租： (1) 平衡市政配套设施的投资和维护费用； (2) 平衡土地（含铁路用地）的拆迁费用； (3) 提供开发利益（偿还资本金、开发权益）

可以看出，重大基础设施项目，比如虹桥综合交通枢纽有这么多地方“生钱”，也有那么多地方需要“花钱”，你必须把这个项目开发的平衡点找好。

5.2.3 区分策划模式

在本节开发策划中，我们介绍了区分策划的模式。该模式的基本概念就是要将基础设施群中的各设施分成四种产品，并针对每种产品进行不同的策划。以前我们把整个设施群捆在一起的时候，项目策划方案就很单一，比如说地铁是亏本的，大家就认为地铁全是亏损的，就得全部由政府来买单。但如果按这种区分策划的模式，我们就可以发现地铁里面有许多设施是不亏本的，比如它的车站就是不亏本的，它的周边物业也是不亏本的。这种策划方法，让我们在对设施进行拆分以后对这个项目的认识更加深刻，就有很多的策划空间，就能够进行更好的策划了，亦即：策划的方式、方法以及策划空间就大大地拓展开来了。所以，区分策划模式将这种大型基础设施根据其可经营性的程度进行区分；在统一的目标下，结合各自的特征，开展项目策划，或者说开展开发策划；然后经过策划者的不断协调、平衡，最终提出策划方案的方法是一种开拓和创新，是一种新型的、开放式的项目策划方式，这种方式的策划当然也是一个往复、平衡、调整的过程。

5.3 资金运作模式策划

开发策划有两个基本原则，即两个平衡，一个是建设投资要平衡，一个是运行费用要平衡。在这两个原则下，我们要策划资金的运作。一个项目的投资没有来源或来源不足，比如项目建设需要100万元，你手上或通过运作项目本身只能够产生50万元，那这个项目就建不起来。运行期间，如果长期亏本，那么这个项目也会垮掉，即使政府给补贴。一家亏本的公司也不可能把服务做好，要想它提供一流的服务，那就非常困难，你很难让一个拿不到工资、奖金的服务人员长期面带发自内心的微笑努力工作。所以，一定要让投资和运行费用都是平衡的，才能保证项目自身能够活得下去。

5.3.1 建设投资平衡策划

分析前面讲到的四类设施的分类，首先，我们发现对于虹桥综合交通枢纽，Ⅰ、Ⅱ、Ⅲ类设施是需要我们把它们建造起来的，这三类设施是不能拆分出来的，其中Ⅲ类设施虽然具有经营性，但也还是不可拆分的设施。那么，这一块设施的建设就要用土地的收益来平衡，这样我们才能把它建造起来。

其实，需要花钱的地方除了这三类设施外，还有把生地变成熟地时进行市政基础设施配套，以及征地搬迁等等。就是说，这前三类设施产生的综合费用最后都要靠土地开发的收益来平衡（图5-4）。

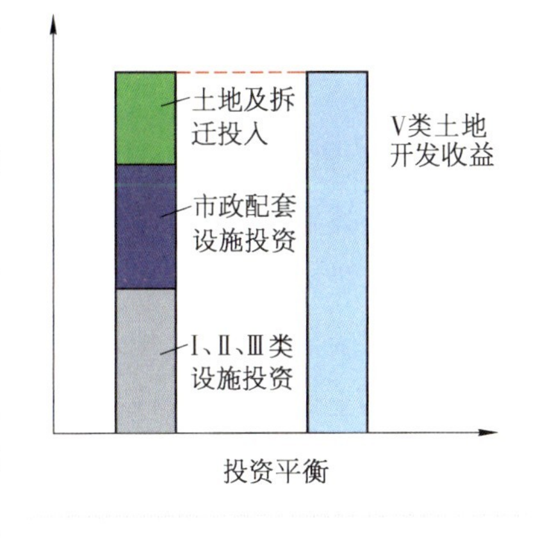

图5-4 投资平衡的量的关系

5.3.2 运行费用平衡策划

上述这三类设施的运行费用也需要平衡。然而用什么收益来平衡呢？我们想到可以用土地开发的收益来平衡，也可以用Ⅳ类设施，像宾馆、停车楼（场）等这种可以拆分又可经营的设施的收益来平衡；另外还可以用Ⅲ类设施的收益来平衡运行费用，Ⅲ类设施是不可拆分的，但有一定的收益。因此，我们可以用以上这三块收益来平衡运行费用。的确，能够拿来平衡的收益也只有这三块，不平衡的话这个项目就有问题，就无法成立，就是一个亏本的项目。

图 5-5 中我在土地开发收益右边写了一个：→ “0”，这是什么意思呢？虹桥综合交通枢纽的运行费用和市政设施维护费用，还有开发权益，这三类费用是运行期间必须要支付的。一个公司成立以后，借钱了要付利息，如果用股东的钱则要分红利，这就是开发权益的部分；建好的市政基础设施是要运行维护费的；Ⅰ、Ⅱ、Ⅲ类设施本身也要运营维护费用。我们必须要做到这三块费用与Ⅲ类设施的经营权出售收益、Ⅳ类设施的开发收益和Ⅴ类土地开发收益平衡。如果土地开发的利益为零就意味着Ⅲ、Ⅳ类设施，即设施内以那些商业服务设施为代表的不可拆分可经营性的设施和以宾馆为代表的可以拆分可以经营的设施的收益，能够平衡运行费用，这是最佳状态。也就是说，只要这个项目建成了，以后就不用再找银行借钱了，也不用找政府要钱了，自己可以运营，自负盈亏，这是最佳状态，是我们策划的目标。

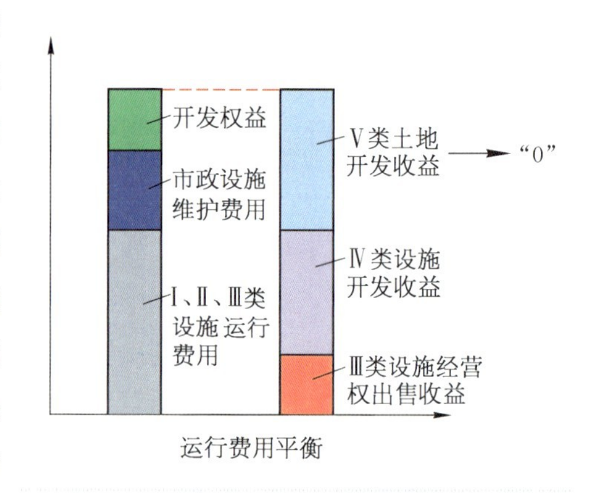

图 5-5 运行费用的平衡关系

5.3.3 资金流策划

针对上述资金平衡的策划，虹桥综合交通枢纽的项目公司要做几件事情，首先对Ⅰ类设施要全部自己投入；对Ⅱ类设施的土地、房屋要进行投入；对Ⅲ类设施的土地、房屋要进行投入；Ⅳ类设施，只要对土地进行投入，就是只要完成动迁、将土地配套好就行了。Ⅲ、Ⅳ两类设施，包括土地，都会有收益到项目公司。土地收益的一部分还要提供开发收益。资金循环与平衡关系如图 5-6 所示。

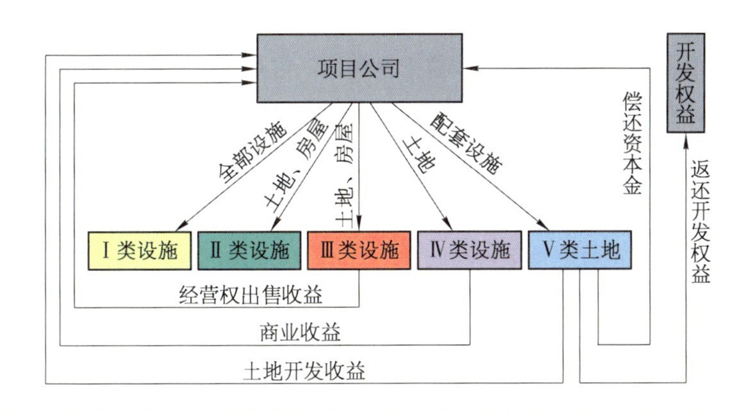

图 5-6 资金循环与平衡关系

5.4 土地开发规模的策划

在上述资金流的策划完成后，我们就可以测算一下这个项目到底应该是怎样一个开发规模，即需要有多少土地才能够保证这个开发策划是成立的，才能保证这个项目的投资和运行都是平衡的。从我们对虹桥综合交通枢纽的策划来看，所有的钱都是来自于土地，没有土地什么也做不成。有了土地以后可以建设施，建完设施以后，有的设施可以去挣钱，有的土地上可以让别人去建而我们也挣钱。因此，关键问题就是要土地。那么，到底需要多少土地呢？这就是对土地开发规模的策划。

5.4.1 测算流程

做这个规模测算的一个前提就是，我们想达到最佳状态。要达到最佳状态需要平衡的有三块，一块是市政设施的运行费用，一块是开发权益，还有一块就是我们自己的核心设施即Ⅰ、Ⅱ、Ⅲ类设施的运行费用。我们这里做了一个设定：城市市政部门的费用应该来自税收，就是虹桥综合交通枢纽交通设施以外的市政公用设施的运行费用由城市市政部门承担或由土地开发平衡，所以，我们在这里设定市政设施运行费用不用虹桥综合交通枢纽内Ⅲ、Ⅳ类设施的收益来平衡。这样我们就只需要在土地和Ⅰ、Ⅱ、Ⅲ、Ⅳ这四类设施之间设定平衡。Ⅰ、Ⅱ类设施都有相应的投资，然后再加上Ⅲ类设施的大部分投资，加在一起是Ⅰ、Ⅱ、Ⅲ类设施的总投资，Ⅳ类设施当然也有投资过来，合在一起，就是虹桥枢纽设施的总投资（图 5-7），那么，Ⅰ、Ⅱ、Ⅲ类设施的投资，是要土地的收益来平衡的，这是在投资平衡方面我们要考虑的。在运行费用平衡方面，我们需要考虑：Ⅲ类设施和Ⅳ类设施，是有收益的，而枢纽的运行维护是需要付钱的，以宾馆为代表的Ⅳ类设施和以小商店为代表的Ⅲ类设施，赚的钱与虹桥综合交通枢纽的运行维护所需要的费用加在一起，有可能是一个负数，当然也有可能是个正数，我们追求的就是让它变成正数，正数就是运行期间可以略有盈余。如果做不到为正数，那么就要用土地的开发收益来补这一块缺口，但是我们不希望这样，因为土地开发会在一定时期内基本完成，不可能长期给运营补贴，如果真的需要土地开发收益来长期平衡，那就要建立新的平衡机制，这个情况就比较复杂了。所以，我们的策划设定要让Ⅲ、Ⅳ类设施的收益能够跟枢纽的运行费用基本相当，最好有一点富余，这样就平衡了。这个平衡实现以后，就不需要土地开发的收益来补贴运行费用了，这就可以实现虹桥综合交通枢纽的可持续发展。因此，所有土地开发的收益，只要平衡投资的缺口就行了，这样我们就可以算出需要多少土地，实际上也可以算出运行费用到底是多少。

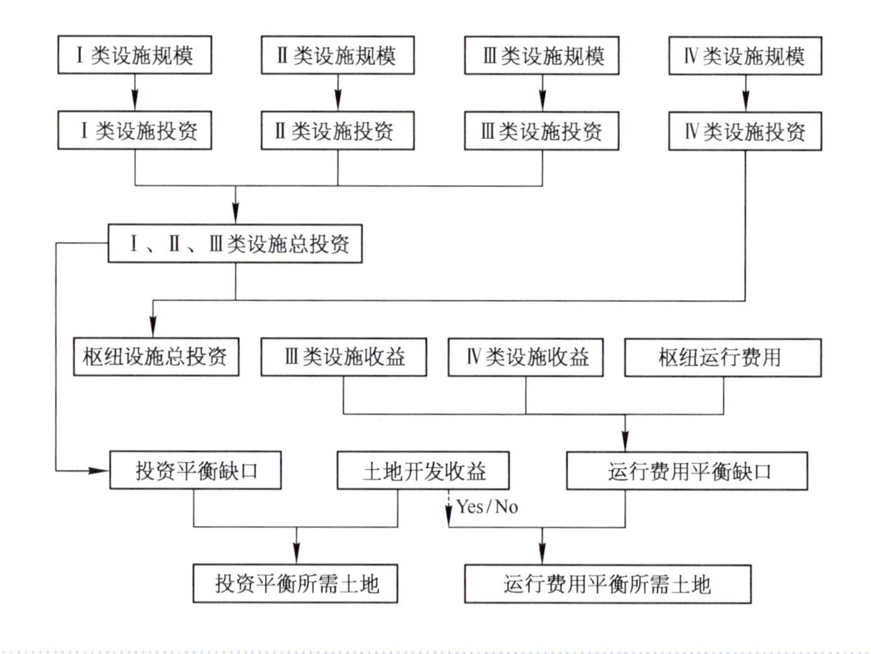

图 5-7　投资和运行费用平衡计算流程

从图5-7的这个测算流程可以得到两个概念：第一，这个图中的运行费用最好在前面一块就是平衡的，不要到最后才平衡。第二，土地开发的目的就是虹桥综合交通枢纽Ⅰ、Ⅱ、Ⅲ这三大类设施的总投资全部用土地开发来平衡。事实上，当我们从银行贷了钱，建设了虹桥综合交通枢纽以后，周边的土地价格就会大幅升值，在建设完成后把升值的土地卖出去，就可以收回投资了。这样一来事情就很简单了，运行期间自负盈亏，投资全部来自土地价差，剩下的问题就是测算到底需要多少土地了。

5.4.2 设施规模设定

按以上流程，我们首先要提出虹桥综合交通枢纽这些设施的基本参数。比如航站楼是25万m^2，相关商业餐饮设施是3.6万m^2，这些设施规模的设定与前述的功能规模策划有关，也与后面将会谈到的商业策划有关。如果不能马上确定，可以设定一些门槛值去算，回过来再看到底需要增加多少商业设施供商业策划参考、调整。

计算用设施规模如下：

(1) 航站楼25万m^2，其中商业餐饮3.5万m^2。另外还有约10万m^2的办公和辅助用房。

(2) 东交通中心30万m^2，其中车库15万m^2、商业服务8万m^2。地铁和其他交通设施7万m^2。

(3) 磁浮车站15万m^2，其中商务办公3万m^2。

(4) 高铁车站（含地下部分）30万m^2。

(5) 西交通中心18万m^2，其中车库15万m^2，中间是一个长途车站。

(6) 宾馆两座，共4万m^2。

5.4.3 土地开发规模

用这些基本的参数进行测算后，我们得到投资平衡方面的结论：设施的总投资是267.26亿元，征地费用是305.78亿元，即总投资是573.04亿元，那么土地开发的收益起码要达到这个数值才能够平衡（表5-4）。运行费用平衡方面，测算结果是：年设施运行费用共计是5.5亿元，Ⅲ、Ⅳ类设施收益是7.41亿元，就是说运行期间还有盈余，运行者还有奖金发，有奖金发，才能把事情做好，我是从来不相信一个亏损企业会提供一流服务的。从表5-4中可以看出，当容积率在2.5的时候，需要有1.14 km^2的土地；反过来计算，1.64 km^2的土地，就需要容积率达到1.75这个数以上，如果容积率比这个高，用地就可以少一点。

表 5-4　投资平衡和运行费用平衡结论

<table>
<tr><th colspan="3">投资平衡</th><th colspan="2">运行费用平衡</th></tr>
<tr><td colspan="2">总投资
（亿元）</td><td>土地开发
收益（亿元）</td><td>设施年运行
费用（亿元）</td><td>Ⅲ、Ⅳ类设施
年收益（亿元）</td></tr>
<tr><td>设施</td><td>267.26</td><td rowspan="3">573.04</td><td rowspan="3">5.5</td><td rowspan="3">7.41</td></tr>
<tr><td>征地动迁</td><td>305.78</td></tr>
<tr><td colspan="2">合计：573.04</td></tr>
<tr><td rowspan="2">结论</td><td colspan="2">按 1.64 km^2 开发地块反算容积率为 1.75</td><td colspan="2" rowspan="2">年收益＞年运行费用</td></tr>
<tr><td colspan="2">按 2.5 的容积率反算开发地块面积为 1.14 km^2</td></tr>
</table>

在这样一个策划结论下，我们就要求虹桥综合交通枢纽地区规划中，在铁路车站西侧门前地区有意识地规划一块规模在 1.5 km^2 左右的集中商务用地，作为土地开发的核心区域，并要求开发者在后续的工作中集中精力于这块地，严格控制，争取高效的产出。

后来在已经批准的控制性详细规划中，车站门口这块地为 1.64 km^2，这是整个虹桥综合交通枢纽地区最好的地块，也是应该着重树立上海门户形象之地（参见图 3-6、图 3-7）。

实际上我们得到的结论很简单，就是只要把车站门口这块地给项目公司就行，政府在整个虹桥综合交通枢纽的开发建设和运营管理中就没有任何经济负担了。同时，这一结论当然也就成为指导虹桥综合交通枢纽控制性详细规划的原则之一了。

案例 005　北京大兴机场综合交通枢纽开发策划

“北京大兴机场综合交通枢纽开发策划”是为了解决北京大兴机场航站楼陆侧综合交通枢纽的规划设计和土地综合开发问题而做的项目前期策划。2013 年，我们受民航局之托开展了该项目的功能定位策划、设施布局策划、开发策划、融资策划、组织策划、建设策划、运营策划等工作。

本项目策划工作的最大特点和目标是通过对航站楼前综合交通枢纽的策划和规划，将航站楼前土地的开发与综合交通枢纽、航站楼等连为一体，形成一个功能相互融合的、巨大的航站楼综合体（图 5-8）；也同时彻底解决北京大兴机场航站楼前地区开发所面临的资金问题。

图 5-8 北京大兴机场综合交通枢纽意象图

北京大兴机场周围交通系统的规划与大兴机场综合交通枢纽项目策划密切相关。机场集疏运系统的现状和规划会直接影响大兴机场航站楼前土地开发的功能定位、规模设定和规划设计，决定综合交通枢纽的运营需求。

北京大兴机场周边的现状道路情况是非常复杂的，对这些复杂的道路，我们要进行必要的规划调整，并将这些相关的联系通道最后都汇集到规划的机场联络环线上（图 5-9）。实际上，该机场环线相当于在北京大兴机场的外围建一个交通“保护壳”，旅客集疏运交通通过这条环线主要由两条进出场道路进出机场航站楼。不管旅客从哪个方向来，都能上到这个环上，于是，外边周围的道路情况怎样就与大兴机场的规划布局没有太大关系了，大兴机场的主要进出口和外围道路只要接上环线就可以了。采用环线的办法使我们研究的综合交通枢纽的外围交通变简单了，研究建成道路系统的时候其实可以不管外面的交通情况，因为机场在里面，旅客只能通过该环线进到机场来。有了这个“保护壳”，机场道路交通问题的研究范围就可以以环线里面为主了。

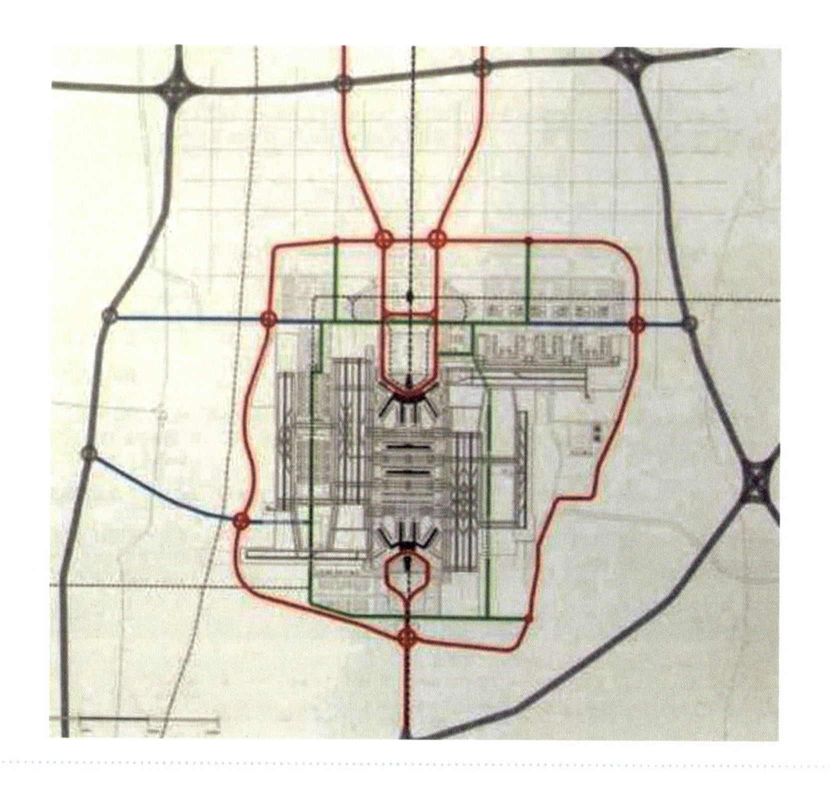

> **图 5-9** 北京大兴机场规划的外围环线

铁路有两大块，一块是普通铁路，一块是高铁。我们建议普通铁路和高铁进入大兴机场的方案是“廊涿城际＋京九客专＋京广客专＋京沪客专”。机场快线应该有两条，而且必须进机场航站楼。航空城内的轨道交通，我们建议规划一条从大兴机场到廊坊的轨道交通，当然不一定是地铁，轻轨、独轨、有轨电车等也都可以，但一定要是轨道交通。因为像廊坊这种规模的城市，可能现在还没有能力去建轨道交通，但是人口规模那么大，今后一定是需要的。因此，对航空城的规划来说，无论如何是要考虑有这样一条轨道交通线进来的。在航空城的西部，还需要一条联系大兴机场航站区与黄村等航空城西部开发区的轨道交通，这条轨道交通可以将4号线延伸至大兴机场，运行上采用分交路运行的方案。在航站楼前，大兴机场规划了一块开发用地，且在这个区域里规划了地面有轨电车。综上所述，大兴机场的铁路和相关轨道交通规划如图5-10所示。

根据轨道交通进出新机场综合交通枢纽的情况，有四种可能的方案，如表5-5所示。可以看出，从方案一到方案四轨道交通承担的比例是逐步减小的，由于轨道交通承担比例小了以后，巴士承担的比例会略微有所上升，综合来看当然是进的轨道交通线路数越多，公共交通所占的比例就越大。对于北京大兴机场这么一个超大型机场来说，轨道交通承担比例不占到50%的话，整个集疏运系统要正常运行是非常困难的，所以从这个角度来看只有方案一和方案二是可以接受的。需要着重说明的一点是，巴士实际上也是增加道路负担的，虽然巴士让公共交通量上去了，但它还是会增加道路的负担，还会受地面交通拥堵等因素的影响。因此只有采用轨道交通是最可靠的，轨道交通才能比较好地解决交通问题。

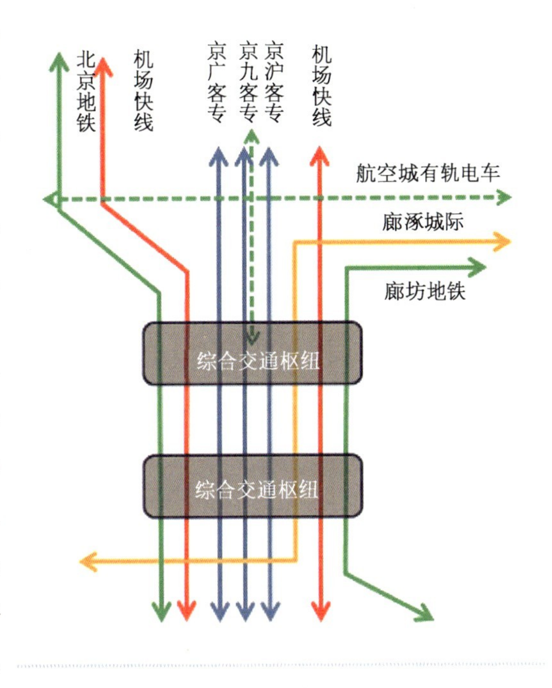

图5-10 北京大兴机场铁路与轨道系统线位布置

表5-5 轨道交通进出大兴机场的四种可能方案中公共交通承担比例

	方案一	方案二	方案三	方案四
方案特征	·所有的轨道系统都进综合交通枢纽	·高铁只有京九线进综合交通枢纽； ·其他轨道系统都进综合交通枢纽	·机场快线（东线）没有建设； ·其他轨道系统都进综合交通枢纽	·高铁只有京九线进综合交通枢纽； ·机场快线（东线）没有建设； ·其他轨道系统都进综合交通枢纽
轨道	45.5%	39.3%	37.3%	31.1%
巴士	11.9%	13.3%	13.9%	15.3%
合计	57.4%	52.6%	51.2%	46.4%

从设施规模上看，如果京沪、京广线不进机场，则全部轨道规模需要12股道；如果京沪、京广线进机场，则全部轨道规模需要16股道。航站楼前的车道边需求为2439 m，到达车道边需求为3015 m。短期停车按小于3 h考虑，则短期停车需求为6168个车位。我们的概念方案

的停车规模为：短期停车 7000 个车位；中期停车 4000 个车位；旅客长期及员工停车 10000 个车位；摩托车、助动车、自行车的停车 2000 个车位；出租车蓄车场>5000 个车位。公共线路巴士 20 条，5～10 站位；机场专线巴士 20 条，5～10 站位；长途巴士 20 条，5～10 站位；旅游巴士 5～10 站位；社会巴士 5～10 站位。

大兴机场的总体规划采用南北两个航站主楼的方案，我们建议的机场航站楼前土地开发方案如图 5-11 所示。

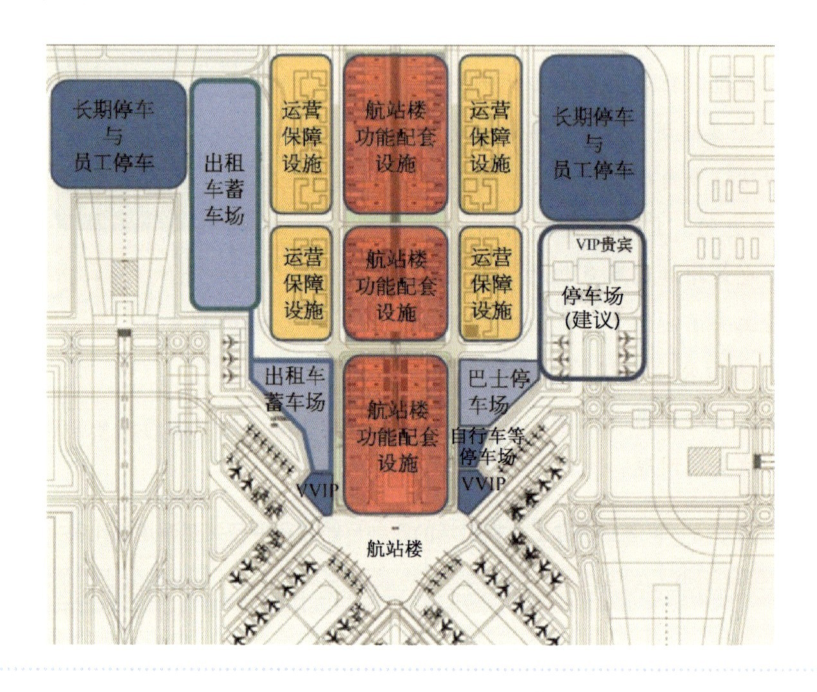

图 5-11　北京大兴机场航站楼前土地利用总体布局示意图

我们这次策划的范围只是图 5-11 中紧靠航站楼的一部分。由于大兴机场把各种公共交通的车站全部集中在航站楼前的正中间，使得所有的轨道交通、巴士，以及进停车楼的社会车辆的旅客上下车、进出站都在中间的综合交通枢纽内进行。车站两侧是 8 个单元式停车库。同时，按照融资策划中对商业开发规模的初步测算，如果我们把一部分商务区与这些航站楼的服务设施打包在一起，作为一个项目整体开发，首都机场集团就一分钱都不用掏了（图 5-12）。

商业规划很重要的就是客流分析，就是要弄清楚到底设施里的客流是怎么组成的、量是多少，这对商业规划非常重要。根据交通预测，进出综合交通枢纽的客流量为日均 40 万人次、

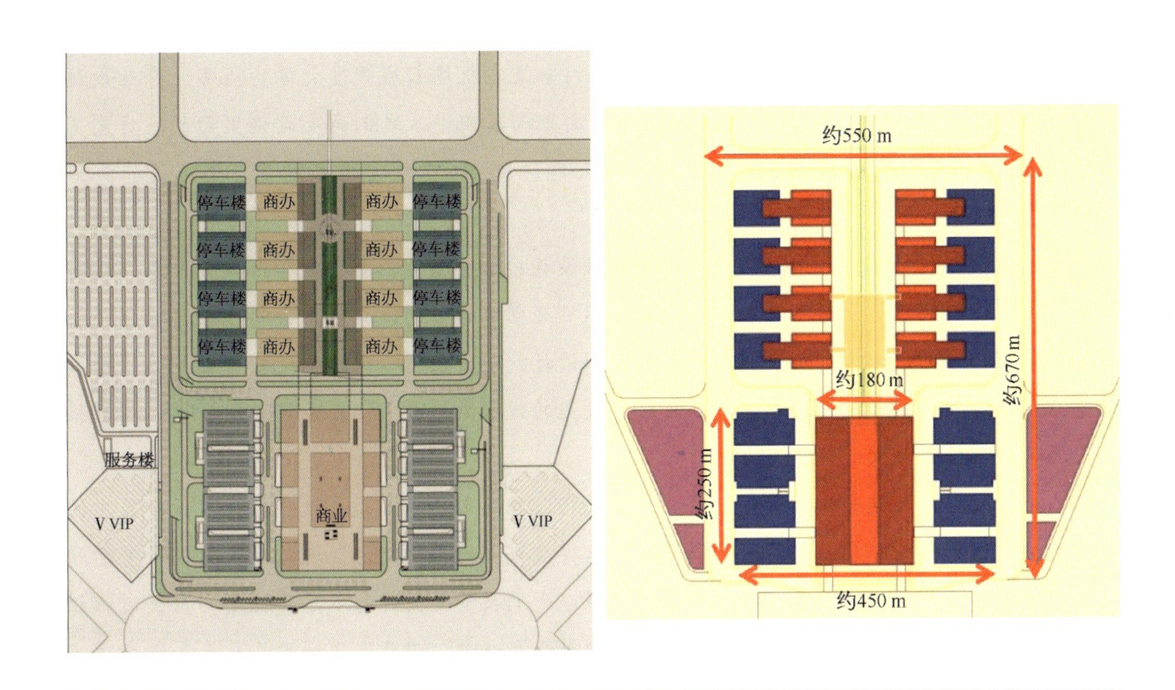

图 5-12 北京大兴机场本次项目策划的对象范围

一般高峰日 50 万人次、极端高峰日 60 万人次。据此，我们同时用这三种方法进行了测算，并综合分析了测算的结果，最后得出北京大兴机场综合交通枢纽的商业设施需求见表 5-6。加上停车楼（160000×2）m^2；再加上车站面积，整体开发规模约 90 万 m^2。

表 5-6 北京大兴机场综合交通枢纽商业设施规模预测 （m^2）

<table>
<tr><th colspan="2">设施区分</th><th>需求推算值</th><th>概念方案值</th></tr>
<tr><td rowspan="2">商业服务设施</td><td>车站店铺</td><td>35317</td><td rowspan="2">80000</td></tr>
<tr><td>其他</td><td>—</td></tr>
<tr><td colspan="2">租赁式商务设施
（供驻场运营单位用）</td><td>40000</td><td>60000×4</td></tr>
<tr><td colspan="2">航空旅客过夜设施</td><td>80000×2</td><td>70000×4</td></tr>
<tr><td rowspan="2">综合交通枢纽运营用房及管理办公用房</td><td>地铁、公交</td><td>2000</td><td>2000</td></tr>
<tr><td>高铁、铁路</td><td>3250</td><td>3000</td></tr>
<tr><td colspan="2">合　计</td><td>240567</td><td>605000</td></tr>
</table>

开发融资策划首先需要弄清楚的是设施建设要花多少钱，即投资是多少。北京大兴机场综合交通枢纽总体的设计能力按 60 万人次/d 考虑，如果在机场新城开发大量的商务、产业设施的话，日均 60 万人次可能还控制不住。60 万人次里面真正进入我们商业设施里面的，肯定不少于 10 万人次。一般商业设施里面，如果每天能达到 10 万人次的客流量，那就是非常好的了。

我们把大兴机场航站楼前这块土地上的各种设施按照可拆分性和可经营性区分开来，进行分类，就可以得到不可拆分不可经营的设施、不可经营可拆分的设施、可拆分可经营的设施和可经营不可拆分的设施等四类设施。我们的规划设计就是要在充分认识到这些目标和运作模式的基础上，在保证功能的前提下，将不可经营设施的规模做到最小；在合理的前提下，将可经营设施的规模做到最大。

我们对资金平衡这一块的策划，主要是建议将航站楼前的不可拆分设施和楼前开发区内的可拆分设施，交给一个项目公司统一来开发，这样就可以比较简单地实现该地块的投资平衡和运行费用平衡，使其自身成为可持续发展的。所以我们投资平衡的基本思路就是利用交通枢纽前面这一块综合性的开发用地，把它和交通枢纽整合在一起，用开发用地的收益来平衡交通枢纽的投资。运行费用平衡的思路是利用交通中心里面一部分商业设施的收益，加上停车楼的收费，以这两大块收益为主来平衡未来综合交通枢纽运行的费用。那么，这块土地上需要多大的开发规模呢？根据我们的初步匡算，大约需要 50 万 m^2 的容积（表 5-7）。

表 5-7 北京大兴机场投资平衡和运行费用平衡的测算

<table>
<tr><th colspan="3">投资平衡</th><th colspan="2">运行费用平衡</th></tr>
<tr><td colspan="2">总投资</td><td>土地开发收益</td><td>设施年运行费用</td><td>经营性设施年收益</td></tr>
<tr><td>枢纽设施</td><td>30 亿元</td><td rowspan="3">计 40 亿元
（0.5 万元/m^2）</td><td rowspan="3">4.0 亿元</td><td rowspan="3">4.5 亿元</td></tr>
<tr><td>土地与配套</td><td>10 亿元</td></tr>
<tr><td colspan="2">合计：40 亿元</td></tr>
<tr><td>结论</td><td colspan="2">建筑高度控制在 45 m；
需开发容积约 50 万 m^2</td><td colspan="2">年收益>年运行费用</td></tr>
</table>

第6章

项目公司治理模式策划

到现在为止我们还是在讲故事。牛顿在发现了运动三定律之后，人家问他，世界最初是怎么动起来的呢？他讲不清楚了，于是回答说是上帝推了第一下。第一次上帝推了以后就动起来了，动起来就停不下来了。牛顿三定律是解释动起来以后的事情的，它不能解释最初是怎么动起来的。

现在就来看看谁是我们这个故事中的“上帝”，谁把我们前面讲的这个“故事”变成了“真事”。答案是：政府。政府出面要做的第一件事是要成立一家公司。实际上就是政府出面要有一个替身——项目公司。没有这个项目公司去做事情，那故事永远只是一个故事。

6.1 项目公司组建与定位策划

项目公司组建的策划一定是跟开发模式和设施的布局有关系的，没有前面讲的那些策划内容，也就不知道项目公司该做成什么样。项目公司是要根据这个项目的目的和经营范围对其治理模式及组织结构进行设定和调整的。我讲策划工作一定是一个过程，是一个反复循环的过程，对项目公司组织机构的策划方案也是在实施中反复策划和调整的。

组建一个项目公司最少要考虑下面这些内容：

(1) 公司的目的、经营范围；

(2) 股东的构成、资本金的构成；

(3) 董事会的构成；

(4) 监事会的构成；

(5) 经营团队与员工构成、来源。

以虹桥综合交通枢纽项目公司的组建为例，介绍一下我们在组建重大基础设施项目公司时的一些思路。虹桥综合交通枢纽项目公司的股东由上海久事公司、上海机场集团和上海市土地储备中心组成（图 6-1），由上海机场集团控股。为什么会由这三家公司来组建呢？这跟我们前面讲的策划是有关系的。从前面介绍的策划内容来看，这个事情能够做成最重要的就是要解决两个问题，一个是钱，一个是地，最主要的还是地。市里对交通运输的投资，都是久事公司承担的，我们希望市里掏一部分钱而不仅仅是给土地，所以就把久事公司拉进来了。土地储备中心为什么拉进来呢？因为一般人是无法事先控制土地的，按我们国家的法律必须在项目批准后才能去征地，而只有土地储备中心可以在没有项目时征地，所以我们把它拉进来。机场集团当然应该进来，因为机场在虹桥综合交通枢纽内，且占了三分之一以上的土地，还要机场集团负责去实施。因此股东最后就是这三家。是不是可以有别的股东呢，有的话当然也好，但是最起码要有这三家，否则不好办。我们原来还希望与虹桥综合交通枢纽用地直接相关的闵行区、长宁区也进来，拆迁费用可以作为资本金投入项目公司，可是两区经过研究，表示不参加。所以，后来就成立了这样一个有三家股东的项目公司。这个公司，首先对枢纽设施要投资建设，然后对周边的土地要进行市政配套并主导开发，同时还要对铁路车站、磁浮车站进行投入。

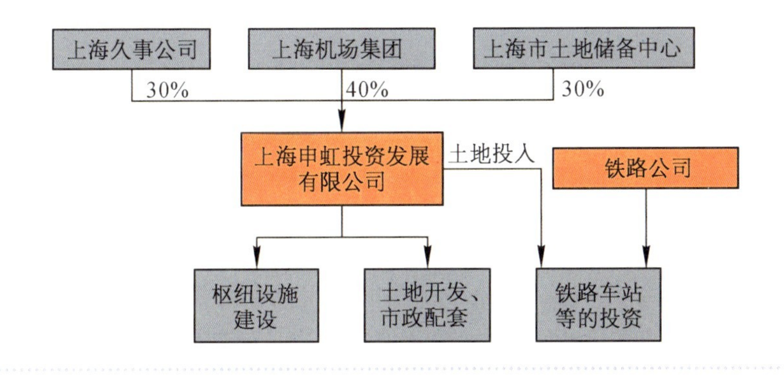

图6-1 虹桥综合交通枢纽项目公司的投资结构与公司目的

市政府组建了这个公司，等于是推了这一把，接下来的所有事情都可以通过这个公司来做，上海市就不用拿现金出来直接投资，只需要为这个公司创造一定的政策条件即可。这对上海市财政就有很大的好处，比如铁路车站在上海建设，本来上海是一定要掏钱的，而现在就可以通过项目公司用土地去运作。

由于虹桥枢纽涉及的运营主体众多，所以我们提出了统一规划、统一设计、统一建设、统一开发、统一还贷。统一还贷是这个公司存在的一个最主要的理由。然后，又定了由上海机场集团统一牵头负责开发这样一个原则。上海机场集团作为虹桥综合交通枢纽的主要投资者，牵头成立一个项目投资主体来解决我们前面讲的将开发这个“故事”变“真事”的问题。这个项目公司取名为上海申虹投资发展有限公司（简称：申虹公司），它就是这个故事的主角——“上帝”的替身，市政府通过这个实体来推进虹桥综合交通枢纽投建营这件事情。申虹公司是虹桥综合交通枢纽项目投资、开发的主体和项目法人，项目投融资主体，土地动拆迁、储备、开发、经营的主体和所有由其投资的资产的经营管理主体。

如果这样，这个项目公司的定位就比较清楚。它是投资公司，按照公司成立的法规，要有股东大会、董事会、监事会。同时，它经营土地的一级和一点五级市场。虹桥综合交通枢纽建设期间，它要承担虹桥综合交通枢纽建设指挥部的办公室的职能，这个是行政职能，是临时的。而且，它要按照投资多元化、管理社会化、经营市场化的原则做后面的开发和运营工作。

6.2 项目公司资本结构策划

对项目公司资本结构的策划，除了一般公司要注意的常识性问题以外，我要强调以下三个方面，在项目公司的资本结构策划时要特别注意。

(1) 要特别关注项目公司资本结构的成本要素、风险要素和弹性要素这三要素。成本要素是指项目的筹资费用和资金使用费用，即资金成本。资金成本的高低是确定资本结构是否优化的依据。在考虑资金成本对公司资本结构的作用时需要考虑风险要素对资本结构的影响，成本的大小通常取决于风险的程度，两者是此消彼长的关系。所谓弹性是指企业资本结构内部各项目的可调整性、可转换性。一般来说，企业资本结构一旦形成就具有相对的稳定性，但过强的稳定结构难以适应瞬息万变的市场环境，因此，好的资本结构应具有较好的弹性。

(2) 要特别关注项目公司资本结构的优化。企业资本的优化要结合企业自身的赢利能力，要以降低企业资金成本、提高企业赢利能力、提升股东财富为目的，而不能仅仅局限于资产负债率的高低。

(3) 要特别关注项目公司投资主体的可调整性。企业主（经营者）的素质是合作的基础；互补型合作关系有利于双赢；还要能够努力开发社会与行政资源；同时强化与行业老大的合作。在优化资本结构时要充分考虑人力资源的因素。

案例006 虹桥国际机场公务机基地项目的资本结构策划

虹桥国际机场公务机基地项目位于虹桥机场东区南部，由上海霍克太平洋公务航空地面服务有限公司运营管理。上海霍克太平洋公务航空地面服务有限公司是由上海机场（集团）有限公司（简称：机场集团）与澳大利亚霍克太平洋公务航空服务公司（简称：霍克太平洋公司）共同出资1.75亿元成立的合资公司，注册资金为1.2亿元，其中机场集团出资6120万元，股权比例为51%，霍克太平洋公司出资5880万元，股权比例为49%。

对于机场集团来说，上海虹桥公务机基地采取“合资＋特许经营”的经营管理模式，即上海霍克太平洋公务航空地面服务有限公司按照整体租赁原则，向机场集团支付公务机基地所属土地和地面设施的租赁费用，以获得公务机基地的经营权。建设期不收租金，租期为20年。其中设施建设由机场集团负责完成，合资公司支付的20年租赁费用于设施建设，设施建成后资产所有权归属于机场集团，合资公司以租赁方式来特许经营公务机基地的服务设施。

合资公司在获得公务机基地经营权期内，可将相关服务设施按照服务功能要求租赁给不同的专业公司进行运营，譬如公务机运营公司（东方公务机公司、上海金鹿公司等）、销售代理公司、金融服务公司（航空租赁公司、银行、投资公司、保险公司等）、地面服务公司（航油、航材、航食等企业）……

合资公司向机场集团一次性支付的场地租赁费用包括：①一次性支付所有土建设施租赁费用（以竣工决算为准，可行性研究报告估算建设费用为5350万元）和50%的土地租赁费用，该部分租金共计1.06亿元；②50%的土地租赁费（可按可行性研究报告的估算，定为5300万元），分20年逐年支付，累计约为1亿元。

机场集团的营业收入主要包括公务机基地场地和服务设施的租金，加上合资公司业务收入提成的专营费。合资公司的营业收入主要是公务机基地的特许经营营业收入，其中包括自身业务的营业收入，加上场地资源运营收入，再加上服务设施租赁收入等。

合资公司被授权在上海机场从事公务机候机楼及停机坪的经营，每年按业务收入的5%支付专营权费用。但双方承诺，当基地业务量连续两年不超过6000架次时，不会引进新的竞争者，从而保证机场的服务水平和利益的最大化。

上海虹桥国际机场公务机基地如图6-2所示。

图 6-2 上海虹桥国际机场公务机基地

上海虹桥国际机场公务机基地的经营模式突出表现为以下两点：

（1）资源优势互补，达到了双赢的目的。通过上海机场集团与澳大利亚霍克太平洋公司的资源整合，双方达到了在“市场、技术、管理、信息、配套设施、品牌、资源”等方面的优势互补，这样，更有利于上海机场引进公务机维修、托管等领域的先进技术和管理经验，更有利于上海机场在国内创造全新的国际化的公务机基地经营管理模式，从而促进国内公务航空产业运营水平的不断提升，为国内公务航空市场的全面发展提供示范效应。

（2）资本结构合理，采用了国际上最先进的运营管理模式。在借鉴国内外公务机基地先进管理模式的基础上，按照上海机场“投资多元化、管理社会化、经营市场化”的经营理念，上海虹桥国际机场公务机基地采取“合资＋特许经营”的经营管理模式，不仅发挥了双方的优势资源，实现了合作双赢的目的，而且通过社会资源整合、专业化和市场化的运营，打造了国际一流的公务机全价值链服务平台。这不仅提升了上海虹桥国际机场公务机基地“空中服务、地面服务、维修养护、托管、代理、金融服务、平台展示”的服务水平和档次，提高了核心竞争力，还完善了上海国际大都市的服务功能，提升了上海市的国际化地位和城市形象。

案例007 珠海横琴口岸综合交通枢纽项目策划

珠海市横琴新区政府为了开发横琴口岸设施，将口岸及其周围地区的开发捆绑招商，请一家香港上市公司做了一个开发方案。我一看，这可不行啊！为什么？该方案做了一个巨大的城市土地开发项目，高楼林立，开发规模达到200万m^2左右，却唯独找不到口岸设施。打开资料细看，原来口岸设施是有的，只是规模被压缩到了最小，很不显眼，口岸附属的综合交通枢纽功能设施就基本被忽视了。是他们不懂口岸和综合交通枢纽的规划设计吗？当然不是。于是我给横琴新区政府提出了“必须控股项目公司，在规划、建设、运营中充分保障口岸与综合交通枢纽的公共职能”的建议。

随后，我们为横琴新区政府做了一个比较完整的“横琴口岸综合交通枢纽项目策划”（图6-3、图6-4），特别是对横琴新区政府在该开发项目中的作用和义务作了明确的界定，对项目公司的资本结构做了一个详细的策划，并帮助他们组建了项目公司，用该项目公司作为主体，引进社会资本分地块逐步开发整个地区。

图6-3 珠海横琴口岸综合交通枢纽开发意象图

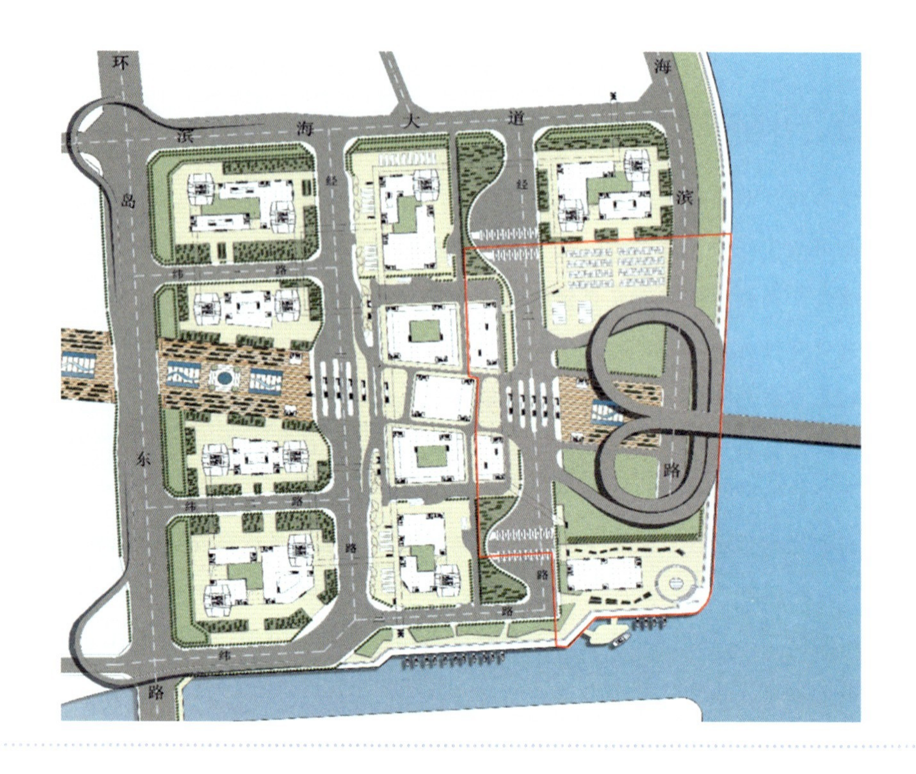

图 6-4 珠海横琴口岸综合交通枢纽开发总图策划

讲评：该案例说明，在重大基础设施建设中，公益方在项目公司资本结构的构筑中，必须起到关键性、主导性作用，以保障社会公共利益的实现。社会资本总是逐利的，没有政府等公益方的约束，它就必定会压缩公众利益、谋求资本收益的最大化。但是，单纯的公共项目又总是缺乏市场效率。因此，最佳的选择就是：公私结合，选择一个能够最大限度地发挥各自优势的资本结构。

我们策划工作的结论是：该地区的东西主轴上的广场、交通设施、口岸设施等由政府牵头组建投资公司，负责这些设施的建设和运营；周围地块通过招商引进社会资本，由资方牵头组建合资公司负责建设和运营；周围地块的收益用来平衡前述公共设施群的建设、运营费用，整个地区的规划、建设、运营由上述投资公司统一协调管理。

6.3 项目公司组织结构策划

项目公司有了明确的定位后，组织策划就比较简单了，市领导讲只要 10 个人就够了。具体来说，只要设三个部门，一个是办公室，负责承担公司日常性事务工作，还要承担指挥部的办公室的功能；第二个就是开发部，负责组织土地进入一、二级市场的开发；第三个就是计划财务部，负责管钱。那么这个公司就是个目标非常明确的公司，见图 6-5。

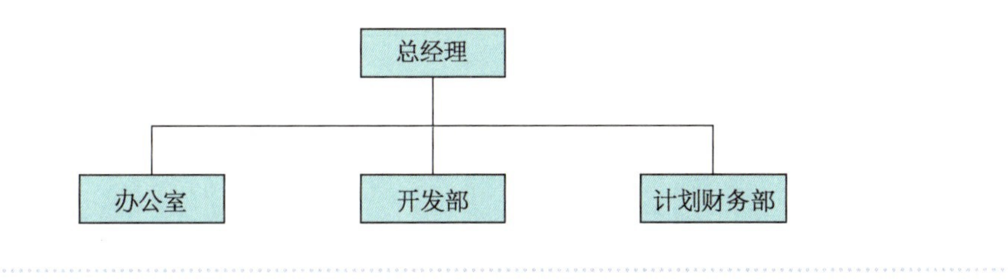

图 6-5 申虹公司机构设置方案一

还有一种方案，就是申虹公司参加一部分的建设管理工作，那么就会增加两个部门：技术管理部门和工程管理部门。这两个部门如果简化，是可以不要的，但是如果要参加一部分这方面的管理工作，那就需要这两块。实际上，申虹公司最后采用的就是这个方案二的公司结构，见图 6-6。

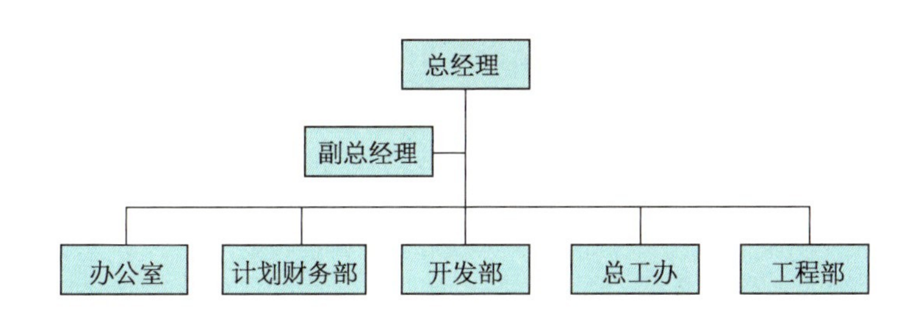

图 6-6 申虹公司机构设置方案二

案例 008 深圳轨道交通 3 号线项目公司的组织策划

深圳轨道交通 3 号线项目公司的组织策划，我们提供了四种模式。

第一种是地铁总公司的模式（图 6-7）。地铁总公司的模式就是所有的事情都自己做，这是比较传统的，原来国企都是这样的。

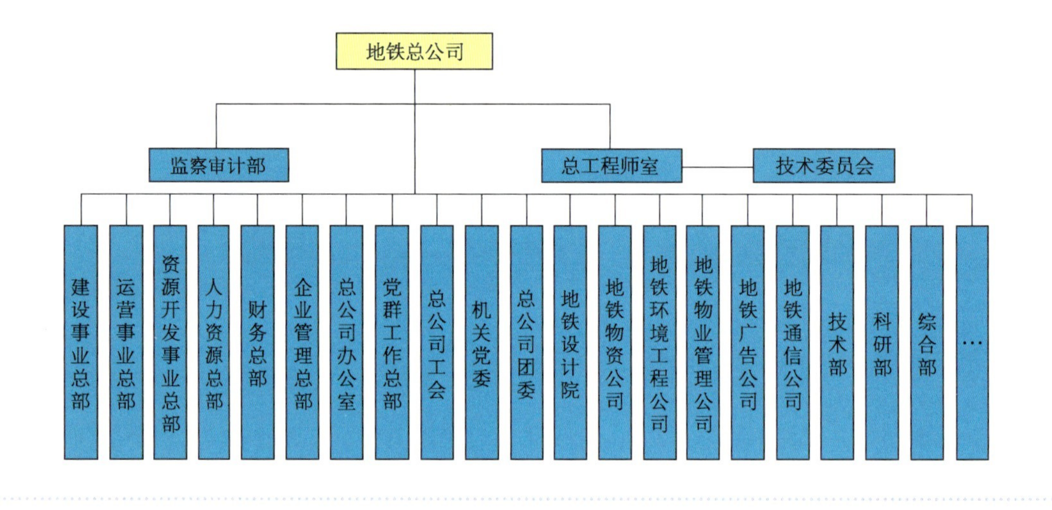

图 6-7　模式一：不采用社会化模式的项目公司模式

我们建议的第二种模式是运营管理自己做，建设管理和设备采购委托给社会相应的代建单位（图 6-8）。之所以给 3 号线提出这个方案，是因为在需要开始建设这条线的时候 3 号线公司还没有几个人，只有董事长和 3 个工作人员，所以我们建议把建设管理委托给专业单位去做，自己去准备运营管理。

第三种模式是考虑到设备采购的时候，里面有很多需要业主控制的要素，且设备采购往往比土建晚一点，时间上来得及准备，所以设备采购可以自己做，然后建设管理还是委托专业单位去做（图 6-9）。另外关于运营管理，我们建议不一定要自己做，也是可以找人家帮助运营的。很多的业主都不希望设备采购给人家做，因为这里面有许多非技术因素需要业主考虑，同时，诱惑也不少，当然也是最容易出问题的地方。

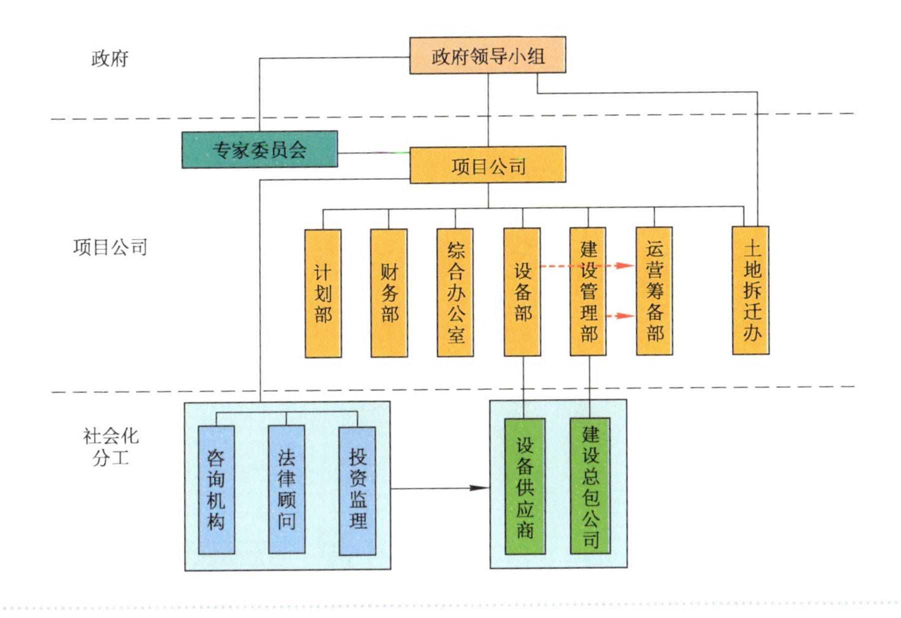

图 6-8 模式二：运营不社会化，建设及设备采购社会化的项目公司模式

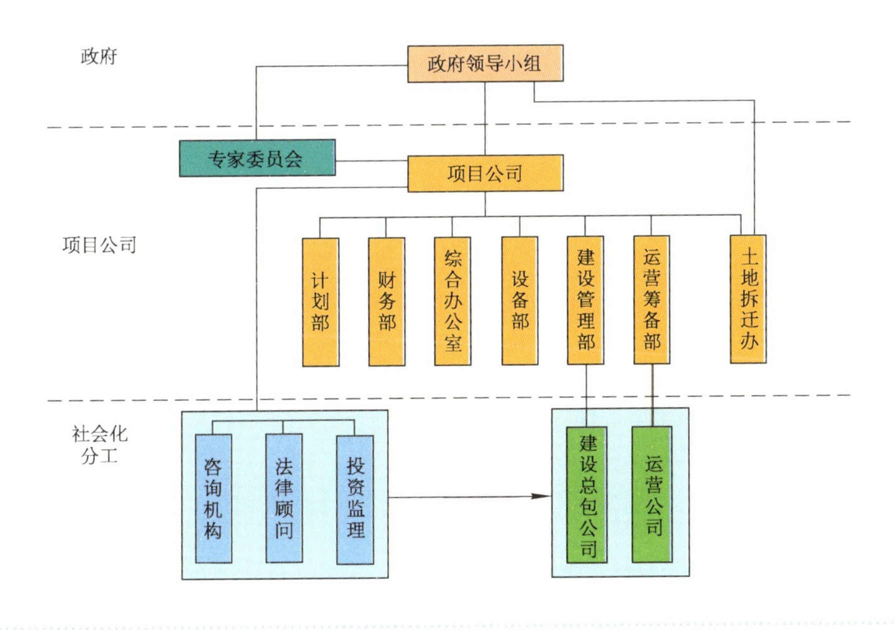

图 6-9 模式三：设备采购自己管，建设及运营社会化的项目公司模式

第四个模式就是完全社会化，把有条件的都交给社会上的专业单位去做，自己当当老板就行了（图 6-10）。

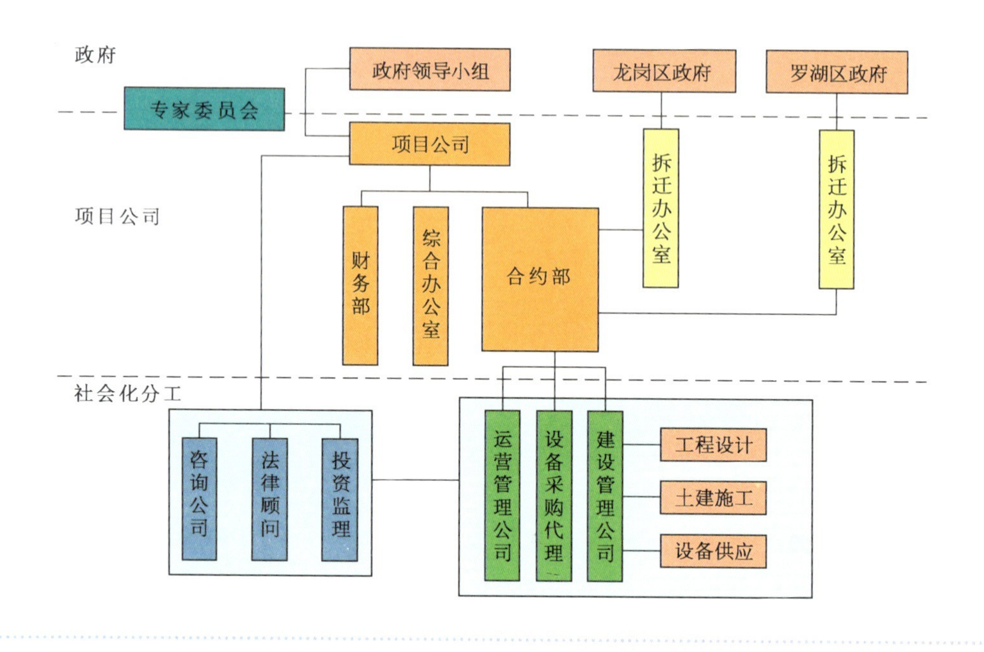

> 图 6-10　模式四：完全社会化模式的项目公司模式

6.4　项目公司治理模式的动态策划

项目公司治理模式是一个动态的过程，公司的组织策划应该随着公司所承担工作的发展变化而不断调整，只有这样才能满足公司治理模式发展变化的需要，才能做出好的策划方案。

案例 009　上海磁浮交通发展有限公司组织机构的变迁策划

上海磁浮交通发展有限公司（简称：磁浮公司）组织结构的变化过程是一个比较典型的案例。

磁浮公司刚成立的时候就是做了一个动态策划。因为上海磁浮交通示范运营线（简称：上海磁浮示范线）在全世界是第一条，在中国更是第一条，以后肯定还会不断发展延伸，一定需要一个不断发展壮大的机构来管理。这个管理模式在社会上是找不着的，公司本身也不可能马上建立起来。于是把人都找来，先工作起来，如果等把机构建好了再开始建设，那磁浮线的建设肯定是来不及的。所以，一开始的时候就是一个最常见的工程建设指挥部模式（图 6-11）。

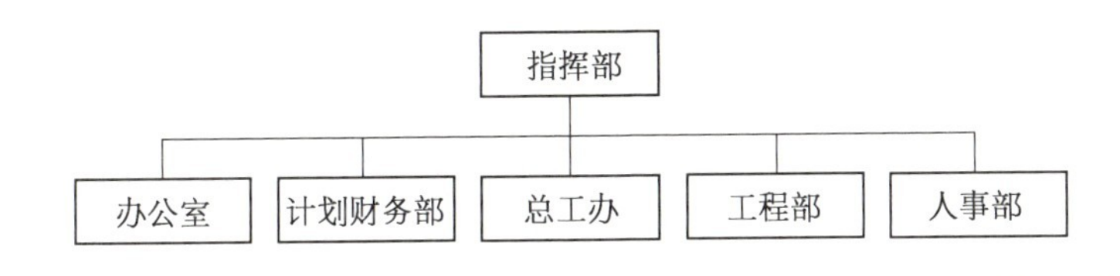

图 6-11 常见的工程建设指挥部模式

这是磁浮公司被称为指挥部时代的最早的模式。不久以后，又以指挥部为基础成立了上海磁浮交通发展有限公司（见图 6-12 中的红色部分）。

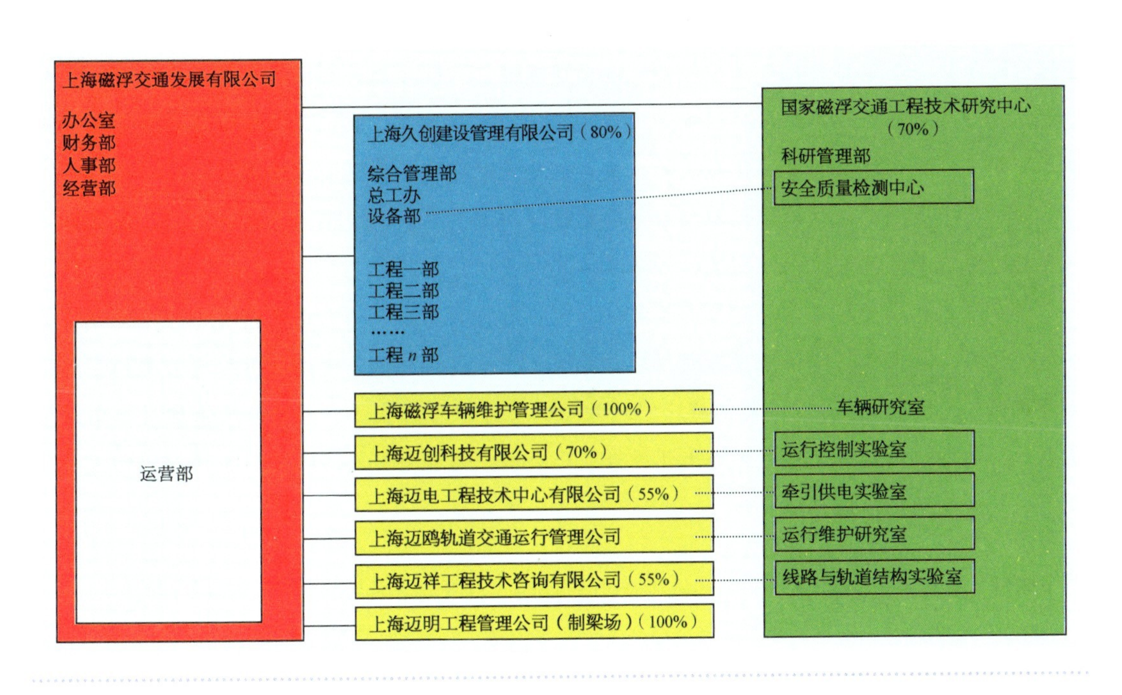

图 6-12 上海磁浮交通发展有限公司的组织机构

这个阶段，因为主要是为了完成建设任务，所以建设管理一大块发展起来了，在工程部、总工办的基础上又增设了设备采购部门。随着建设管理队伍的不断壮大，我们的影响力在业界获得了不少赞誉，抓住上海轨道交通3号线北延伸和轨道交通7号线工程建设受托的机会，我们成立了上海久创建设管理有限公司（图6-12中的蓝色部分）。这就是磁浮公司的建设公司时代。

到了磁浮线建设后期，磁浮公司开始了运营准备工作，在磁浮公司里面就多了运营管理部门——运营部。这个运营部说是一个部，实际上是一个公司。因为磁浮线的运营是国内第一次，很大程度上需要自己直接运营，社会上找不到合适的运营者，所以人员编制多且它自身的机构设置也较复杂（图6-12中的白色部分）。这就是磁浮公司的运营部时代。

磁浮线基本开始运营以后，我们又根据磁浮交通国产化的要求，或者说按照国家的要求，成立了国家磁浮交通工程技术研究中心（图6-12中的绿色部分），进行磁浮工程的开发研究。研究中心各实验室快速发展起来，特别是车辆研发和安全维护这两部分发展很快。这就是磁浮公司的研发中心时代。

随着研究中心各实验室和运营部的逐渐强大，这些机构具备了强大的技术力量，所以它们开始对外承接一些项目，比如做了一些轨道交通建设、运营方面的咨询。根据对外承接项目的需要，我们又成立了几家公司（图6-12中的黄色部分）。这时，我们又根据磁浮公司发展的需要，策划了一个磁浮公司集团化发展的方案。这就是磁浮公司的集团化时代。

虽然最早策划的时候没有预测到后来的发展，但是发展方向我们还是把握住了，磁浮公司一直是按照这个策划的方向在发展，一步步地走向集团化时代。

这个组织机构的变迁，跟它本身的定位是直接有关的。刚开始它就是指挥部，就是为了完成建设任务；后来建设队伍逐步壮大以后，成立了一个建设公司，建设公司后来又承担了上海轨道交通3号线北延伸、7号线工程，它就开始向磁浮以外拓展了。再后来又有运营公司、研发中心、建设公司这三大块，再加上几个专业小公司，磁浮公司的组织策划在短短的四五年间走了一趟漂亮的“红地毯”。

讲评：深圳轨道交通3号线公司和磁浮公司的组织策划案例是非常经典的，它们给我们的启示是：

首先，要明确公司的目的。要明确公司是资金密集型的，还是管理密集型的，是生产保障型的，还是旧业拓展型的等等。而要明确这些，其他相关策划内容的完成是很重要的。这些策划内容实际上都是相关的。

其次，是达到目的的手段。前面讲的申虹公司刚成立的时候，市里很明确，就是让它走投资多元化、管理社会化、经营市场化的道路，那我们策划的时候就有了明确的方向。深圳轨道交通 3 号线策划案例中，如果它采用自己运营的模式，那策划的时候就不一样；而如果不是自己运营，马上又会影响到建设，因为那些运营团队来了以后会对建设提出要求。

第三，公司的组织结构是动态的，组织策划也应该是动态的。特别是如果公司的目标发生变化，组织策划就一定要调整。组织机构是为项目服务的，而项目策划涉及的各要素之间又是紧密关联的。这些不同的策划内容，肯定要在一个往复的过程中不间断地从不同角度、让不同的参与者反复交换意见，以调整我们的策划方案，使之逐步地合理化。能够合理才能够实施下去，这个策划才有用。

第7章

投融资模式策划

在开发策划一章中我们已经讲了钱是怎么流动的，本章介绍钱从哪里来，这个叫融资策划，就是在对项目市场环境充分理解的基础上，对这个项目的资金来源进行安排、筹划的过程。这个融资过程，实际上是贯穿全项目建设过程的，甚至是贯穿项目的整个生命周期。很少有重大基础设施项目在开工前，钱就已经全部放在银行等着用了，一般都是来一部分钱做一部分事，而且这样是财务成本最低的。

虹桥综合交通枢纽的投融资策划是基于前述设施区分理念的。

7.1 投资分工（社会融资）策划

前面讲了世界是在“上帝”的手推了一下以后才开始运动的，实际上也可以说这个“上帝”的手就是钱，没有钱什么也做不了，有了钱，什么都好办。但是钱怎么来？在虹桥综合交通枢纽项目中，申虹公司虽有资本金，但还需要向银行贷款，最主要的还是政府允许申虹公司在没有项目的情况下开始征地。有了地以后，申虹公司就可以把这个地变成熟地，然后再把熟地投入市场；申虹公司还可以用这个土地作抵押向银行贷款。再有就是申虹公司要最大限度地吸引社会资金，因此社会融资的策划是一项很重要的工作。最后，申虹公司把这些钱全部运作到位，达到了第5章中所说的两个平衡以后，它的任务就完成了。

前面我们已将虹桥综合交通枢纽分为四类设施，接下来将针对它们作不同的投资分工（图7-1)。首先，5条轨道交通线的建设由上海申通地铁集团有限公司投资运行；磁浮交通由上海磁浮交通发展有限公司投资运行；公交、长途汽车也分别由公交公司、长途汽车公司投资一部分基础设施，并负责运行；铁路及其车站由铁道部投资运行，铁路用地的钱由申虹公司投资。另外对土地的市政配套由申虹公司投资。商业服务、商务办公等第Ⅲ类设施的用地和房屋也是申虹公司投资建设的。第Ⅳ类设施，即可以经营可以拆分的那些设施，在虹桥综合交通枢纽建设过程中可以吸引一批社会投资。实际上，有很多不可拆分的第Ⅲ类设施，也是可以吸引社会投资的，像机场内的商店，还没等机场盖好就已经租出去了。

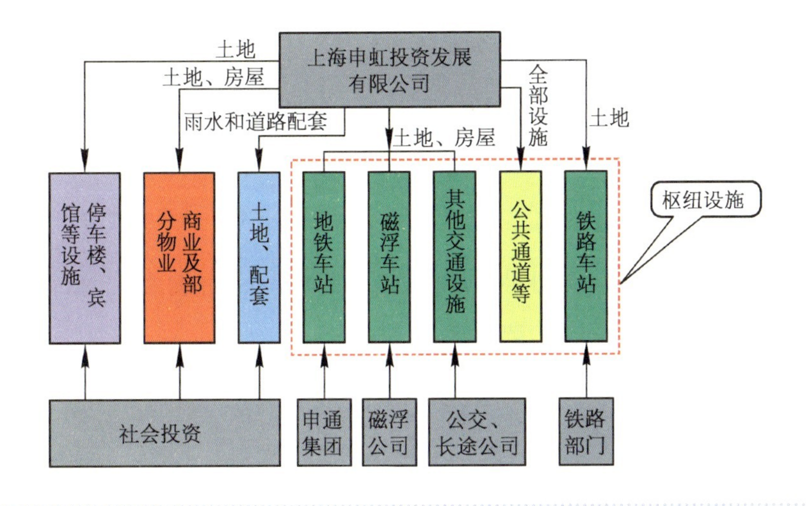

图 7-1 虹桥综合交通枢纽的投资分工

7.2 市场融资的策划

在重大基础设施建设中，常见的社会融资方法有很多，见表 7-1，这些都是我们可以利用的，关键是要因地制宜、融会贯通、因势利导、顺势而为，还要不忘开拓创新。

表 7-1 可供选择的市场融资模式类型

模式名	英文含义	中文含义	合同期限
Service Contract	Service Contract	服务外包	1～3 年
Management Contract	Management Contract	管理外包	3～5 年
DB	Design-Build-Transfer	设计-建造	不确定
DBMM	Design-Build-Major Maintenance	设计-建造-主要维护	不确定
O & M	Operation & Maintenance	经营和维护	5～8 年
DBO	Design-Build-Operate (Super Turnkey)	设计-建造-经营（交钥匙）	不确定
LUOT	Lease-Upgrade-Operate-Transfer	租赁-更新-经营-转让	8～15 年
PUOT	Purchase-Upgrade-Operate-Transfer	购买-更新-经营-转让	8～15 年
BLOT	Build-Lease-Operate-Transfer	建设-租赁-经营-转让	25～30 年
BOOT	Build-Own-Operate-Transfer	建设-拥有-经营-转让	25～30 年
DBTO	Design-Build-Transfer-Operate	设计-建造-转让-经营	20～25 年

（续表）

模式名	英文含义	中文含义	合同期限
DBFO	Design-Build-Finance-Operate	设计-建造-投资-经营	20～25年
PUO	Purchase-Upgrade-Operate	购买-更新-经营	永久
BOO	Build-Own-Operate	建设-拥有-经营	永久

虹桥综合交通枢纽的所有可拆分可经营的设施都是面向社会招商的，包括交通设施上面的商场、办公设施，这些都是利用社会融资的。

案例010 虹桥国际机场旅客过夜用房策划

大型交通设施，无论是虹桥综合交通枢纽，还是浦东国际机场都是一样，在核心设施旁边一定有一个很重要的设施，就是宾馆，它是可以经营可以拆分的Ⅳ类设施中一个典型的代表。在虹桥综合交通枢纽中航站楼的两侧各有一个宾馆。我们先建设了一个（图7-2），占地12.25

图7-2 虹桥国际机场航站区宾馆

亩（1 亩 = 0.0667 hm^2），建筑面积逾 2 万 m^2，客房约 490 间。我们把它拿出来招商以吸引社会投资，招商的时候规定，投标者必须先付 2 亿元买断 20 年的经营权。也就是说，要来投标必须迈过这个 2 亿元的门槛（静态一年 1000 万），从而保证了投标者有较强的实力。然后竞争什么呢？除了这 2 亿元以外，竞争每年还要给我们多少回报，给的多的投标人中标。

这个宾馆就在航站楼旁边，旅客在它的门厅内也是可以办理登机手续的，办完以后可以直接从宾馆进入航站楼的头等舱、商务舱贵宾候机室，实际上它就是航站楼的一部分。

宾馆的地面层是其另一个门厅，航站楼的到达旅客从这个门厅进来之后可利用自动扶梯直接上到宾馆的门厅层（图 7-3）去。地面层（图 7-4）主要是停车场、车库。

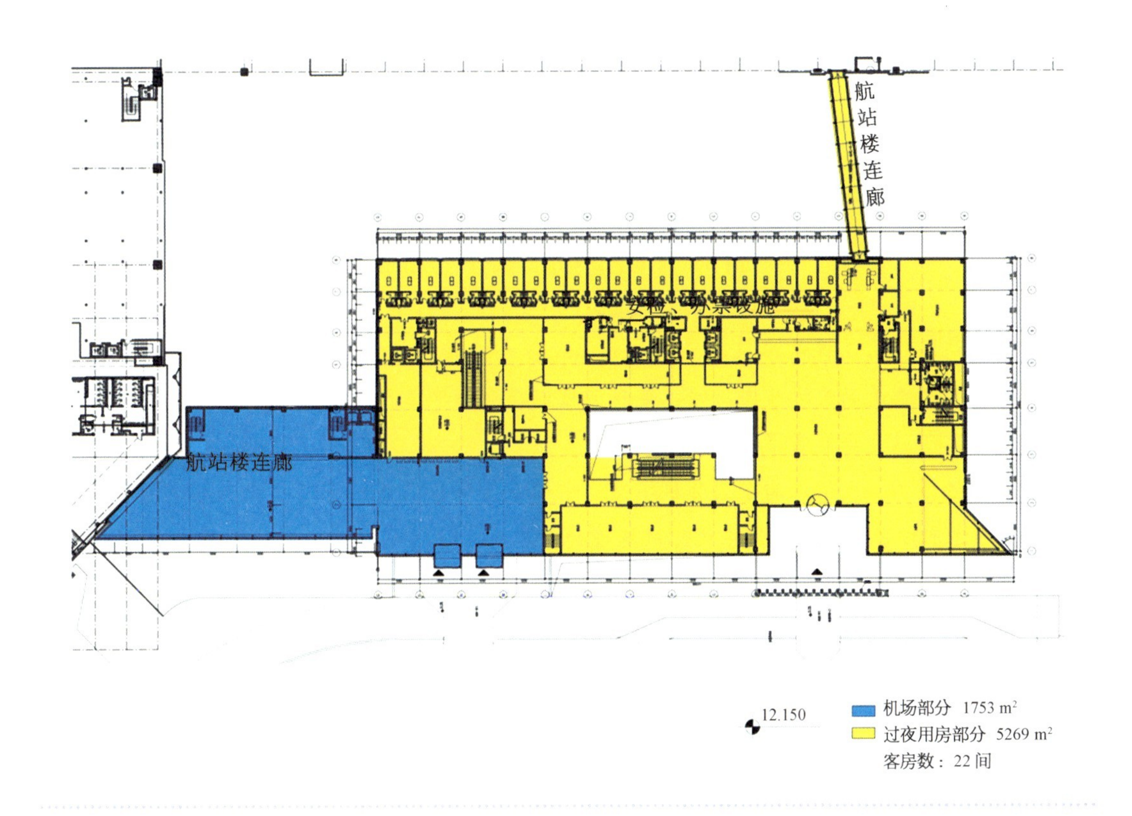

图 7-3 虹桥国际机场宾馆门厅（12 m）层

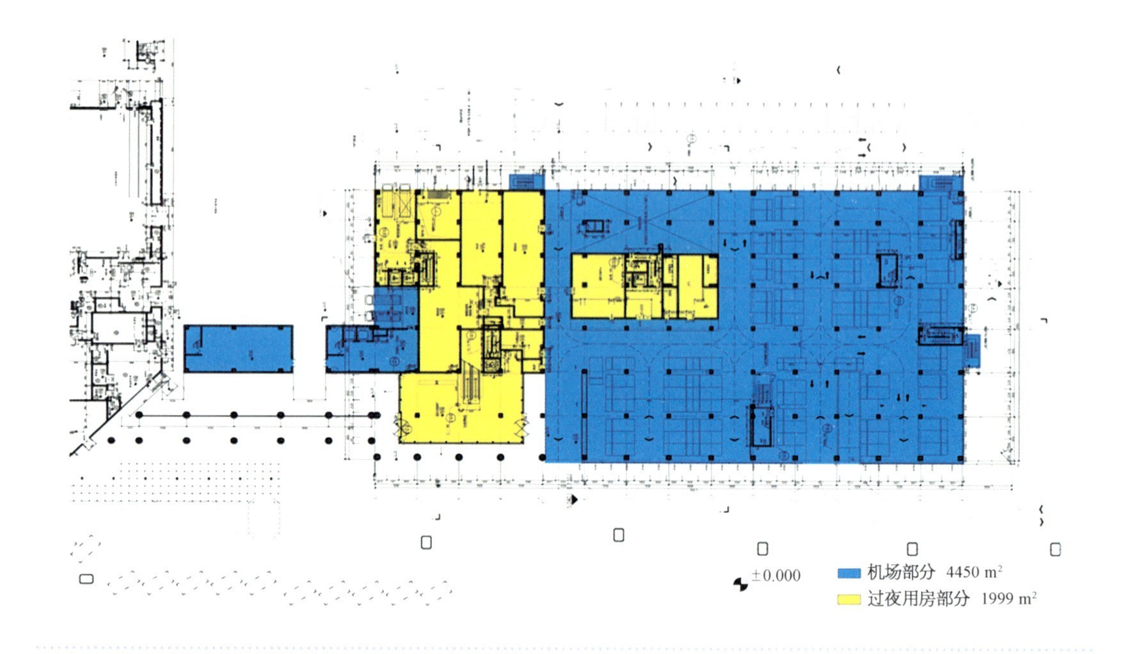

图 7-4 虹桥国际机场宾馆地面（0 m）层

宾馆招商运作的过程是比较简单的，也比较容易操作。我们对参与投标的公司，事先审查，这些投标者都是满足资质要求的，是我们可以接受的单位。接下来就看他们之中谁给机场的回报高了，所以竞争非常惨烈。

相类似的操作，我们在浦东国际机场交通中心上面那个酒店已有过一次。那个酒店有653间房，1.6亿元投资，我们在浦东国际机场设的门槛是1.6亿元，招标的结果是大众美林阁中标，经营20年期间每年支付2000万元保底收益给机场，而且在收益好时可以按比例提成一部分作为机场的收益。这些客房一年能挣多少钱，是算得出来的。当然也有人问：如果没有那么高的客房率怎么办？这个就是风险，靠投标者自己去掌握。但条件这么好的宾馆，如果你说"我只能做60%的客房率"，而另外一个人能做70%，那么就归他中标。我在招商的时候，对投标商说："所有的旅客都是送到你门口的，如果这样你还留不住，让他们到别的宾馆的话，那我劝你别干这一行了。"结果引来满堂大笑。

案例 011 深圳轨道交通 3 号线融资模式策划

在讲深圳轨道交通 3 号线的融资策划案例前，我要再重复讲一下基础设施效益的内外两大循环问题。交通基础设施建成投运后，效益总是存在的，一部分在内圈循环，一部分在外圈循环（参见图 5-3）。我们的策划就是要想办法把这些效益尽可能多地转化为投资者的收益，把间接效益转化为直接效益，以达成这些基础设施的良性循环和可持续发展。

我们对深圳轨道交通 3 号线各个分项的投资做了一个估算，可以看到投资比较大的有：车辆、车站、区间结构（含高架和盾构）、车辆段、供电等（图 7-5）。按照我们区分策划的思路分析，车站是可以拆分的，车辆也是可以拆分的。供电和区间结构是连在一起不可拆分的，而且经营性不好。还有车辆段是可以拆分的，作为车辆基地，它与车辆有密切关系。

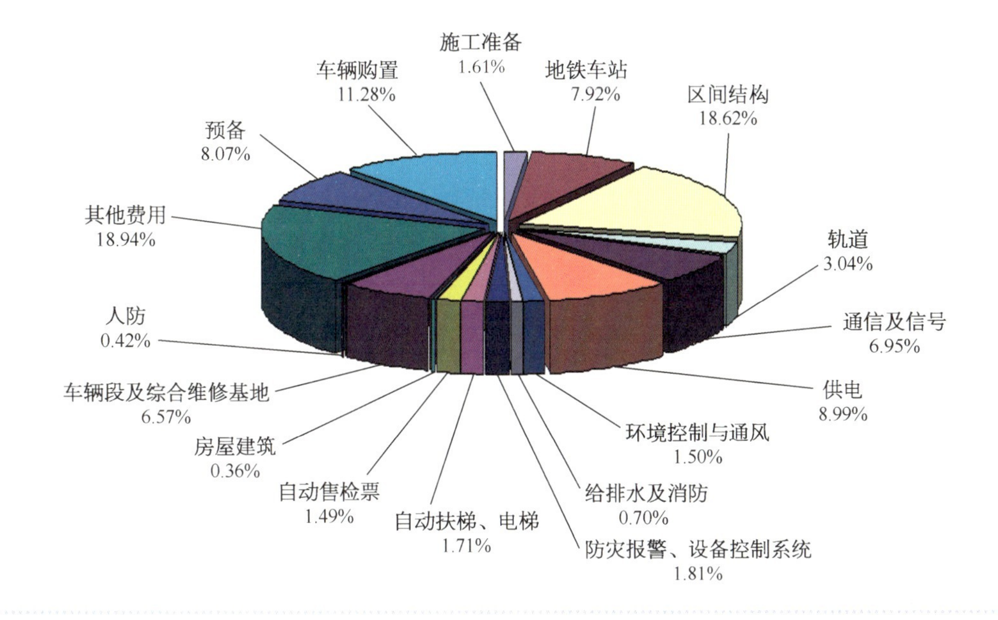

图 7-5 静态投资分项数据比例

在轨道交通建设中，国内绝大多数城市采用的是传统融资方案（图 7-6），即政府出钱加上各种贷款把整条轨道交通线建好。方案本身是不能用好或坏来评价的，这种方案就是效益外圈循环的思路，轨道交通社会效益很好，能够带动政府税收增加，就业机会增加，理所当然由政府掏钱建设。

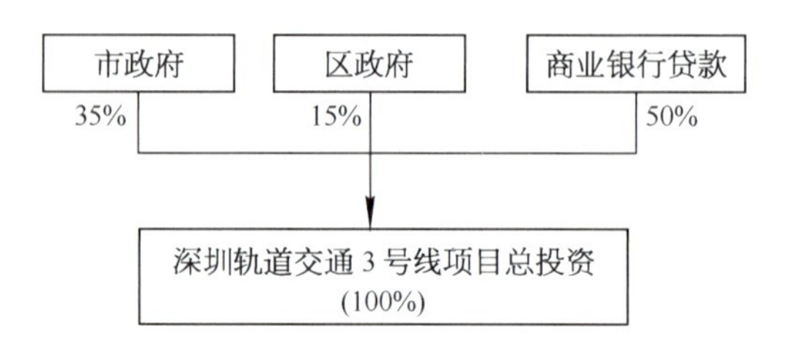

图7-6　轨道交通传统的融资方案

我们给深圳轨道交通3号线策划的方案是这样的：把其设施拆开，市政府该投的市政府投，区政府该投的区政府也投，社会投资者也要吸引，银行也可以贷一部分。具体来说，我们的策划方案是市政府投区间、轨道、通信及信号等不挣钱的这一块；区政府投搬迁这一块，负责完成拆迁，把这块地交给公司来用，其投入作为资本金。

社会投资者的钱要被吸引进来，关键是他的钱要能够赚钱，只要项目有合理的收益率，就能吸引到社会投资。而轨道交通的车站融资方案做好了就会有很好的回报，如果只做一个只有上下车功能的车站，那当然是不挣钱的；但把这个车站跟商业服务设施开发结合起来，把车站的出口开在商业服务设施里面或者门口，那效益就好了。所以，只要把车站的开发方案做好，把可经营的这块拆分出来，政府都可以不用自己投资盖车站，让社会投资者把车站和商业开发设施一起建设即可，车站这块地的开发收益是足够建设这个车站的。

上海地铁2号线龙阳路站就是这么建设的，从下面的车站到上面的楼都是社会投资者建的。建设完成以后，地铁部分的设施产权交给了地铁公司，而上面的商业设施是开发商自己的。后来，磁浮线在这个地铁车站旁边建了一个很漂亮的车站，大家都觉得那漂亮的磁浮车站被前面不太美观的地铁车站给挡住了，建议把它拆掉。我们调查之后发现无法拆掉，因为当年的投资者把地铁车站上的商业设施卖给了很多小商家，现在再去拆那么多家商铺，成本太高，而且商业设施建在地铁车站上面，拆掉会对地铁运营造成不利影响。

对于车辆和车辆段，我们的策划建议是把车辆和车辆段拿出来，找到社会投资者。上海的申通地铁股份公司，上市的就是这一块，不是整个地铁2号线都上市，因为整个地铁是亏本的，上不了市。上市的这一块拆分出来以后，它是可以盈利的。就是说，社会投资者去买车，到政府修的路上跑，然后他不用给政府交钱，他要做的就是把车买好，把市民服务好，而因此挣的钱归他。这个是做得到的，就像政府把道路修好，你们自己开车上去，那车是你们自己的。我们的策划推荐方案（图7-7）就是这个。

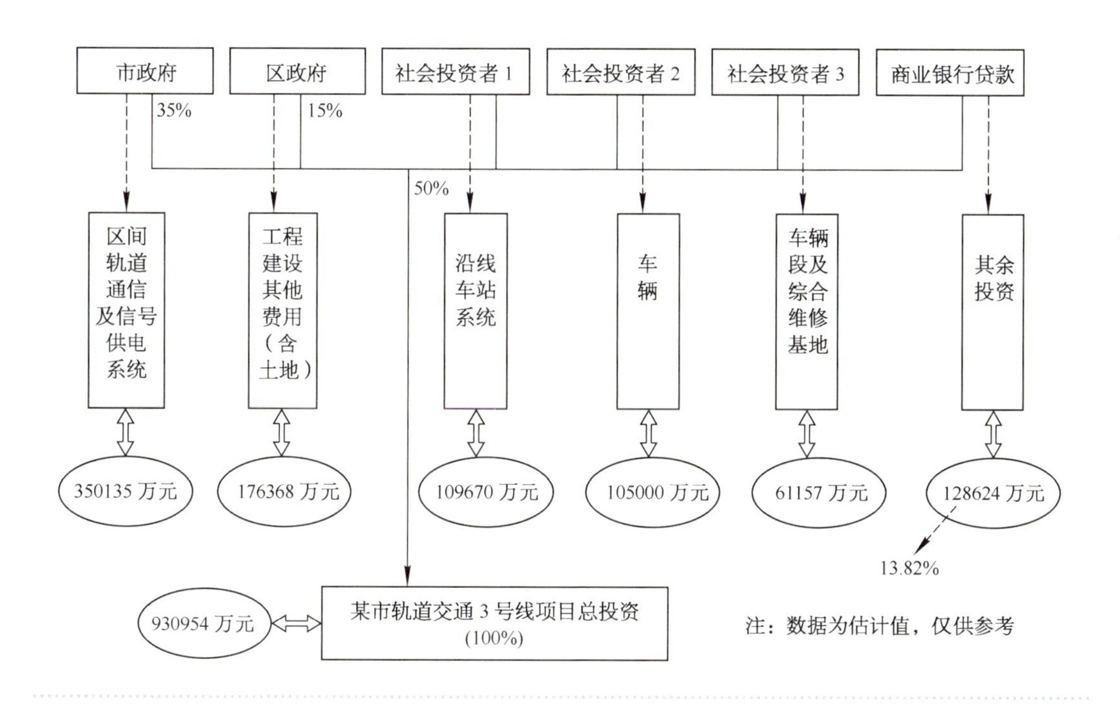

图7-7 推荐的融资方案

案例012 上海磁浮示范线的建设融资策划

上海磁浮示范线的融资策划是另外一种方案，见图7-8。由于政府的介入，在初期就有很多企业一起投资磁浮公司，但有的股东后来把自己的股权转让了，可见在股权运作方面其实是有很大的舞台的。

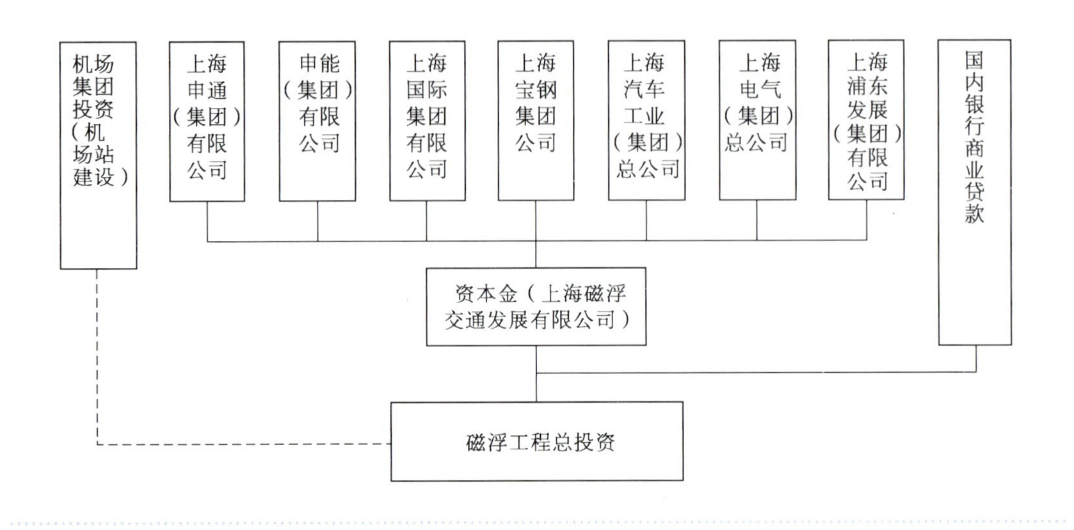

图 7-8 上海磁浮示范线的融资方案

7.3 运行管理与融资策划

融资的过程是伴随项目终身的，特别是在运营期间，或者说结合运营设施和运营方案的融资空间也是很大的。

案例 013 上海磁浮示范线售检票业务的运行融资

上海磁浮示范线的自动售检票（Automatic Fare Collection，AFC）系统是项目正式运营后的专用售检票系统，分别位于磁浮龙阳路车站和浦东国际机场车站内。AFC 系统包括管理系统、车站计算机系统及车站设备三个部分，磁浮公司于 2002 年 5 月采购和安装，2002 年 11 月初拟定该系统转让经营权、委托售票管理招标文件，2002 年 12 月 18 日与中标单位——中国银行上海分行签订合同，成功实施了 AFC 系统经营权与票务管理捆绑式的社会化管理招标。

转让经营权、委托售票管理范围包括投标单位获得磁浮公司设立的票务收入专户和在车站指定位置（AFC系统和售票亭部分区域）发布广告及企业标识的权利。AFC系统经营权转让和委托售票管理的期限为5年，即自合同签订之日起至2007年12月31日。中国银行上海市分行以较优惠的报价（501万元）中标，最终取得了上海磁浮交通示范线AFC系统经营权以及部分广告经营权，同时承担票务管理等工作。

这一组合、包装后的项目通过市场运作，有效地获得了一个较好的价格。招投标之所以能够成功，关键在于项目所带来的各项收益：

(1) 车站部分广告经营权收益。磁浮公司允许在售票亭显著位置发布中国银行的企业标识和企业宣传广告，以及中国银行拥有进站闸机和出站闸门的广告经营权。由于上海磁浮示范线是世界上第一条商业化运营线，其中所蕴含的广告效益是巨大的，比起一般轨道交通或其他户外广告而言，磁浮广告的效益要大得多。

(2) 磁浮票务收入的现金流直接进入中国银行开设的专户，由于这部分稳定的现金流保证，会给中国银行资金运作带来稳定的存贷利差收益。

根据合同约定，磁浮公司承诺票务收入专户中的存款平均余额不低于人民币500万元。通过简单的计算，根据当时的利率水平，5年内存贷利差带来的收益约为108万元（按活期存款利率1.44%，贷款利率5.76%计，存贷利差为4.32%）。这个数字仅仅是一般的估计结果，因为磁浮票务收入的增长是呈现递增趋势的，尽管也存在磁浮公司随机支出的可能性，但由于实时的票务收入是增加的，因此这部分收益要远超过500万元的存贷利差所带来的收益。

图7-9中表示的是磁浮线一个月票务收入的变化情况。图中，按照半月（15 d）磁浮公司从专户支付累积收入的大部分考虑，当15 d累积的票务收入达到一定数量，图中为1000多万元时进行资金支付，票务收入专户中累积费用将降低到初始状态，随后将进行下一轮的循环累积。

从图中可以看出，按照上述分析，存款专户的存贷利差在图中为500万元线以下的部分利差收入。而事实上，图中阴影部分可能带来的利差收入也是很大的，如果银行的利率和利息按日计算，5年内这部分的积分收入就相当可观了，而且上述仅仅是考虑一般的存贷利差，如果银行把该部分资金用于其他运作方式，效益就更大了。

(3) 中国银行通过设立上海磁浮示范线的票务收入专户，不仅争取了又一高端客户，而且也延伸了中国银行的服务范围。可以说，中国银行免费获得了在磁浮车站附近新增的业务服务网点。

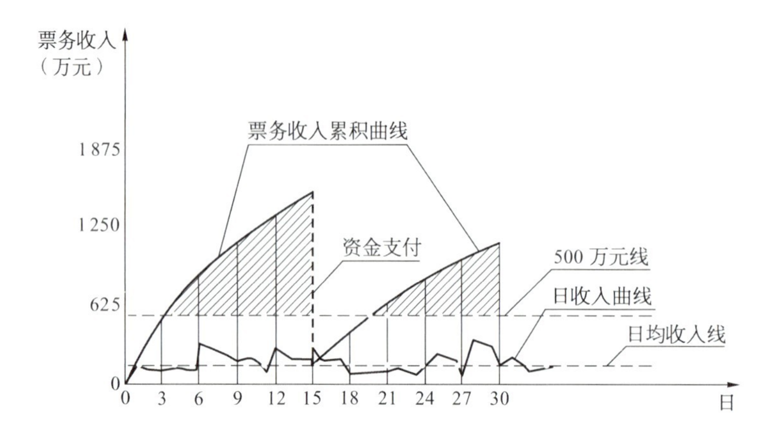

图 7-9 磁浮票务月收入变化示意图

(4) 一般的金融延伸服务，如代收各项公共事业费用（水费、电费、燃气费等），银行需要增加大量的人力和物力进行这种小面额的收支服务，而中国银行获得了两个磁浮车站服务网点后，不仅节约了增设网点硬件等部分配套设施费用，而且也增加了银行员工的就业机会，大大消化了银行内部的各项管理和人力成本。

(5) 中国银行在此次交易中所获得的社会效益也是巨大的，通过与上海磁浮这个强势品牌联手经营，拓宽了自身服务领域，在争取高端客户方面比其他银行取得了先机。

以上所有收益都来自于上海磁浮所形成的经济效应和社会效应，是磁浮示范线无形资产的变现过程，即收益从市场中来，充分体现了通过市场，挖掘基础设施的巨大市场价值，以及拍卖价格形成的过程和机理。

讲评：一般来说，运行业务社会化的时候是要给受托者付钱的，因为他帮业主承担了运行工作。但是这是一个特殊的项目，是一个有比较稳定现金流的项目，那业主就不用付钱了，反过来受托者要付钱给业主。至于为什么是 501 万元？这绝对是算出来的，其他的银行其实也都算出来这个数了，大多数投标人计算的结果都是在 500 万元左右。中国银行报 501 万元，仅仅是一个投标技巧而已。

第8章

建设管理模式策划

本章主要介绍项目的工程实施管理问题。我们把重大基础设施的实施管理分为五块，即业主管理、设计管理、建设进度、施工管理、设备采购，建立和实施这些管理的模式以及操作方法是建设管理策划的主要工作内容。

8.1 业主管理模式策划

建设单位（业主）采用什么样的管理模式取决于项目公司的目标、业主的人才资源水平、技术与管理能力、调动各种社会资源的可能性等多种因素。业主可以根据自己的情况和以后自身发展的目标在建设管理模式上有多种选择，没有什么条条框框。本节仅以案例形式说明。

案例 014 扬州泰州机场工程代建模式策划

我们在做扬州泰州机场建设管理模式策划时主要考虑了如下因素：

(1) 复杂性和专业性导致机场对建设人才的要求很高，而扬州现在缺乏这方面的人才；

(2) 对于一个中小城市来说机场是一次性的项目，一般不会再建第二个机场，且机场建成后，不再需要机场建设方面的人才；

(3) 机场建设技术要求高，必须由一支有机场建设经验的专业队伍来建设才能满足要求；

(4) 从机场建设的发展趋势来看，一方面代建模式正在快速发展之中，且代建方式越来越多样化，另一方面目前全国只有北京、上海、广州具备建设管理能力；

(5) 在机场代建实践中业主仍然有大量决策管理、委托监管、运营准备等必须自己做的事情；

(6) 按照现行的法规，机场代建的费用一般为总投资的1%～3%，收费偏低，这还达不到提高代建者积极性的目的。鉴于扬州泰州机场投资规模较小的情况，建议采用“费率加奖励”的模式。

根据上述因素，我们向业主推荐了两种建设管理的代建模式。模式一（图 8-1）是将机场工程分为规划设计、陆侧工程、飞行区工程和系统设备四个部分，分别委托给四家单位代建管理。指挥部（业主）只负责四家单位之间的协调和四个委托合同的管理工作。但是这个工作还是需要有相应的人才和技术条件的。模式二（图 8-2）是在模式一基础上，把业主对四家受托单位的管理工作也委托给专业单位，即将所有建设管理工作委托给一家代建单位。

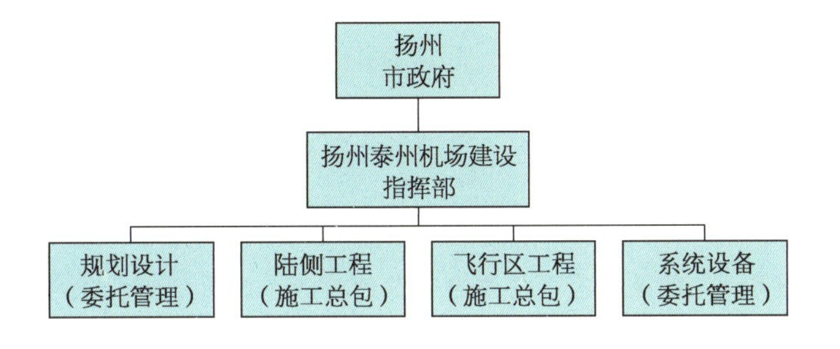

图 8-1 扬州泰州机场业主管理模式一

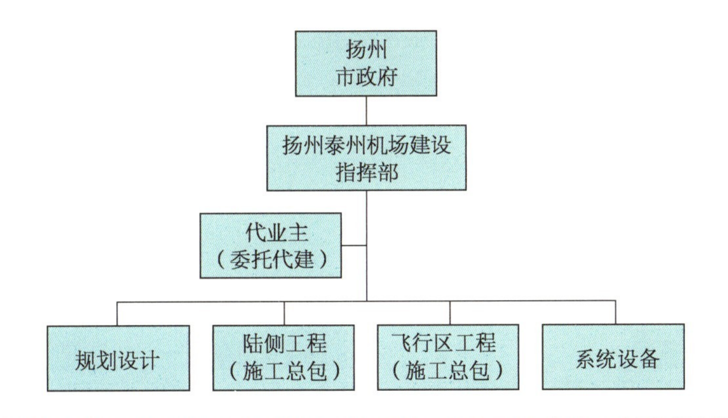

图 8-2 扬州泰州机场业主管理模式二

经过对上述两种模式的比较研究，我们建议采用模式二，其理由为：

(1) 符合扬州当前的实际情况，特别符合建设指挥部人力资源条件和进度要求的实际；

(2) 有利于业主集中精力于决策管理、运营准备；

(3) 业主管控自由度大，即可以根据业主的能力及其能力的变化，以及代建方的信用度等因素，调整管控力度；

(4) 有利于业主专注于无法委托出去、自己必须做的工作，如政府相关部门的报批、审查、检查、验收等工作；

(5) 有利于业主抓紧时间开展运营准备工作，比如：开辟航线，组建合资的支线航空公司等。这也许比机场建设更加重要。

案例 015 深圳轨道交通 3 号线业主管理模式策划

我们在做深圳轨道交通 3 号线建设管理模式策划时，为业主提供了四种可供选择的模式。

第一种模式（图 8-3）就是所有事情都自己做的模式。公司治理模式与它的建设管理模式是直接相关的，这是前述的总公司模式。在总公司里面专门有一块是做建设管理的，看起来像有一个建设管理事业部，或者说有个建设公司。但这一模式中的建设管理职能不是仅限于这一块的，因为总公司模式中的建设管理事业部或建设公司只承担了一小部分的建设管理工作，其他许多相关工作是其他部门承担的，比如设备采购、使用需求确认、工程验收、资产移交等，这一类工作都由公司里面相应的其他部门如设备采购部门、运营部门、计划部门、市场部门、技术部门等代为承担。

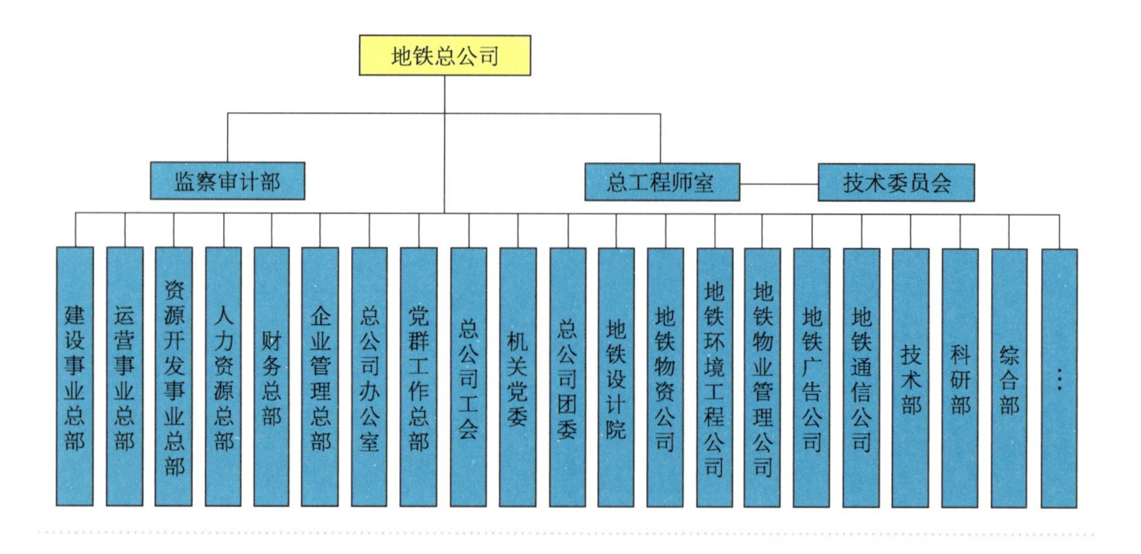

图 8-3 业主管理模式一：总公司模式

第二种模式（图 8-4）就是比较重视项目建设后期的总包管理模式。从图 8-4 可以看出，这个建设管理单位可以就是项目公司本身，也可以是它委托的一个代建设单位（代业主）。业主比较看重对施工期间的管理，包括设备采购。施工单位当然不止一个，然后还有投资监理、财务监理等机构的参与。这种模式在社会上采用得很多，因为现在做建设项目管理的一部分是监理公司，他们熟悉这一块，也就会格外重视；另一部分是设计院，他们做代业主的时候往往比较重视后面这一块，因为他们一般是在设计单位里面专门成立一个项目管理部门，跟设计部门脱开，设计结束后才来做代业主，当然很大的精力都是在项目建设的后期了。这就是为什么我们见到的多数业主管理模式都是重视项目后期的总包管理模式。

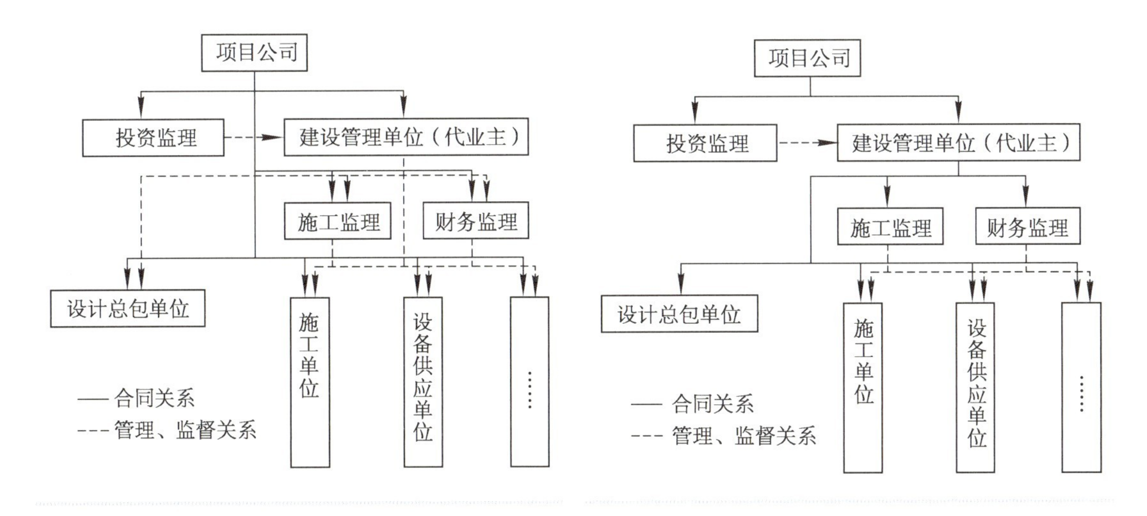

图 8-4 业主管理模式二：重后期的项目管理模式

图 8-5 业主管理模式三：项目管理外包模式

第三种模式（图 8-5）是项目管理的总体外包模式。这就是找到一家专业公司做代业主，由其把项目的全部建设管理工作都承担起来。对于业主来说，这种模式就是把整个项目的建设都包出去了，但承包的这家公司采取什么样的管理模式，那又是另外一回事了，可能以这家公司熟悉的方式方法为主，再加上业主的要求。这就要求业主在选择代建单位时，必须对代建单位有充分的了解，并建立起必要的信任。

在这种模式中，除业主与代建单位签订的合同外，所有其他合同都是代建单位出面签订的。当然也可以是包含业主、代建单位的三方合同。

第四种模式（图 8-6）就是比较重视项目前期工作的模式。一般情况下，这种模式的前期管理部门比较强大。后期虽然也有相应的工程管理部门，但工程管理部门是比较弱的，人也不需要太多。上海机场建设指挥部就是这样的，它除了飞行区没有总包公司以外，其他工程都是有总包单位的。就是说，上海机场的项目建设实际上各分项都找了一个总包单位，后期的施工管理也交给总包，指挥部把大量精力放在前期工作的管理上。而飞行区不找总包单位的原因，一是社会上没有成熟的飞行区总包单位。现在市场上的很多施工单位对飞行区不是很熟悉，它们今天做的是机场，明天做的是道路，有些对飞行区场道熟悉的，对助航灯光却一无所知，通信、导航、消防、安保等等可能又是另一家单位擅长，我们找不到一家对飞行区各部分都很熟悉的总包单位。二是我们的飞行区工程管理部对飞行区建设管理非常熟悉，业务能力很强，有很多很好的管理思路和方法。

机场指挥部作为项目管理者，大量的精力都放在前期工作中，总工办、规划设计部、信息系统部、系统设备部、航空业务部等，这些部门都是从事前期管理工作的。它们把前期工作完成以后，就把工程分区分批委托给相应的施工单位。

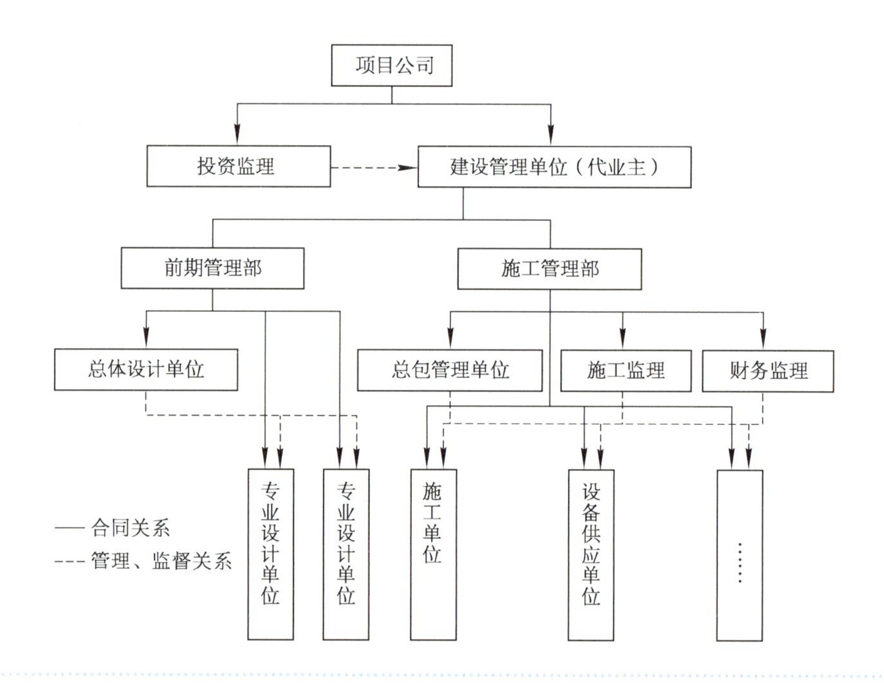

图 8-6　业主管理模式四：重前期的项目管理总包模式

我们有必要对这四种模式作一个基本的比较，见表8-1。其实，各种模式都有自己的优点和缺点，无所谓好坏，关键是对业主来说哪一种比较适用，也不一定采用某一种模式就不能用另一种模式。上海机场建设指挥部常常是两种模式混合使用的，既重视项目前期的工作，但是对飞行区又同时重视后期的工作。

表8-1 项目管理模式的比较

项目管理模式	主要优点	主要缺点
模式一	内部执行效率高； 比较适合线路较少或轨道交通建设刚起步的城市	组织庞大，内部人员多，关系复杂； 不利于建设市场的培育； 成本较高，不利于项目投资的控制
模式二	施工过程管理细致； 项目公司的规模很小	前期管理较少，不利于项目目标的控制
模式三	项目公司与咨询公司之间是一种功能互补的关系，也有利于项目公司建设管理能力的学习和培养； 项目公司的规模较小	项目公司仍然需要部分人员参与管理； 前期管理较少，不利于项目目标的控制
模式四	重前期管理，有利于项目目标的控制； 能够充分发挥社会上各种专业技术的力量； 有利于建设市场的培养； 项目公司的规模很小	对业主或业主代表的技术和管理能力要求较高

通过比较可以看出，模式四的市场化操作程度较高，对业主的技术和管理能力要求较高。深圳轨道交通3号线项目由于跨两区，地下、地面、高架三种方式都有，建设期间需要协调的问题众多，所以我们建议采用模式四，即重前期的项目管理总包模式。由于城市轨道交通系统技术比较成熟，国内已基本形成轨道交通的建设市场，采用模式四不仅可以减少业主的工作量，提高专业化管理的水平，而且有利于业主目标的实现。这种模式的关键在于建设管理单位（代业主）的技术、管理能力和对深圳市轨道交通项目建设的了解程度，以及业主对其信任的程度和监督的措施。

四种模式比较，我们认为模式二、四的市场化操作程度比较高，采用的案例多，也比较符合我国国情。我们国家的现状就是如果全交给人家做，业主不放心，要找到信用很好的代建单位确实也很难，那业主必须要能控制，但是要全控力量又不够。所以，就把前期的一些主要工作抓住，把前期影响投资、进度的主要因素控制住。这实际上是非常高明的一招。我在讲“设计管理”的时候讲到，前期花20%的精力能控制项目80%的目标。因此，我们推荐了模式四。业主实际上采用了这种尽量社会化的思路。当然，这也跟深圳的市场环境有关系，深圳的市场比较发达，业主比较容易接受这种观念。另一方面，因为3号线是龙岗区牵头做的，他们不想把这个建设管理的包袱全部背在龙岗区身上，想尽量把它推向社会和市场。我认为这种趋势是发展方向，以后大家都会意识到没必要什么都自己做。当然，我们的诚信制度及其他相应管理体系的建设也必须跟上。将来一定会有一批很好的代业主产生，那时候就可以整体委托了。有许多专业投资人或机构，他对建设管理一窍不通，他会问你该怎么办，他自己也无法判断你说得对不对，但他会找一个第三方来判断你说得、做得对不对，找一个不放心就找两个，找两个不放心还可以找第三个来监督你做得对不对。这就是委托管理这种管理模式的思路和原理。

案例016 虹桥综合交通枢纽业主管理模式

虹桥综合交通枢纽项目的管理实际上也是一块块分出去的，拆成了四个大块，闵行区和长宁区负责征地、动迁，机场建设指挥部负责机场和核心区的建设管理；申虹公司负责核心区以外的市政配套和总体协调工作；高铁建设指挥部负责铁路车站的上部设施建设管理。这是枢纽层面的管理模式（图8-7），下面四个分指挥部又都有各自不同的管理模式。

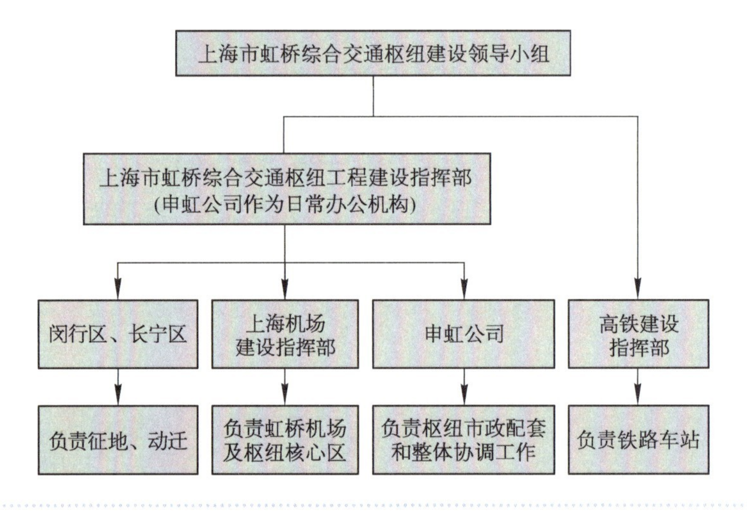

图8-7 虹桥综合交通枢纽建设管理模式

8.2 规划设计管理模式策划

第一步把业主管理模式策划好以后，接下来我们就要策划规划设计管理的模式。第一种模式就是设计院代业主的管理模式。这种模式在计划经济时代是最常用的，虹桥综合交通枢纽项目中铁道第三勘察设计院对于高铁站的规划设计事实上就是代业主的模式。

第二种模式是比较弱的业主加设计总包模式（图 8-8）。这个模式是建设管理单位的技术力量还比较弱，或者是刚刚成立的时候，工作又急于要开展，就会先找到一个总包单位。我国地铁建设中，每条地铁线路都会找一个设计总包单位，有时候叫总包，有时候叫总体单位，实际上就是由它来进行整个设计的管理协调。

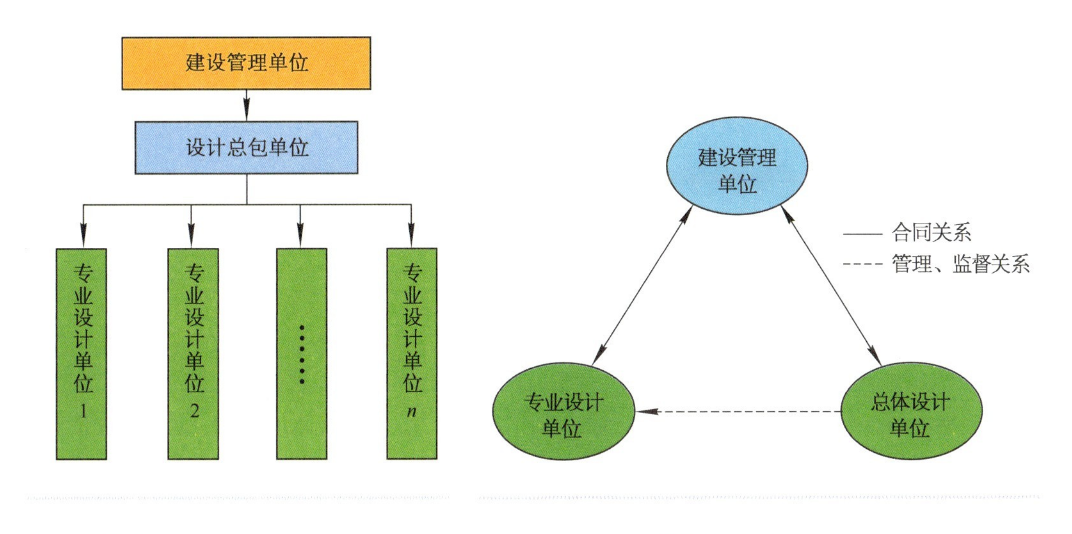

图 8-8 弱化的业主 + 设计总包模式

图 8-9 强化的业主模式

第三种模式就是业主比较强了，找了很多专业设计单位，也找了一家总体设计单位，这个总体单位只提供技术服务，不做太多协调工作，协调由业主自己来做，形成一种三角关系（图 8-9）。这种关系，从上述模式的树状结构向三角形结构转变，相互之间的制约多了，相互需要协调、需要讨论的事情多了。这些都是有利的，因为建设管理单位往往是代表业主或使用者，他必须让设计管理者、业主和设计人员有很好的交流。如果只是简单地、单向地传递信息是会有问题的，必须有双向的、能够互动起来的交流，才能够把设计做好，做的设施才会是好用的。

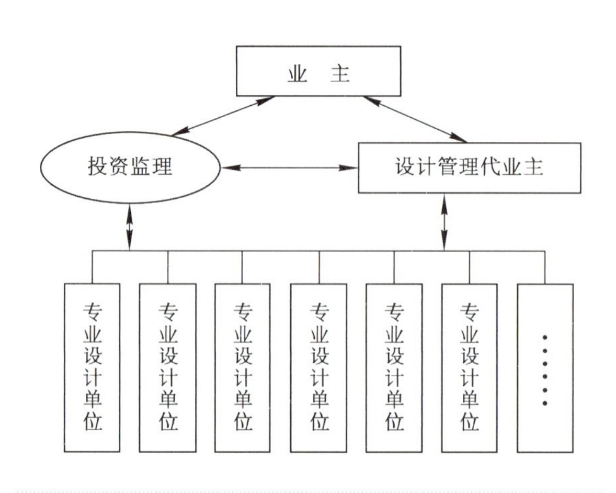

图 8-10 专业化的代业主模式

第四种模式是专业化的代业主模式（图 8-10）。能够找到一个专业的设计管理公司来负责设计管理，对业主来说是最幸福不过的事情。这样，业主只要通过设计监理或投资监理或财务监理（叫什么名字都可以），从投资使用方面对这个规划设计进行监督就可以了。这样一种管理模式的关键是找到这个比较擅长设计管理的单位或代业主。

案例 017 虹桥综合交通枢纽规划设计管理工作平台

虹桥综合交通枢纽设计管理的工作平台是枢纽指挥部下面的一个规划平台（图 8-11），主要协调各类规划。这些规划协调组织工作主要是上海机场建设指挥部在做，做设计的管理。但是，这有一个很重要的技术上的支撑就是规划院，规划院在里面做一些技术上的协调，最后总体集成，把这些专业规划合在一起。

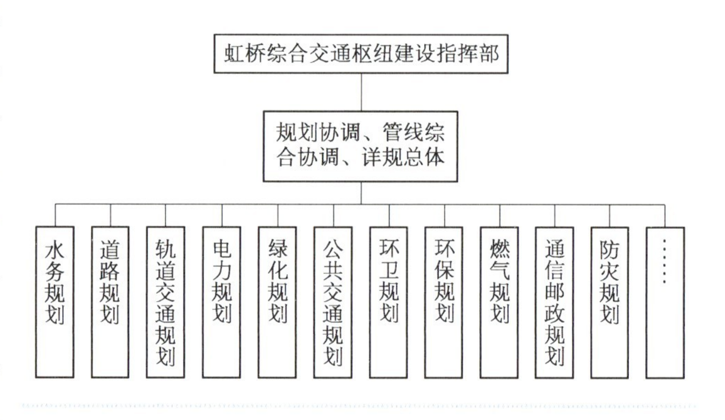

图 8-11 虹桥综合交通枢纽规划平台

工程设计管理的模式是前述第四种模式，还有一个总体设计单位承担整个枢纽工程的总体协调，然后在下面分成了四大块：枢纽地区总体、高铁总体、建筑造型总协调和机场工程总体。机场工程总体下面又分成货运区、飞行区、航站区、市政配套和前期总体等五块。机场的航站楼跟这些车站要联合在一起设计，要把这些建筑组织在一起，协调在一起。除此以外，还有一些咨询和顾问单位的管理工作。这些加在一起，整体形成一个设计管理的大平台（图 8-12）。再下层就是具

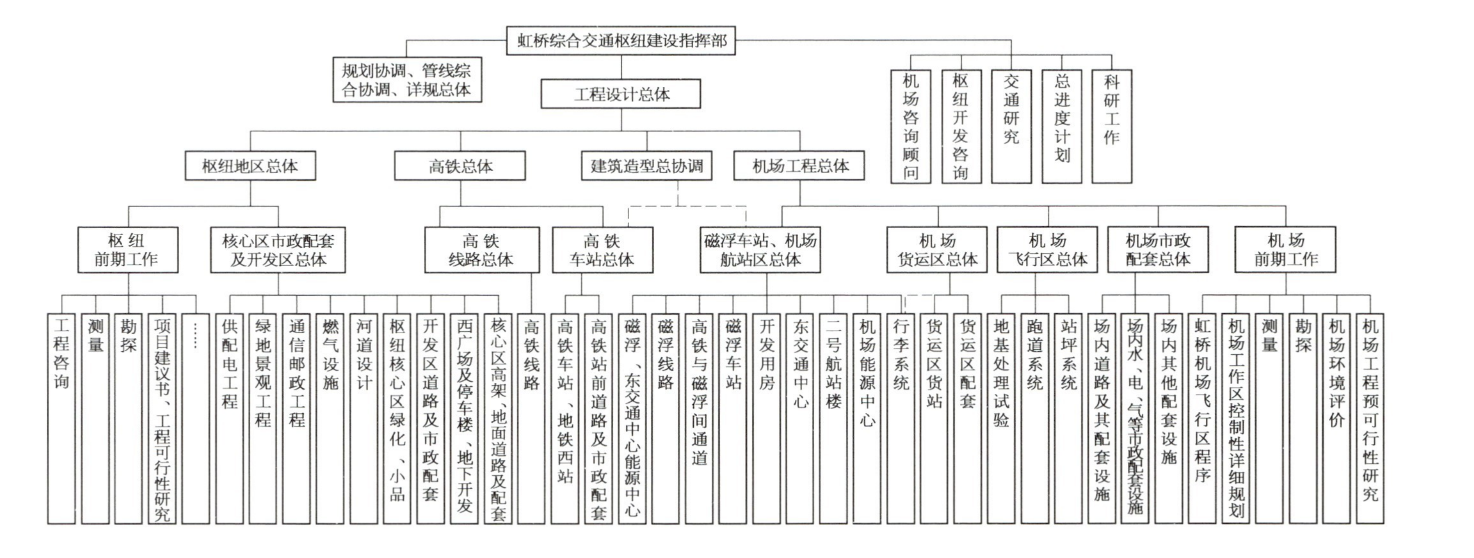

图 8-12 虹桥综合交通枢纽设计平台

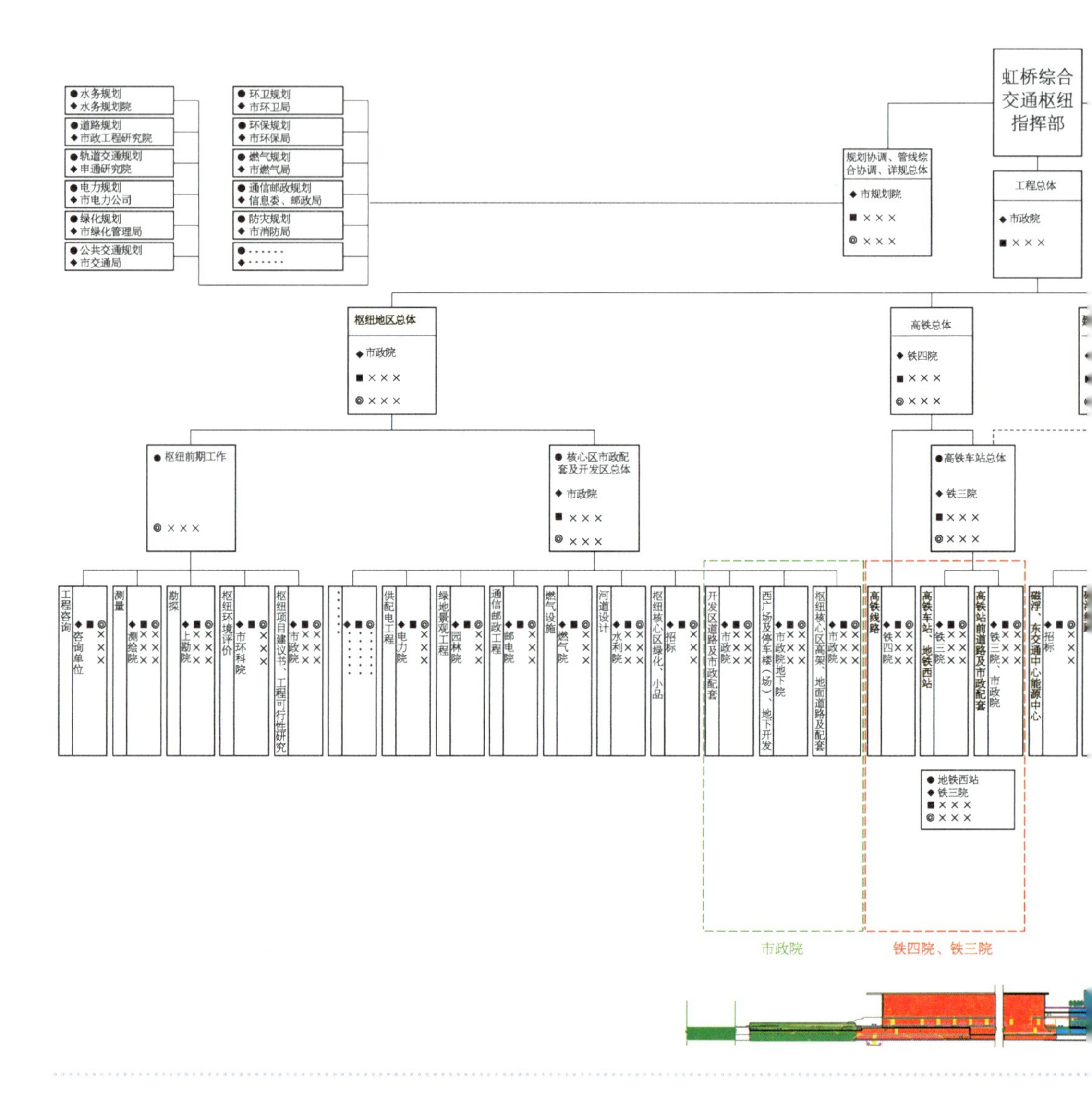
虹桥综合交通枢纽指挥部
规划协调、管线综合协调、详规总体
◆ 市规划院
■ ×××
◎ ×××
工程总体
◆ 市政院
■ ×××
● 水务规划
◆ 水务规划院
● 道路规划
◆ 市政工程研究院
● 轨道交通规划
◆ 申通研究院
● 电力规划
◆ 市电力公司
● 绿化规划
◆ 市绿化管理局
● 公共交通规划
◆ 市交通局
● 环卫规划
◆ 市环卫局
● 环保规划
◆ 市环保局
● 燃气规划
◆ 市燃气局
● 通信邮政规划
◆ 信息委、邮政局
● 防灾规划
◆ 市消防局
●……
◆……
枢纽地区总体
◆ 市政院
■ ×××
◎ ×××
高铁总体
◆ 铁四院
■ ×××
◎ ×××
● 枢纽前期工作
◎ ×××
● 核心区市政配套及开发区总体
◆ 市政院
■ ×××
◎ ×××
● 高铁车站总体
◆ 铁三院
■ ×××
◎ ×××
工程咨询
◆ 咨询单位
测量
◆ 测绘院
勘探
◆ 上勘院
枢纽环境评价
◆ 市环科院
枢纽项目建议书、工程可行性研究
◆ 市政院
供配电工程
◆ 电力院
绿地景观工程
◆ 园林院
通信邮政工程
◆ 邮电院
燃气设施
◆ 燃气院
河道设计
◆ 水利院
枢纽核心区绿化、小品
◆ 招标
开发区道路及市政配套
◆ 市政院
西广场及停车楼（场）、地下开发
◆ 市政院地下院
枢纽核心区高架、地面道路及配套
◆ 市政院
高铁线路
◆ 铁四院
高铁车站、地铁西站
◆ 铁三院
高铁站前道路及市政配套
◆ 铁三院、市政院
磁浮、东交通中心能源中心
◆ 招标
● 地铁西站
◆ 铁三院
■ ×××
◎ ×××
市政院
铁四院、铁三院

> 图 8-13 虹桥综合交通

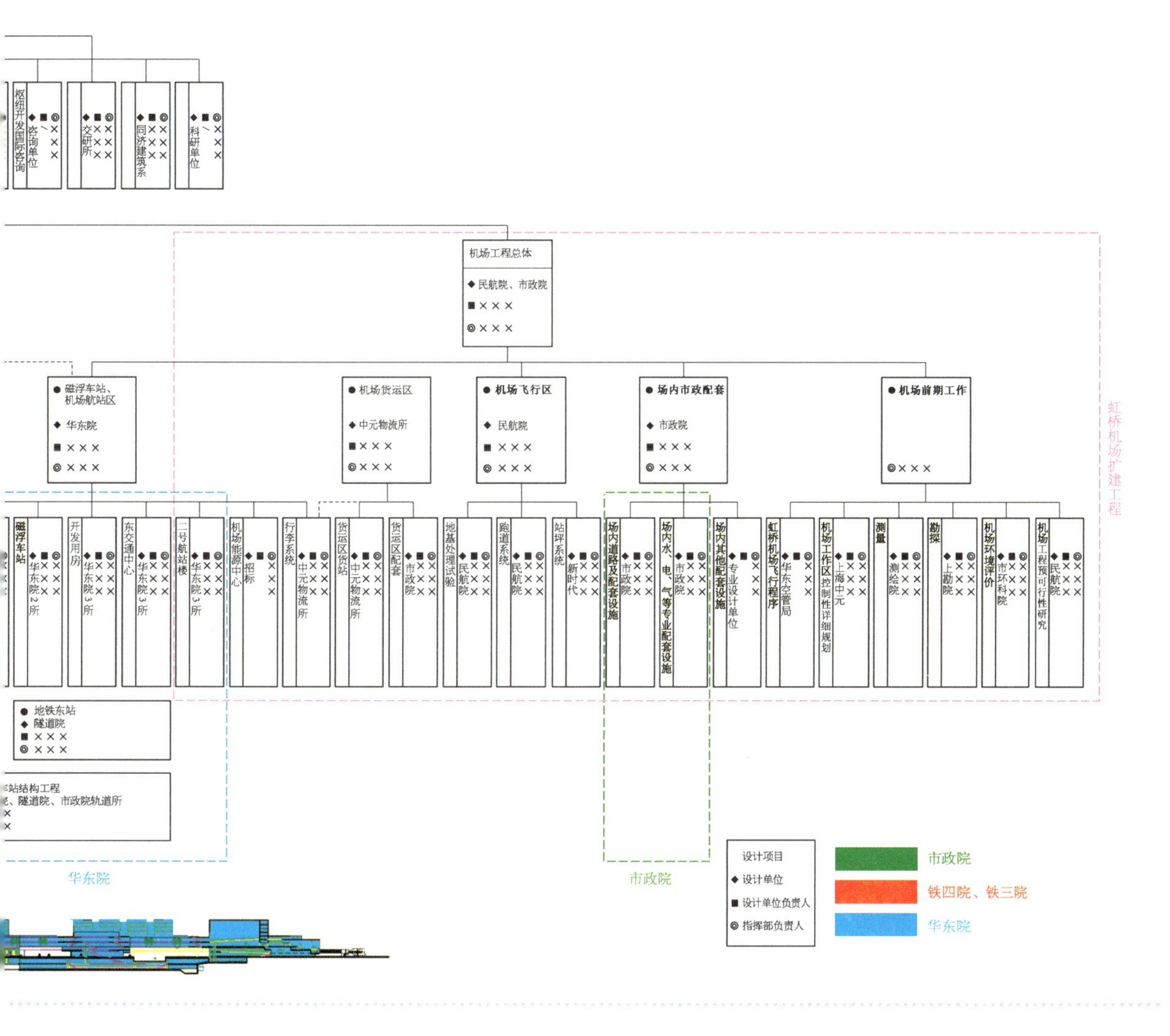
机场工程总体
◆ 民航院、市政院
■ ×××
◎ ×××
磁浮车站、机场航站区
◆ 华东院
■ ×××
◎ ×××
机场货运区
◆ 中元物流所
■ ×××
◎ ×××
机场飞行区
◆ 民航院
■ ×××
◎ ×××
场内市政配套
◆ 市政院
■ ×××
◎ ×××
机场前期工作
◎ ×××
地铁东站
◆ 隧道院
■ ×××
◎ ×××
虹桥机场扩建工程
华东院
市政院
设计项目
◆ 设计单位
■ 设计单位负责人
◎ 指挥部负责人
市政院
铁四院、铁三院
华东院

设计管理平台

体的设计项目和承担这些设计任务的公司。因为工程比较大，这个平台就比较复杂，但是整个设计管理的过程在多层面、多线条上进行，相互之间互相支援和监督。这样一个大的项目，如果没有这样一个清晰的操作平台，很难想象能把它做得下去。众多的信息量交换都在这个平台上进行，设计管理者和每个设计人员脑子里都需要这样一个平台去沟通，所以说这个平台是很重要的。

这个平台进一步展开，就会落实到项目负责人、专业负责人。有了这样一个平台，做航站楼的人想了解其他一些情况，能够马上找到该找的人，知道该去找谁把问题搞清楚，什么文件需要传给谁等等，都能通过这个平台实现。通过这个平台，每个设计院的负责人、专业负责人等，包括他的联系方式，都一目了然。我们做了一个网站，要求所有参与设计的负责人把相关信息文件都放到网上，所有参与工作的规划设计人员都能够通过这个网站很快得到自己需要的文件。规划、设计管理平台如图 8-13 所示。

我在这里讲到一个很重要的概念，就是“总体设计”。设计管理里面一定要有一个总体设计的概念，如果这个设计管理团队很强，它就可以自己做总体设计；如果不是这样，就应该找一家设计单位来做这个总体设计。如果没有总体设计，做一块算一块，想起什么做什么，就会丢三落四，而且会在进度上、相互协调方面造成很大问题。大型基础设施项目一定要有一个很好的总体设计队伍，最好是设计管理团队本身具备这个能力。

一个设计管理团队如果不具备总体设计的能力，就不可能成为一个优秀的设计管理队伍。那么总体设计具体做什么呢？见表 8-2。

表 8-2 总体设计工作内容策划

工作项目	具体内容
项目策划	对项目投资、建设、运营进行策划，以指导规划设计工作
规划工作	根据需求分析和业主要求，进行规划研究，组织规划编制，控制规划落实，绘制总图
设计管理策划	项目合理拆分、设计招标筹划、设计进度计划编制、组织机构筹划等
设计目标和技术标准策划	建立统一的设计目标和技术标准，为各专业设计单位开展设计提供平台
技术总协调	专业之间、设计单位之间的协调，设计接口、界面的协调，与使用单位、相关单位、行政主体、行业主体的协调等；同时，要建立各种协调机制、制度，提供交流平台
技术牵总	对需要从全局上进行的设计工作、优化工作，由总体设计单位统一考虑
关键技术审核与把关	组织研究、解决重大技术问题，审核关键技术，控制关键环节
技术总结与验收	包括科研、设计等技术成果的总结，以及有关档案、材料的整理和验收

8.3 进度管理策划

进度管理不仅仅是一个项目前期工作的内容。我们讲项目策划一直在强调全生命周期的策划，一定要有一个全生命期进度的概念，当然近的进度可以细一点，远的可以粗一点。进度管理策划的主要目的是在进度与进度之间建立逻辑关系。比如说，这块工作做完了，后续应该做哪项工作，中间需要有多少时间衔接，或者说哪项工作的进度受到影响延迟了几天，其他的哪些工作也要相应地推迟多少时间。其实，进度计划就是在时间、空间和执行者之间建立起详细的逻辑关系，让所有项目的参与者都知道自己的地位和职责，更知道自己工作中的目标和整个工程的目标，建立这样一种逻辑关系非常重要。有了这样一份很好的进度计划，就可以减少项目管理的中间环节，提高工作效率。

另一方面，由于项目规模比较大，进度要分层面控制。不能同样地对待所有的进度节点，要弄清哪些是关键性的节点，哪些是属于总进度需要控制的，哪些是分块需要控制的，并把这些控制节点分级、分项建立起不同的控制层面（图 8-14）。

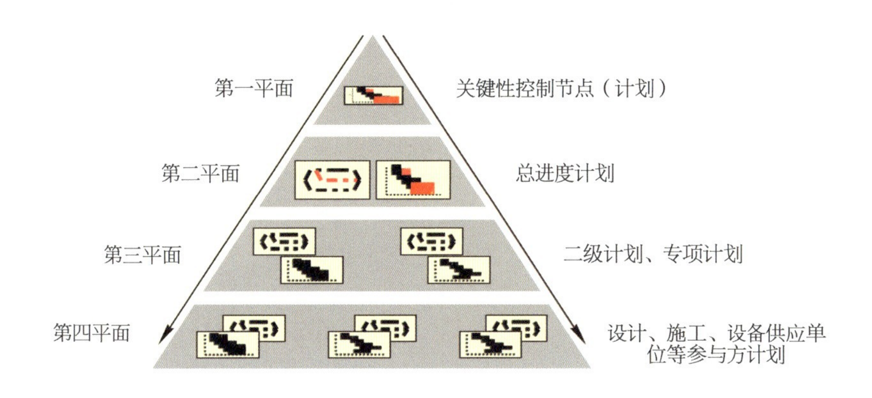

图 8-14　虹桥综合交通枢纽工程项目进度计划体系

建立进度计划的一个重要的前提就是工程本身的工作分解结构（Work Breakdown Structure，WBS）。不把工作结构理清楚，进度工作是做不好的。在做虹桥综合交通枢纽工程进度策划的时候，我们就先把工作结构做了梳理，见图 8-15。

虹桥综合交通枢纽的总进度目标是 2007 年上半年具备施工条件，2009 年底基本完工，

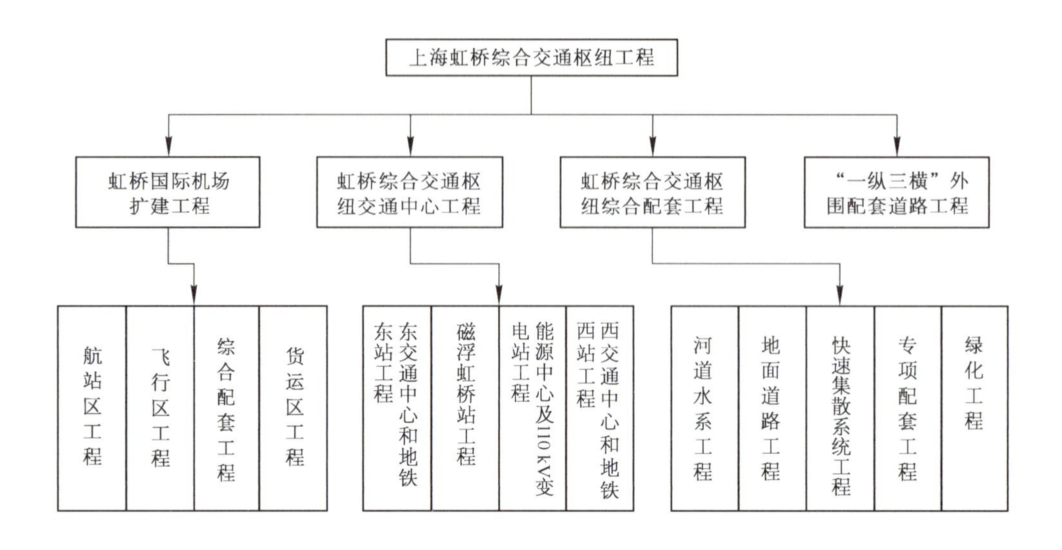

图 8-15　虹桥综合交通枢纽工程工作分解结构（WBS）

2010 年 5 月之前要投入使用。我们把这个条件交给了进度计划制订小组，在这三大目标的前提下，把进度全部策划出来。最早是设计进度、报批进度，后来是工程施工的进度，再后来是竣工验收的进度，把这些都做出来后就做运营准备和开通运营的进度。

虹桥综合交通枢纽最终完成的各项进度计划书如图 8-16 所示。

图 8-16　虹桥综合交通枢纽进度计划书

8.4 施工管理模式策划

在重前期的建设模式下，虹桥综合交通枢纽就把施工管理工作尽可能地社会化，交给施工单位总包。但从业主的角度来看，社会化也有许多不同的方法。我们经常用的就有两种，一种是施工总承包，一种是施工管理总承包。施工总承包大家比较熟悉，就是将所有施工图完成后，把施工任务交给一家施工单位总包。施工管理总承包是我们在虹桥综合交通枢纽采用的施工管理模式。虹桥综合交通枢纽这个项目太大，总投资600亿元左右，建筑面积超过120万m^2，由于设计进度跟不上等原因，工作量没办法锁定，我们不可能在完成所有施工图后总包给施工单位。在这种情况下，我们就先找了一家施工管理总包单位，然后完成一个个单项招标后再交给它管理。这种模式实际上对项目管理行业的发展来说是非常有帮助的。现在有不少施工单位的施工管理总承包都做得非常好，起初这种模式是不太被大家接受的，而我们在浦东国际机场一期工程中利用这个模式做完以后，建设部的领导专门来调研这种模式的运用情况，作了肯定，并说要推广这种模式。这种模式现在越来越被大家接受了，因为它比较符合中国的国情。

有的项目采用施工总承包模式会很难用，甚至会失控。这与我们国家的社会诚信体系、公司治理结构、建设管理制度等都很有关系，在这些保障制度还不尽如人意的情况下，施工总承包模式难免会出现一些问题，使业主不放心，认为不可控。

施工管理模式除了施工总承包、施工管理总承包外，常见的还有分项目发包、分专业发包、设计施工总承包等多种形式，对于一个业主、对于一个工程建设指挥部、一个建设开发公司来说，实际上这些方式都是可用的，要看项目的情况因时、因地制宜，顺势而为。

案例018　虹桥综合交通枢纽的施工管理

虹桥综合交通枢纽，核心区由上海建工集团进行施工管理总承包，核心区以外地区的市政配套由上海建设管理公司进行施工管理总承包；然后其他的一些地块还有一些单体，由各个投资建设的主体负责。在实际操作中，我们常常会分两步，先签订土建施工管理的总承包合同，后面再签安装、装修的施工管理总承包合同。有时候情况复杂一点的话，安装和装修的施工管理合同也会分开签。

案例 019 **虹桥国际机场飞行区的施工管理**

上海机场建设指挥部对飞行区工程是自己做施工管理的，因此，我们会把各个子项目的施工一个一个分包出去，有按系统分包的，如助航灯光系统、安防系统；也有按区域分块分包的，如场道、地基等。最后，我们自己做总集成。

案例 020 **浦东国际机场南 1＃35kV 变电站的施工管理**

浦东国际机场南 1＃35kV 的变电站，我们用的是设计施工总承包的模式。因为交给市电力公司做设计施工总承包，我们实际上管得不是很多，基本上只对设计进行管理，主要工作就是在设计期间提出我们的需求，确认他们的设计，并在其设计施工图上签字，设计还是交给他们承担的。这是典型的 EPC 模式。

8.5 设备采购模式策划

设备采购模式常见的有三种。第一种是甲供模式（图 8-17），即设备由甲方（建设单位或者代业主）采购，然后供给乙方（施工单位）去施工安装。这种模式适用于特种设备、专业设备，以及批量大、附加值高的设备，如批量大的电梯、自动扶梯。电梯、自动扶梯在一般的建筑里面数量可能是少的，但是虹桥综合交通枢纽一买就是上百台。又如机场行李系统、运营信息系统、助航灯光系统等专业设备，还有急救车、消防车、牵引车等特种设备都是甲供的。像机场的登机桥也属于专业设备，常常也是一买几十台，这些设备附加值比较高，专业化水平比较高，量也比较大，

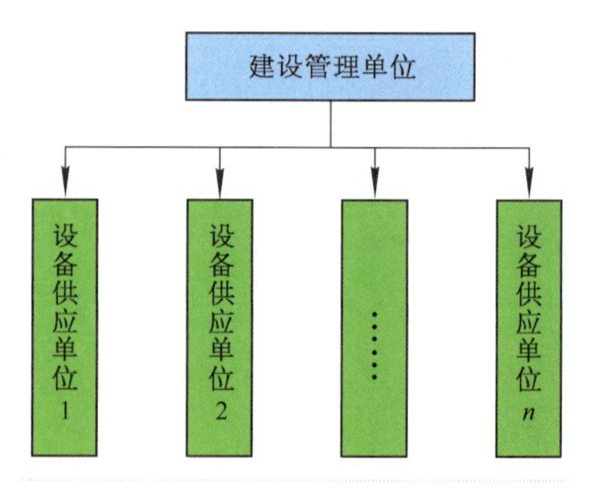

图 8-17 设备采购甲供模式

因此一般都采用甲供模式。

第二种模式是甲供乙办模式（图 8-18）。这是什么意思呢？就是甲方采购供货，但是具体的操作由乙方去做，即由施工单位去做。我们有一些材料种类多、批量小，供应商参差不齐，供货时间各不相同，产品附加值低，比如电缆，如果完全甲供是很困难的，因为各种电缆品种太多，而且需要量讲不清楚，预算时的数量在现场布置的时候调整会很大，所以这种设备或材料是甲供的，但由乙方去采购。具体怎样操作呢？一种是甲方招标的时候就把供应商招定，单价锁定，乙方需要时去购买即可。还有一种就是甲方指定只能在某几家供应商处采购，乙方可以去招标，就是说，甲方确定了几种设备及其供应商范围，然后，给乙方一定的余地自己去采购，这样能保证质量。比如有的电脑指定 3 个品牌，乙方在这 3 个品牌里面去买就可以了。但这两种情况下供应商都是与业主签订合同的。

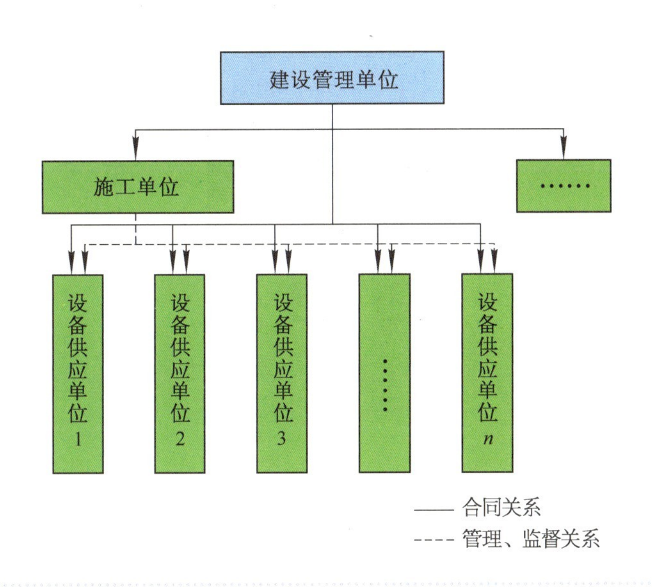

图 8-18 设备采购甲供乙办模式

第三种模式是乙供模式（图 8-19）。这是施工单位自己采购的模式，这种情况包含的设备或材料就很多了，例如套管、沙石料、水泥、钢材等等，这些基本上都是大宗材料，且附加值低，市场价格透明、稳定，所以我们基本上就交由乙方去做了，因此我们的设备材料采购部门比较轻松。有的建设单位所有设备和材料的采购都自己做，这个部门就很大，但是最容易出问题。甲方往往会觉得乙方买的那种材料，其实 8 元就能买到，但乙方报给我的价是 10 元，因此心态不平衡。但是你要知道：他买 8 元，你买就是 10 元！为什么？因为他买得多。比如建工集团去采购，他既是常客又是大批量采购，因此他甚至可以先不付钱，人家就给他送来了。这个是没办法的，这就是乙方的利润所在，你不要去挤那个油，挤过头了会影响质量。更何况你没有能力去挤，你也挤不出来。又比如一颗钉子多少钱？你真不知道，但他们知道。所以，我们都是基本上只管专业设备、特种设备、高附加值设备和大型设备，这些大型设备不包括砂石、水泥，讲的是电梯、变压器、五金件等这些设备。

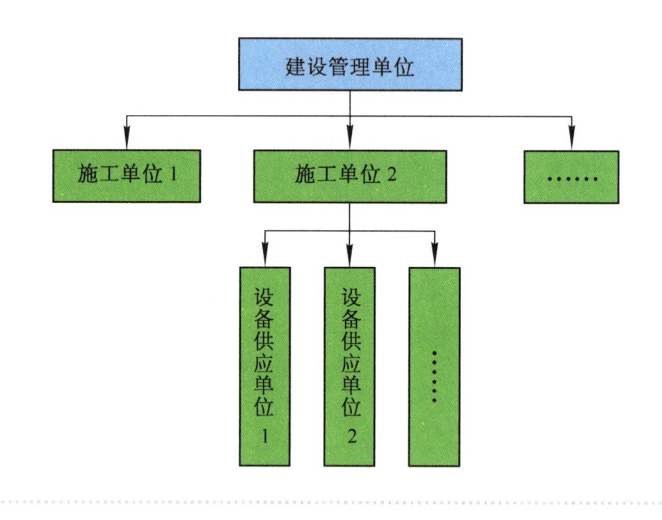

图 8-19　设备采购乙供模式

以上三种设备采购模式各有其优点和缺点，见表 8-3。问题不在于模式本身，而在于谁来采购，我们用它来采购什么东西，在于采购工作的指导思想。

表 8-3　三种设备采购模式的比较

设备采购模式	主要优点	主要缺点
甲供模式	建设管理单位可以直接控制设备的采购、控制投资	采购和安装的协调、管理工作量较大； 对建设管理单位的技术、管理能力要求较高
甲供乙办模式	建设管理单位可以自行选择商家或与商家商定价格，有利于控制投资； 可减少采购过程的协调、管理工作	建设管理单位仍然需要较强的技术实力选择供应商； 投资仍然要由建设管理单位控制

（续表）

设备采购模式	主要优点	主要缺点
乙供模式	建设管理单位的协调、管理工作少； 有利于采购成本的锁定； 施工单位有了自行选择的权利和利润空间，积极性较高	不利于建设管理单位对设备质量的控制

我谈到的这些针对设备与材料采购的思路，实际上很多业主都做不到。他们就是要管很多东西，因为有很多业务人员、技术人员懂这里面的细节，他就介入进去了，就会发现很多看起来可以省钱的地方。但是他没有从管理上去考虑这个问题，实际上他需要考虑自己是否真正具备做好这个工作的能力。甲供设备一定是要他具备力量才行的，如果技术力量不够，采用这个模式就很麻烦。我们为什么对专业设备要管？主要的原因是专业设备在外面是找不到人的，而通过专业设备的采购、安装、调试等能够培养我们的人，因为这些设备以后是要我们的人去操作的。比如，机场行李系统、登机桥等，这一类设备的运营管理人才很少，到市场上找一家单位来帮你做采购或运营也是很难找到的，所以我们要培养自己的人，以后这些人要去做运营。在上海机场建设指挥部里设备部是最大的部门，每次项目完成后，设备部的这些人都是要去做运营的，他们在指挥部的设备部工作就算是培训。

8.6 管理信息平台策划

建设管理中还有一个必须引起重视的问题，或者说重大基础设施建设管理中一个离不开的工具，就是信息化问题和信息平台的建设。这么大的工作量必然产生巨大的信息量和巨大的信息交互需求，后面没有一个很好的信息平台支撑是不行的。我们曾经统计过，参加虹桥综合交通枢纽规划设计的人员超过 3000 人，再加上同样这个数量的施工管理人员和施工技术人员、领导等，总计有上万人参与这场信息交流“大会”。这么多的人要能够在适当的时候得到比较完整的自己所需要的信息，靠传统的会议方式是无法解决的。因此必须要有一个很好的工具，要有一个很好的建设管理信息平台。但这个平台怎么做，怎么算做好了，这是值得研究的问题。我们在虹桥综合交通枢纽建设管理中只是做了一个网站（图 8-20），但是这个网站在设计期间，特别是设计初期是起到很好作用的。这些规划设计单位、规划设计人员在全国各地为虹桥综合交通枢纽工作，要得到他们需要的信息都是通过这个网站。当然，建设管理信息化工作远不止这些，贯穿项目始终的策划工作也都是通过这个平台来操作的。这个平台还有一个很好的作用就是使我们的工作和文件、信息更加标准化、规范化。

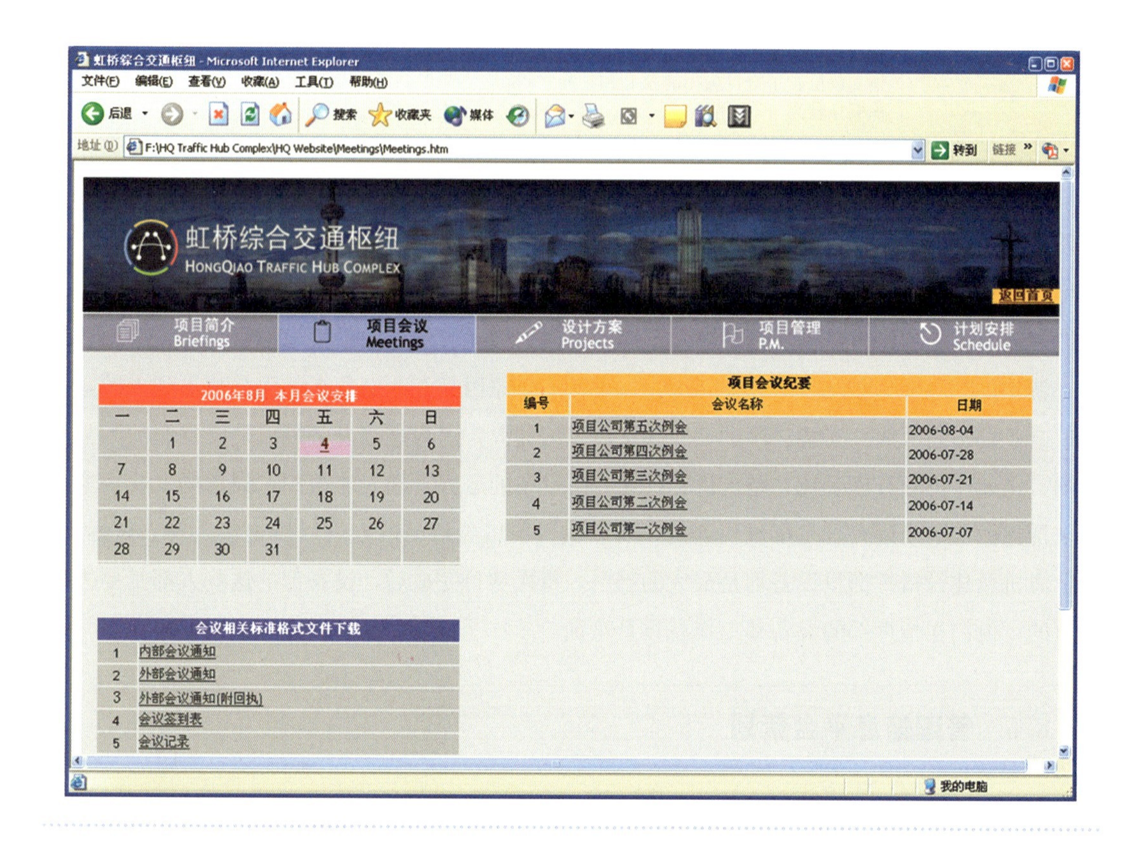

> 图 8-20　总体设计院的规划设计交流网站

当然，建设管理的信息化还远不止规划设计领域、数字化施工、监理的信息化，以及图文档信息系统的建设等，建设管理信息化是一个很大的世界，需要我们在未来去探索、策划、实施。

第9章

运营管理模式策划

运营管理策划实际上是项目策划中工作量最大的一块，业主在具体的策划工作中，大量的时间都是在做这个子项的策划工作。这一块与前面讲的各项策划不一样的是，前面各项策划如果太具体了，可能会在操作性上有问题，也可能会束缚设计人员的创造性，运营策划则越具体越好。

运营管理策划是对项目设施建成以后，其运行管理、经营管理，以及运营方面的一些创新和运营培训等进行全面设定的过程。运营策划的成果是业主在下阶段项目设计和设计管理中最直接的依据。因此运营管理的策划越细致，对设计的指导作用就越具体，项目设施建成后的可用性就越好。

一般来说，建设管理者、项目投资人对项目建设本身的成功与否比较在意，往往会忽视成功与否是由运营管理人员和使用者来评价的。但是，很不幸的是我们在建设这些大型基础设施时，往往是见不到那些运营人员的，可能运营队伍还没组建起来。比如，某市在机场建设开工之前，把我请去，提了五六个问题，无非是机场怎么建、钱从哪里来、公司怎么筹建之类，实际上都是项目策划的问题。这些问题没有策划清楚却马上要开工了，会造成什么结果可想而知。可是，问了这么多就是没问怎么运营，结果自然会造成竣工后运营人员的批评。浦东国际机场二期扩建工程竣工投运后，没有产生重大问题，运营部门没有提出大的整改意见，而同时完工的英国希思罗机场5号航站楼，由于行李处理系统出了问题产生了较大的负面影响。泰国的曼谷新机场通航没几天又搬回旧机场去了，就因为运营方面问题太多而做不下去了。一个大型基础设施建成投运以后，得到很好的评价是不大会有的，使用者看到的往往都是问题，并且主要都是运营上反映出来的问题。所以我们说：没有人说不好就是最大的成功。这么看来，浦东国际机场二期扩建工程投运后没有太多负面评价，实际上就是我们最大的成功了。

我们在做运营策划时一直有一个基本的指导思想，我们把它叫“三化”，即投资的多元化、管理的社会化和经营的市场化。1995年的时候，我们针对浦东国际机场的建设和运营，提出了这个三化的理念。我从国外带回来这个理念，后来在上海的基础设施业界逐步得到认可，甚至市政府的文件里面都用到这个理念。大家现在说起来都很顺口了，但是要做好还是很难的，特别是基础设施项目很难做到这一点，需要突破的瓶颈还很多。三化中最根本的是投资多元化，投资多元化了后面两化才有可能实施。投资如果不是多元化，都是政府投资的话，那事情做起来就非常困难了。在虹桥综合交通枢纽项目策划一开始，我们对投资多元化就已经展开，在运营策划的时候，运行管理、经营管理中那些能够做到社会化、市场化的部分坚持了三化的基本原则。

投资多元化、管理社会化和经营市场化的指导原则，对所有重大基础设施，特别是对交通设施都是有指导意义的、是适用的。这是我们做运营策划的时候或者做项目策划的时候，一直要放在脑子里的基本理念之一。

9.1 运行管理模式策划

运营管理有两块，一块是运行管理，一块是经营管理。先讲运行管理。基础设施总是有一个最基本的功能，比如虹桥综合交通枢纽的最基本功能就是旅客的换乘，就是各种旅客流程。我们的策划工作一定要以此为原点认真研究，不可犯主观主义、经验主义的错误。一般来说，做运行策划的时候，我们都会去找一个曾经做过相近或者类似设施运行管理的人来参与策划。这当然是一条捷径，但是一定要谨防他走入误区。比如说他是管过地铁的，或管过机场的，他来策划的时候，想都不想就会马上拿出一个管理模式出来，一上来就会拿一个体制给你。这很危险！运行策划必须从对象的基本功能出发，分析研究对象的使用方式（事理）、设施构成（物理），及其所处社会环境、运营的集成与协调关系（人理），提高运营效率。

另外，运行管理模式的策划永远都是一个多方案态势分析（SWOT：Strengths，Weaknesses，Opportunities，Threats）的过程，关键在于方案比较合理和比较好操作。因为我们不可能超越现实去采用一个优秀、但无法实施的、理想化的管理模式。所以讲究的就是“天时、地利、人和”，而所谓“天时、地利、人和”，实际上也就是我们在项目策划中讲的“事理、物理、人理”。

9.1.1 运行管理的设施分析（物理）

我们在做运行策划的时候，首先要搞清楚策划对象的设施构成，以求得“地利”。很多人根本没搞清楚策划对象的设施构成，就在那里忙乎着策划了，这是很危险的事情。由于我们总是在设施还没有形成雏形时，或者设施还在图纸上时，就在做运行策划了，因此，如果我们没有丰富的实践经验和超强的综合处理问题的能力，就会造成混乱。

这里我们以虹桥综合交通枢纽的磁浮车站以东地区为例，做运行策划的设施分析。磁浮车站以东地区的设施主要包括两个方面，一是土建设施和空间结构，就是建筑物本身；二是与上述土建设施结合在一起的机电系统、标识系统和信息系统。虹桥综合交通枢纽的设施构成如图 9-1 所示。

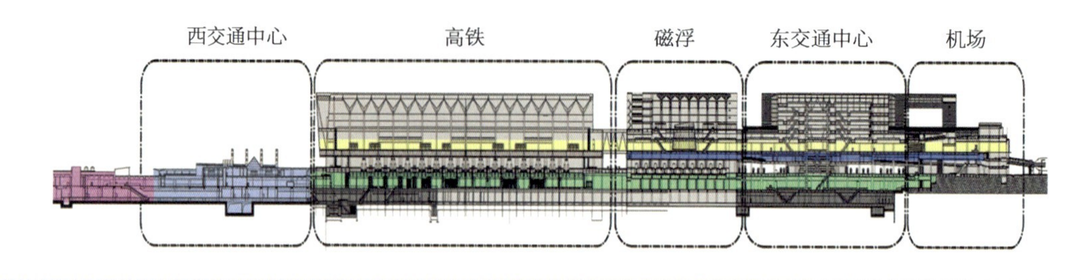

图 9-1 虹桥综合交通枢纽的设施构成

从磁浮车站与高铁车站来看，两个车站是分得开的，两站之间的连接仅仅是两个物理通道，磁浮车站以东的设施和高铁车站可以有相对独立的道路系统支撑。也就是说，两站可以相对独立地运行，我们之所以把它们连起来是为了旅客换乘方便，从管理层面上讲这个地方是分得开的。所谓分得开，就是除了有些特定的物理空间以外，管线、系统等其他设施都没有管理意义上的联系。

磁浮、东交通中心土建设施可以大致分为 7 块：商务办公设施、磁浮车站设施、综合商业设施、交通换乘设施（含南北两个车库、东西两个车道边等）、南进出场道路（含出租车设施、绿化、管线、围界等）、北进出场道路（含出租车设施、绿化、管线、围界等）、能源保障设施（110 kV 变电站、能源中心、共同沟等）。

机电系统包括：电梯、扶梯、步道，供冷、供热，电力（110 kV / 10 kV/380 V & 220 V），供水、污水、雨水，供气，等等。

标识系统包括：室内绿化、美术品、广告，标识、标志，等等。

弱电系统包括：闭路电视监控（Closed-Circuit Television，CCTV）系统、有线电视（Community Antenna Television，CATV）系统、公共广播（Public Address，PA）系统、综合布线、电力监控（计量）系统、楼宇自动化系统（Building Automation System，BAS）、火灾报警系统（Fire Alarm System，FAS）、时钟系统、销售时点信息（Point of Sale，POS）系统、电梯群控等等。

还有交通设施生产运行的信息系统，包括：交通信息管理系统、信息动态显示系统、CCTV 系统、消防报警系统、应急指挥系统、有线通信系统、无线通信系统、防灾系统等等。另外还有航站楼的行李处理系统、离港系统、航显系统、安检系统等的部分终端设备设施。

可以看到，在前述的设施策划时我们已经把虹桥综合交通枢纽的设施分成了 3 块，即高铁西交通中心部分、磁浮东交通中心部分、航站楼部分。从系统的角度看，高铁西交通中心部分与磁浮东交通中心部分没有太多的联系。而磁浮东交通中心部分与航站楼部分在土建空间上能分成七到八块，但从系统运营的角度来看，最好是一个整块；如果把这两个部分硬性再分小，跟土建设施的七到八块对应上的话（其实我们最早的策划方案就是这样的，希望能够每一块跟每一块都对应上），各块的管理会比较方便。但这样拆分后我们发现这些系统的规模太小、非常不经济。比如广播系统拆出来以后，磁浮东交通中心全部合在一起也还是太小，因为它真正需要经常广播的范围都集中在交通空间这一块。所以设施布局时就把它们整合在一起了，而且还共用一个控制中心，这样不仅能够大大地减少投资，同时还能够提高运行效率。其他的机电、弱电、信息系统也都类似。这些系统集成在一起能够统一管理、统一发布信息。这样，运营人员和旅客在一个地方就能够得到其需要的全部相关信息，这也是虹桥综合交通枢纽把这么多交通设施集合在一起的主要目的之一。合在一起就是要提高效率，让乘客换乘方便。设施合建、系统集成就是所谓的“枢纽”吧。

航站楼的各系统都是相对独立的，但在空间布局上部分值机柜台渗进了磁浮东交通中心内。除上述系统外，航站楼还有航班动态显示系统、离港系统、门禁系统、泊位引导系统、内通调度系统、航班查询系统、安检信息系统、收费统计系统、信息系统集成、资源分配系统、800 M 通信系统等设施。

9.1.2 运行管理的内容分析（事理）

虹桥综合交通枢纽里面有铁路、公路、航空、磁浮及城市交通（图 9-2），其中城市交通主要是指轨道交通和地面交通两块。搞清楚这些设施之间的关系是进行枢纽运行管理的最重要的一步。

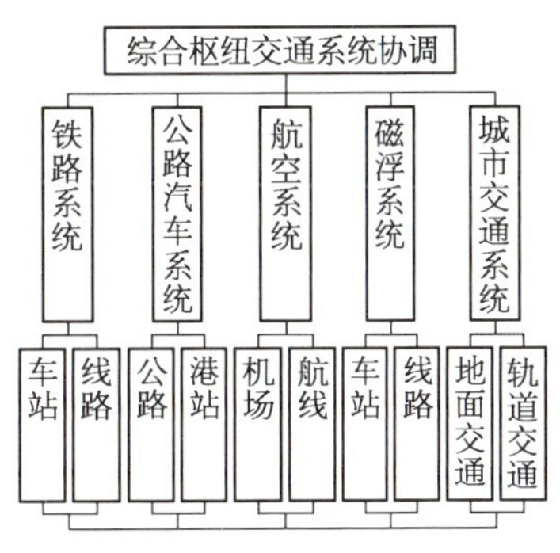

> 图 9-2 交通枢纽汇集的交通方式

从交通区域的名称以及区域主要功能来看，虹桥综合交通枢纽将来建成后顺利进行运行管理的基础是枢纽区域的人流、车流等交通流能够很好地进行组织。

从整个枢纽区域规划情况来看，有交通核和枢纽开发区两大人员汇集和流动区域，其中交通方式众多、交通设施高度汇集的交通核是整个枢纽区域运行管理的重点和关键。在规划时考虑将枢纽开发区的人流、车流等通过地面道路网来进行疏导；交通核的人流、车流则主要通过高架道路系统来进行疏导，地面道路网和高架道路网相对分离，这样就可以保证两处交通流不会过度汇集，避免给整个枢纽区域带来过大的交通压力。解决好枢纽交通核内部人员流动问题，枢纽的运行管理就成功了一大半。

在交通核内，高速铁路站和机场磁浮站是客流量最为集中的两处，这两处产生的客流占整个交通核客流量的大部分，这是重点管理区域。如果整个交通核能够整体协调、一体化管理，那么对提高交通核运行管理效率十分有利。站在整个枢纽区域的范围来看，也应该实行区域整体协调、一体化管理，这样就可以解决枢纽外部客流进出枢纽交通核以及枢纽开发区域的疏导问题，提高整个枢纽的管理效率。如果站在更加宽广的范围来看，虹桥综合交通枢纽还应该为长三角地区的旅客提供高效便捷、一体化的交通服务，提供空铁、空磁等联运服务，实现以虹桥综合交通枢纽为核心的长三角地区的旅客联运。

虹桥综合交通枢纽运营管理的基本内容包括枢纽运行、设施管理和经营管理三个方面。按照既定的运行方案和计划，通过对枢纽各项支撑业务开展的软硬件设施以及各种运行状态的监控，保证枢纽区域的正常运行和应急情况下的运行管理，是虹桥综合交通枢纽运行最基本的任务。运行管理涉及的内容比较广泛（图 9-3），需要众多其他运营商的密切配合。

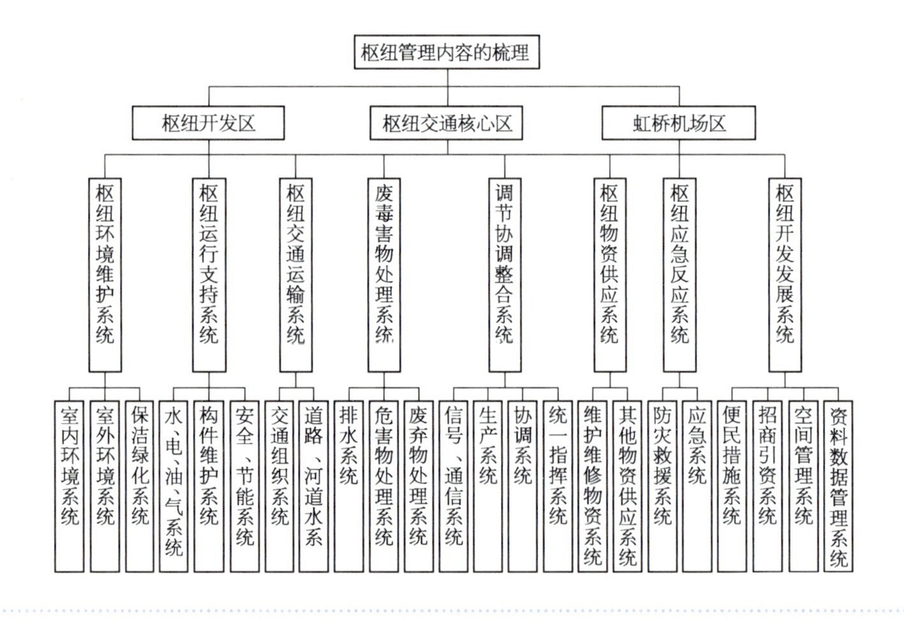

图 9-3 枢纽区域运行管理的主要内容

设施管理则是对运行管理的一种支持，即当运行的硬件设施出现故障或低于设计标准时，进行设施的替换、修理、加固等，主要是针对枢纽设施开展维修养护等技术性管理工作（图 9-4）。

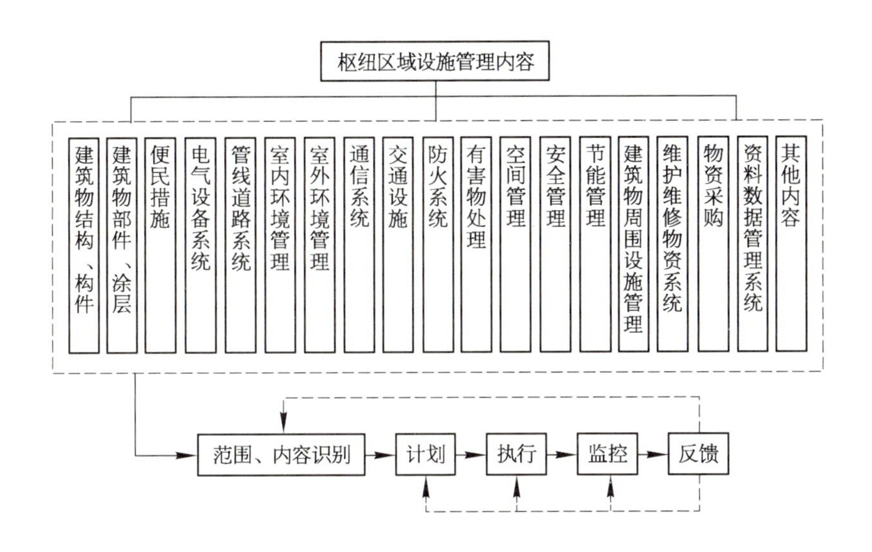

图 9-4　枢纽区域设施管理内容

经营管理是对融入旅客流程的商业设施及磁浮车站上的办公设施、东交通中心上的商业设施的营销和管理。

虹桥综合交通枢纽规模巨大，建成后可以满足日均 110 万人次的客流量，策划时可以预见将来枢纽建成后，其总体客流量尤其是交通核的客流量将会十分巨大，对突发事件的应对管理是十分重要的。如果遭遇重大突发事件，需要利用枢纽广播系统疏导旅客。因此，枢纽广播通信系统也是需要进行集成管理的内容之一。还有枢纽监控系统，可以对整个交通枢纽调度指挥进行日常监控、预警，在监控对象发生异常时可以和相关部门联合进行处置，在发生突发事件时进行应急指挥和联动处置。此外，还要和公安、消防、市政等专业指挥中心进行集成联动等。

总体上，枢纽需要进行运行集成的内容包括两个方面（图 9-5），一方面是需要集成的内容和信息，另一方面是对需要进行集成的内容进行收集、加工、传递、存储和输出的硬软件系统。需要集成的内容和信息包括日常情况下枢纽的人流、车流、车库状态信息，交通班次信息，枢纽消防设施状态信息，各种监控系统的设施状态信息等，这些方面的内容和信息应当可以满足了解枢纽关键运行状态，以及枢纽的日常运行管理的需要，并且可以用于对突发事件进行识别、判别和预警。需要集成的软硬件系统包括枢纽的各种监控系统设施、广播系统、交通信息电子显示屏、通信设施等，这些软硬件系统应当能够满足日常信息的收集、加工、传递、存储和输出的要求，在紧急情况下可以用于相关部门联动处理，快速发布疏导信息等。

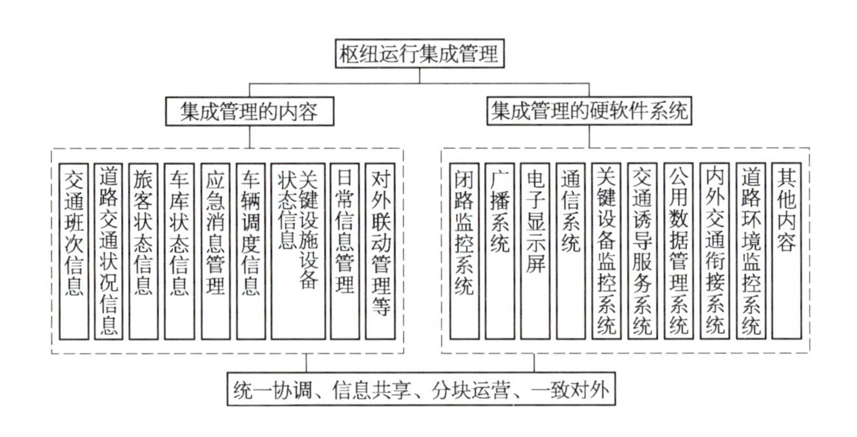

图 9-5 枢纽集成运行管理内容

枢纽的集成管理不可一味强调集中，应做好集中与分散相结合的运行管理方式。在正常情况下，地铁、轻轨、城际、普铁、民航、公交、市政、商业、停车场等，除了必须进行统一管理的内容外，均按照各自的运营管理模式独立进行运行管理；灾害或紧急情况下，枢纽所辖范围内的以及周边影响范围内的交通主干道，通过信息网络、信息互联等不同方式，接收控制中心的统一指挥或控制。

按照我们的策划，在虹桥综合交通枢纽的电子显示屏上，不管是飞机何时起飞、地铁何时到达、巴士何时开出，乘客都可以在一张电子显示屏上了解到，最终实现旅客能够通过一张电子显示屏获取枢纽区域内外的交通、旅游、商业、天气预报、生活设施、停车场、各类活动等信息。同时，一旦发生重大紧急情况、突发事件，可以通过统一的信息平台以及各种通信系统发布给现场工作人员以及旅客，对旅客进行疏导，并且将相关信息即时传送给公安、消防、急救等应急处置专业部门，实现即时联动，协调各单位进行应急救援工作。

9.1.3 运行管理的模式策划（人理）

枢纽运行管理模式的制订需要综合考虑枢纽未来的管理体制以及枢纽建设规划方案。

虹桥综合交通枢纽系统中存在着多种物理、事理、人理层关系的耦合（图 9-6），提高虹桥综合交通枢纽的管理效率，减少不必要的扯皮、冲突和内耗的关键是形成合理的运行管理模式。只有这样才能使部门人员的活动彼此协调起来，使虹桥综合交通枢纽管理组织的整体力量远远大于其构成要素的单个力量的简单总和。

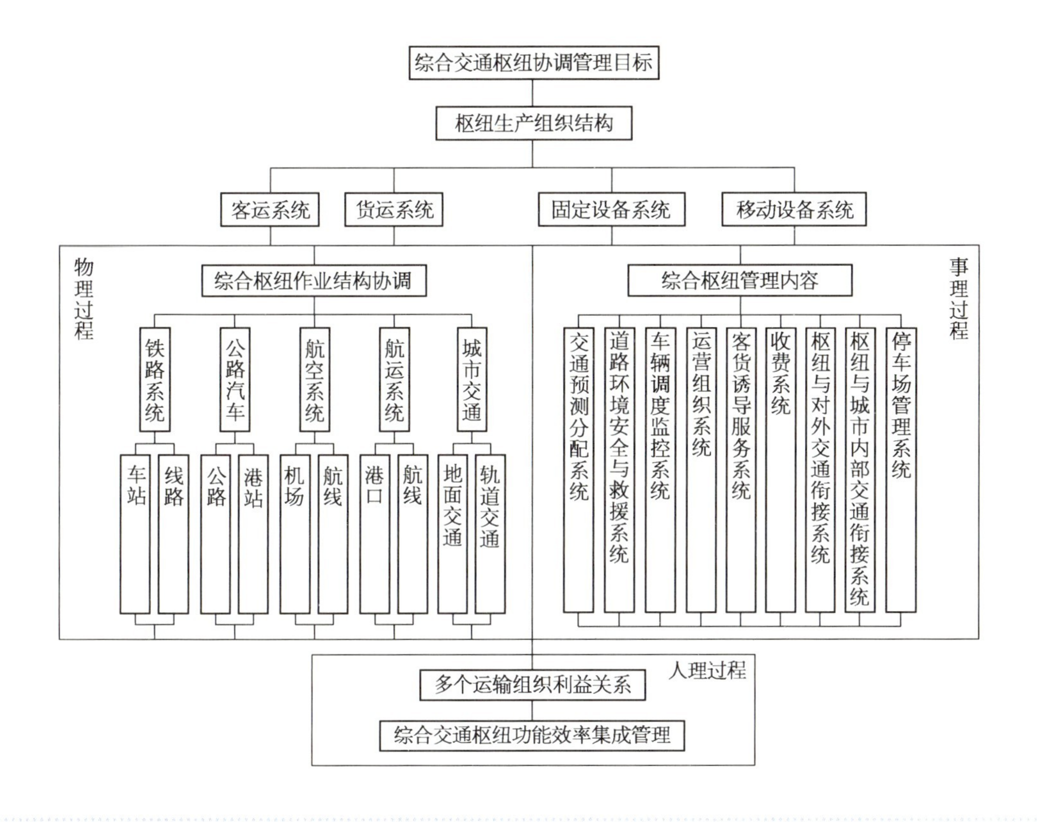

图 9-6 综合交通枢纽物理-事理-人理关系图

虹桥综合交通枢纽的规模大，管理主体多，如何协调各管理主体，为枢纽顺畅运行这一最基本目的而努力协作，是枢纽能否高效运行的关键。其中协调的关键是在考虑各管理主体利益的基础上，对枢纽的管理界面进行合理划分，这是枢纽管理模式确定的核心。针对以上思路，我们提出虹桥综合交通枢纽的三种管理模式。

1）模式一：按照产权划分管理界面的模式

这种模式是按照各运营主体的产权来划分管理界面，也就是“谁投资、谁管理、谁收益”。这里的管理可以是委托其他专业公司的管理；这里的资产包括各企业投资的专业设施资产和所属的公共设施资产。机场管理机场投资部分资产，高速铁路管理铁路部门投资的资产，磁浮公司管理磁浮公司投资的资产，地铁公司管理地铁公司投资的资产，公交公司管理公交公司投资的资产，市政部门管理市政机构投资的资产，申虹公司管理申虹所投资的资产。这种管理模式的优点是专业设施产权易于确定；一旦产权划分清晰，管理界面就随之变得清晰；各投资主体收益切分原则清晰。带来的问题是申虹公司管理工作量大，协调难度大；枢纽的运行效率可能较低；枢纽各投资主体所投资的设施界面交错，难以切分；水、电、气等日常运行费用的分担难以切分；企业需要较多管理人员；申虹公司难以专注于投资管理和商业开发，影响收益最大化。

2）模式二：按照系统划分管理界面的模式

这种模式是按照各企业自成体系的运营管理系统来划分管理界面。机场、高速铁路、磁浮、地铁等管理自成体系的运输系统，只管理到各自的专业区域范围；而申虹公司需要管理除上述专业运营机构管理范围以外的所有公共区域，并将这些区域内的各专业系统如能源系统、弱电系统、机电系统、信息系统等发包给各专业承包商运营管理。这种管理模式的优点是管理界面明确、容易切分；各投资主体收益易于切分；最大限度地减少其他投资主体的管理范围。带来的问题是申虹公司管理范围大，工作量大；申虹公司因对机场、高速铁路等专业不能深入了解而造成运营协调难度极大；需要较多的管理人员，组织机构不够精简；申虹公司不能够专注于投资管理和土地开发。

3）模式三：按照旅客流程划分管理界面的模式

这种模式是结合虹桥综合交通枢纽的旅客流程和建筑物理特性，按照旅客流程的紧密程度划分管理界面。从前述可知旅客流程已被划分为高铁西交通中心和磁浮机场两部分，因此机场管理虹桥机场、地铁东站、东交通中心和磁浮车站，高速铁路管理高铁车站、城际铁车站、地铁西站和西交通中心，磁浮、地铁、公交等单位管理各自的专业区域，申虹公司负责整个枢纽的综合协调与管理已经顺理成章。这种管理模式的优点是管理区域与枢纽规划设计相对应并且易于划分；机场和高速铁路可根据客流变化进行协调管理；申虹公司管理范围较小，日常管理工作量减小；申虹公司协调工作量较小；企业管理队伍精简，节省人力资源；申虹公司可以专注于投资管理、商业开发。带来的问题是需要与机场、高铁就申虹公司所属资产的日常维护管理签订较为详尽、严密的合同；合同管理要求高。

通过以上分析可见，模式三即按照旅客流程划分管理界面的管理模式，优于模式一和模式二，符合虹桥综合交通枢纽交通中心的物理特性，有利于交通枢纽的运营管理，可以提高管理的效率，提高服务质量。因此，建议采用按照旅客流程划分管理界面的管理模式。

从旅客流程看，地铁西站、西交通中心主要服务于高速铁路；而地铁东站、东交通中心主要服务于机场，因此，以高铁、机场为主来协调相应区域内相关运营管理主体是合适的。并且，以磁浮和高速铁路之间的连接体为界，交通核内东西两边的设施切分清晰，包括各种管线、配套设施等自成体系，设施系统可以切分清楚，这样两边的设施运行管理费用也便于划分。

在这一模式下，申虹公司只负责整个枢纽区域运营管理综合性协调工作。

9.1.4 运行管理推荐模式的分析

根据分析，虹桥综合交通枢纽三种运行管理模式：按照产权划分管理界面、按照系统划分管理界面、按照旅客流程划分管理界面，都有各自优缺点，但综合分析第三种模式更加合理、可行。三种模式的优缺点比较见表 9-1。

表 9-1 三种运行管理模式的优缺点比较

运营管理模式	优点	缺点
按产权	(1) 专业设施产权易于确定； (2) 一旦产权划分清晰，管理界面就随之变得清晰； (3) 各投资主体收益切分原则清晰	(1) 申虹公司管理工作量大，协调难度大，责任过大； (2) 枢纽的运行效率可能较低； (3) 枢纽各投资主体所投资的设施界面交错，难以切分； (4) 水、电、气等日常运行费用的分担难以切分；企业需要较多管理人员； (5) 申虹公司难以专注于投资管理和商业开发，影响收益最大化； (6) 应对突发事件能力差

（续表）

运营管理模式	优点	缺点
按系统	（1）最大限度地减少了系统的管理界面； （2）管理界面较容易切分； （3）各投资主体收益易于切分； （4）最大限度地减少其他投资主体的管理范围	（1）申虹公司管理范围大，工作量大，承担了过多的责任； （2）申虹公司因对机场、高速铁路等专业不能深入了解而造成运营协调难度极大； （3）需要较多的管理人员，组织机构不够精简； （4）申虹公司不能够专注于投资管理和土地开发； （5）应急管理能力差
按旅客流程	（1）管理区域与枢纽规划设计相对应并且易于划分； （2）机场和高速铁路可根据客流变化进行协调管理； （3）申虹公司直接管理范围非常小，几乎没有日常管理工作量； （4）申虹公司协调工作量较小； （5）企业管理队伍精简，节省人力资源； （6）申虹公司可以专注于投资管理、商业开发； （7）有利于应对突发事件、生产运行计划变更等	（1）需要与机场、高铁就申虹公司所属资产的日常维护管理签订较为详尽、严密的合同； （2）对申虹公司的合同管理能力要求高

另外，针对虹桥枢纽核心区的运行管理，还需对交通功能潜在的运行主体进行分析。机场公司拥有成熟的机场及其配套公交、出租、停车、磁浮、轨道交通等交通功能的运行管理经验，同时，东交通中心、磁浮与机场也是一体化的，所以机场公司应该成为枢纽运行主体的首选之一。铁路公司拥有成熟的铁路车站及其配套公交、出租、停车、轨道交通等交通功能的运行管理经验，同时，西交通中心也是为铁路服务的，所以铁路公司应该成为枢纽运行主体之一。当然，也可以通过市场选择出第三者，但都不可能有机场公司、铁路公司的成熟经验，都需要一个学习过程，虹桥枢纽这么重大的基础设施不可能交由一个没有经验的主体来运行。同时，引入第三者，还会多出一个运行主体，增加管理界面。另外，机场、铁路也不具有经验运行对方的设施，这样在管理上也不合理、效率也不会高。其他相关配套交通的专业功能部分，则由各家自己运行。所以，综合各种因素，机场和铁路两家是最适合运行枢纽的主体。

建议的运行管理方案如图 9-7 所示，建议方案的特点见表 9-2。虹桥综合交通枢纽核心区交通功能运行管理架构如图 9-8 所示。

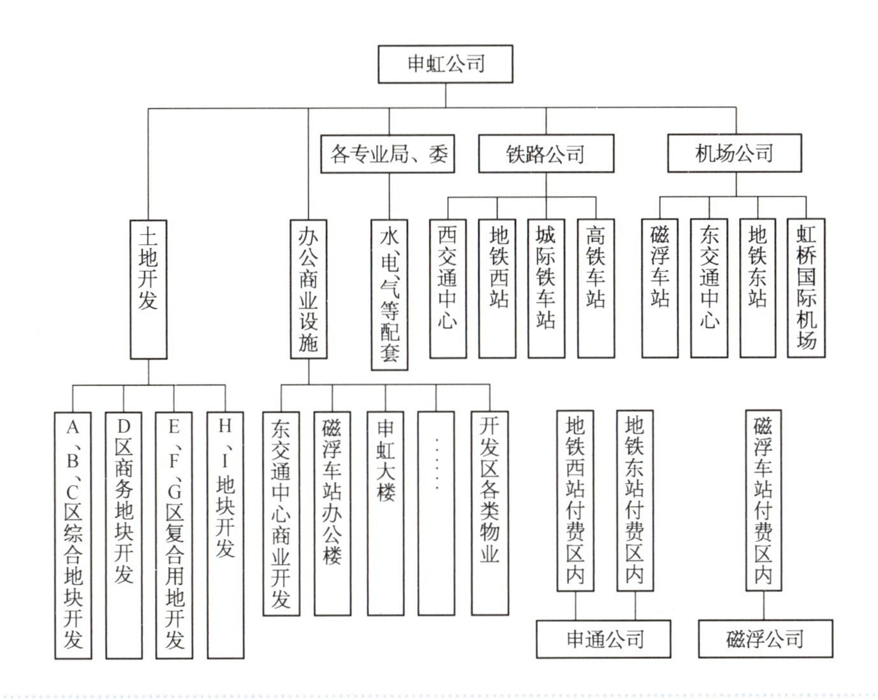

图 9-7　建议的运行管理方案——按照旅客流程划分管理界面的管理模式

表 9-2　建议的运行管理方案的特点

项　目	特　　点
功能使用上	(1) 功能布局上，以磁浮为界，枢纽设施可分为东、西两大部分，各自可以独立运营。 (2) 在规划上，东交通中心是为机场服务、西交通中心是为铁路服务的配套设施，可由机场、铁路统一管理，实现一体化的交通功能设施在运行管理上的“一体化”。这样，服务更到位，效率更高，旅客更方便。 (3) 如果增加第三者，则会人为地在不同交通方式之间增加体制界面，不利于运行管理上对资源的整合，不利于交通一体化的发展，不利于虹桥枢纽“枢纽”功能目标的实现，不利于应对生产计划变更和各种突发事件
运行成本上	(1) 由机场、铁路部门管理，在运行管理成本上是边际成本；而申虹公司自己管理，则需成立专门部门，机构编制需求大，成本较高。 (2) 枢纽核心区的运行管理成本是长期的、持续的，若由第三者管理，则会承担较大的运行成本控制和平衡风险
管理效率上	(1) 机场、铁路具有成熟的、专业的公共交通设施运行管理经验，管理效率更高，而第三者没有任何经验。 (2) 申虹公司作为投资发展公司，可以专注于枢纽资源的开发、利益的回收和权益的返还

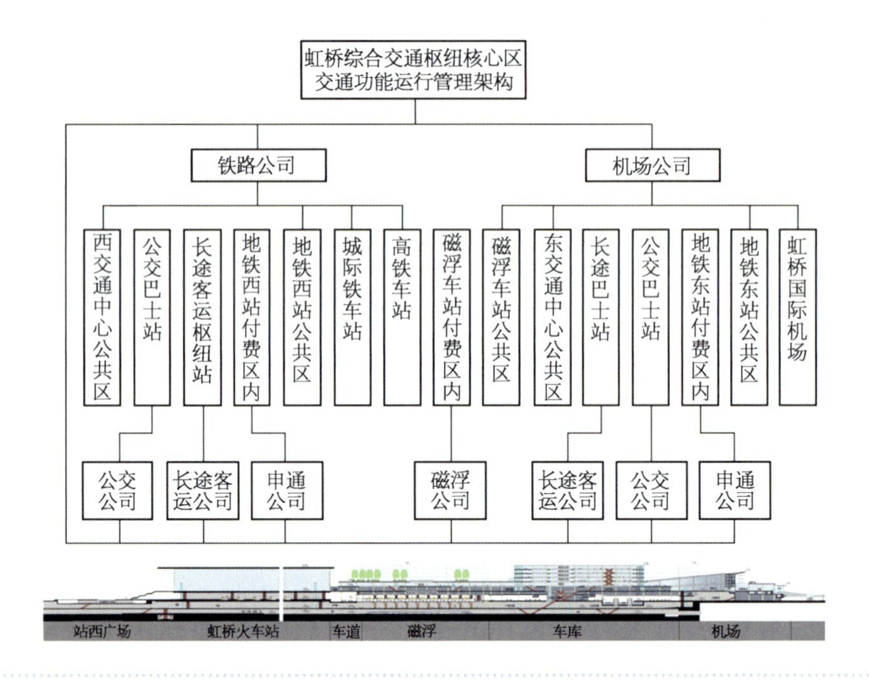

图 9-8 虹桥综合交通枢纽核心区交通功能运行管理架构

9.1.5 运行指挥机制

虹桥综合交通枢纽的特点决定了其每天的客流量是十分密集和巨大的，一旦出现危急情况，特别是可能对旅客造成重大伤亡和财产损失的情况，其后果将十分严重，因此很有必要就枢纽的应急管理机制进行研究。

建立健全的应急组织是应急管理的关键。根据虹桥综合交通枢纽的特点，同时借鉴国内外运行指挥系统的建设经验，我们策划虹桥综合交通枢纽按照图 9-9 所示构建枢纽调度指挥业务模式用于应急处置。

虹桥综合交通枢纽应急调度指挥业务模式和组织结构分为三块：一块是虹桥综合交通枢纽指挥中心作为应急救援指挥中心（也可以作为日常的运行协调指挥中心）；另一块是以运营主体监控室作为应急调度指挥监控分中心（也可以作为日常的运行管理分指挥中心）；还有一块是公安、消防、市政专业指挥中心。

进行应急管理需要掌握枢纽监控对象的情况，根据虹桥综合交通枢纽的业务特点，监控对象的类型可以归纳为交通类（各交通方式、公共区域的交通情况和人流情况，各交通方式的计

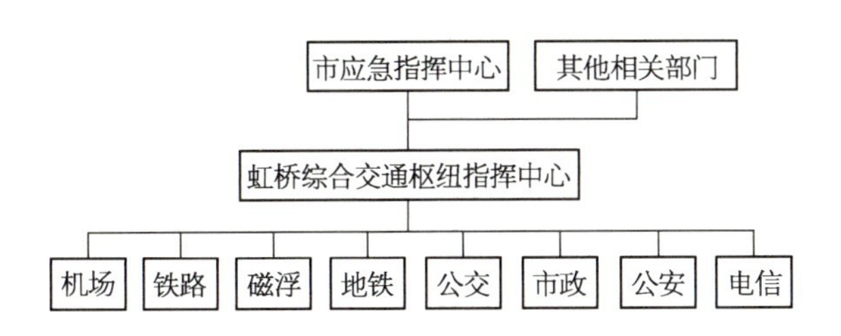

图9-9 虹桥综合交通枢纽调度指挥业务模式

划、实时运营状态）和设施类（通信设备、消防设备、楼宇自控、广播系统、市政设施等）两种。这些监控对象是整个交通枢纽调度指挥中心日常进行监控、预警的对象，在监控对象发生异常时需要相关部门进行处置，在发生突发事件时需要应急指挥和应急联动。

前面介绍过枢纽运行管理需要集成的内容，它们通常由枢纽指挥中心进行管理，譬如枢纽指挥中心日常情况下要负责对航班信息、各交通班次信息、公交线路运行信息、市区道路交通信息、枢纽内各建筑物内消防及楼宇自控系统、市政设施进行监控和信息发布，并且还要重点针对枢纽区域内的通道人流、高架/地面车道/车流、车道边/车库的运行状况进行实时监控和信息发布。

同时，根据对以上对象进行智能和人工监控收集到的基础信息，经过预警系统和人工判别后，对发生的突发事件按既定的应急方案有效地组织和指挥应急资源进行现场应对处置，并在发生重大突发事件时，联动110、119、120等专业应急部门乃至上海市应急指挥中心等应急力量进行处置。

为了更好地分清楚各类监控对象在日常情况下和发生异常事件时枢纽指挥中心的整体工作职责和指挥中心各业务角色的责任，做到日常信息的收集、监控和信息发布能够及时，在发生事故、灾难等突发事件时能调动应急资源进行处置，应对这些监控对象的状态进行分级。可以分为Ⅰ级事件、Ⅱ级事件、Ⅲ级事件等，每一级事件可以用一种颜色表示：

Ⅰ级事件（可用红色来表示）：枢纽内交通或设施发生重大事故、灾难，其表现为枢纽内单一运营主体或单一部门无法单独处置的灾难、事故等突发事件，这类事件需要枢纽调度指挥中心协调多个运营主体、部门联合处置，同时这类事件也是需要上报给上海市应急指挥中心或其他响应主管部门备案或协同处置的突发事件。需要按照应急指挥流程和应急预案规定的流程进行处置。

Ⅱ级事件（可用橙色表示）：枢纽区域内发生的单一的或轻微的异常事件，例如交通堵塞、设备故障等，这类事件可以由单一运营主体或部门处置。这一级事件无需启动应急预案。

Ⅲ级事件（可用蓝色表示）：枢纽区域日常需要展现、统计分析的监控对象信息和状态，比如各交通方式的旅客信息、车辆信息、枢纽区域内交通状态、智能Ⅲ级事件设备信息等。

做好枢纽的应急管理工作重在应急事件发生前的预防、预警工作，需要把日常的运行管理工作做扎实，管理不留死角，只有日常工作理顺了，才能够有效地减少一些不必要的不良事件的发生。同时，要建立健全的应急管理机制、组织，完善的应急管理流程和应急预案（图 9-10），一旦突发事件发生，能够迅速地采取适当的措施来消除或降低其影响，并且还要做好善后工作。

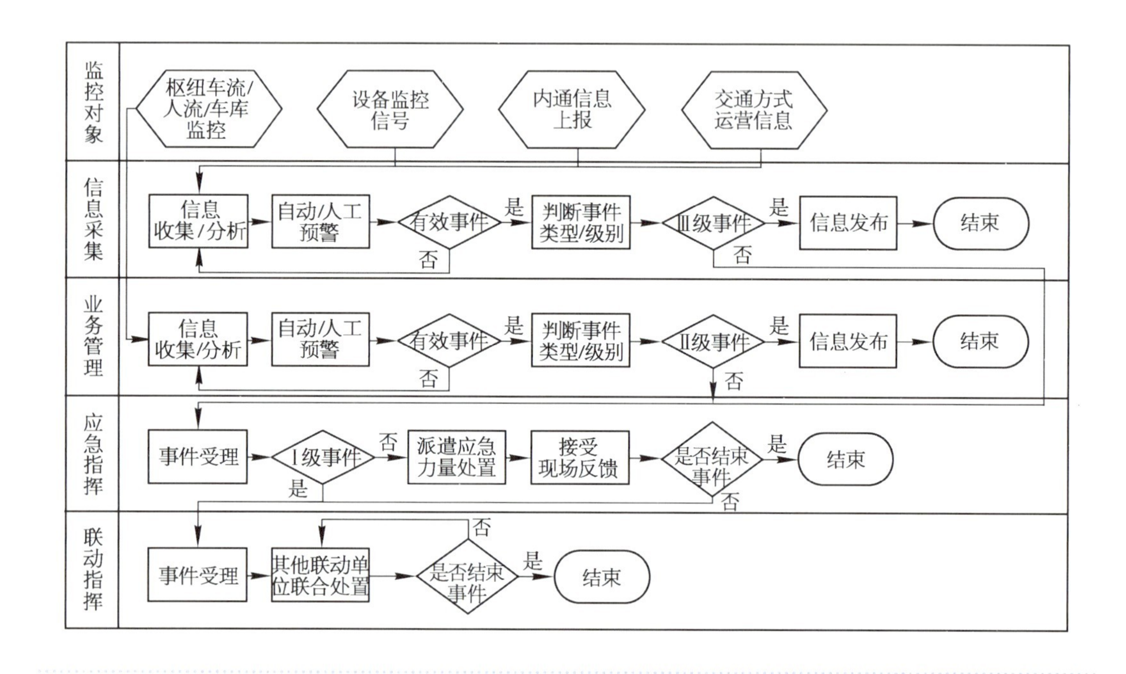

图 9-10 虹桥综合交通枢纽调度指挥总体业务流程

按上述模式进行运行管理和应急指挥，那么就需要一个便捷高效的指挥系统。这个指挥系统的建设中很重要的就是信息化的问题。我们在虹桥综合交通枢纽里面策划了一个枢纽的信息平台（图 9-11），这个平台里面各种交通方式都有接口，把所有的交通信息都集中在这个平台上面。除此之外，还把一些应急救援的相关信息，比如 FAS、BAS、CCTV 等，都接入这个平台供日常运行和应急指挥用。

枢纽里面建了一个这样的运行管理中心，日常的运行就整合在一起了。否则，分散化的管理模式，就会有很多这样的运行管理中心。

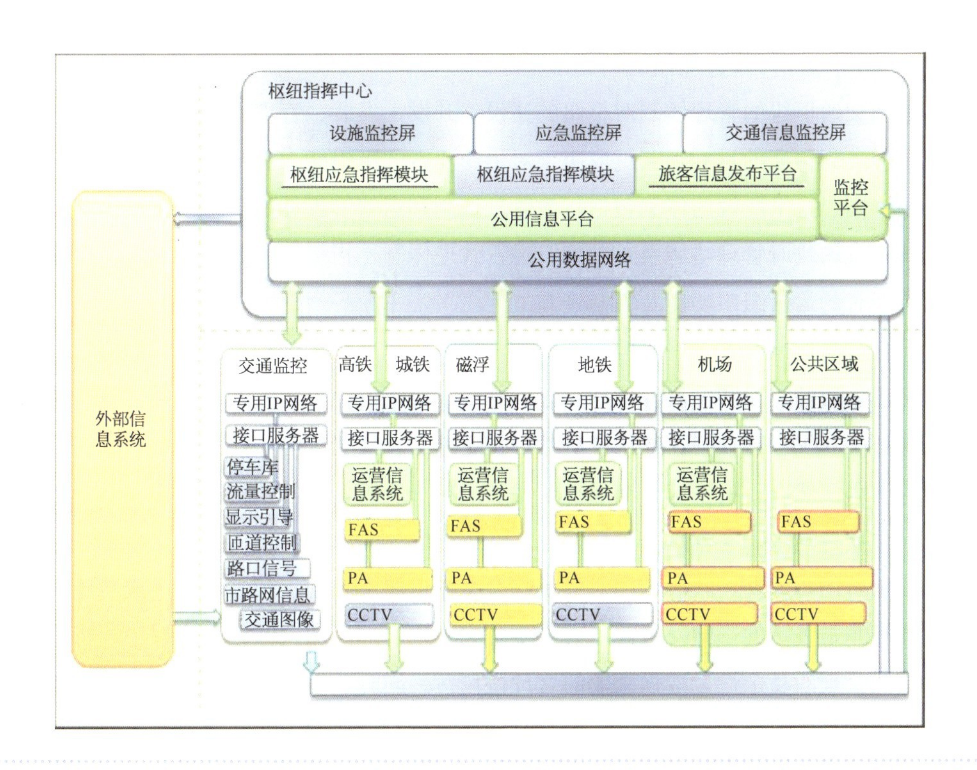

图 9-11　虹桥综合交通枢纽运行（公共信息）管理平台

另外，我们还策划了一个应急救援指挥中心（图 9-12），出了紧急情况以后要把相关部门的人员调过来，到这个地方来进行统一指挥。

图 9-12　虹桥综合交通枢纽运行管理中心和应急救援指挥中心

9.1.6 枢纽地区行政管理体制

虹桥综合交通枢纽的管理体制对枢纽的建设、开发、发展、管理具有重要影响。虹桥综合交通枢纽能否达到预期的目标，关键取决于对生产要素的吸引能力和优化配置能力如何，归根到底取决于体制。这里所说的体制包括行政管理体制和运营管理体制。行政管理体制是指枢纽管理机构所具有的政府管理功能及其制度；运营管理体制是指枢纽作为一个设施综合体进行运行和经营所拥有的运营组织功能及其制度。

虹桥综合交通枢纽运营管理机构很重要的一个目标就是要实现特定的运营职能，直接参与虹桥综合交通枢纽的建设和发展。例如要自行筹集、融通资金，实行滚动发展，自主对枢纽内土地进行规划、开发和转让等。如果虹桥综合交通枢纽长期实现不了经济效益，那么它也就失去了发展的动因。然而，虹桥综合交通枢纽发展的各个阶段，尤其是初始阶段，离开了政府相关部门的大力支持是难以实现这一目标的。

由于该项目的特殊性，政府部门对虹桥综合交通枢纽开发的支持力度对其成功建设、开发以及发展具有非常关键的影响。因此，有必要考虑将政府部门纳入区域管理层中，将管理内在化，从而降低管理的复杂性，增强企业的管理协调性。同时，也必须清醒地认识到，如果政府部门在枢纽运营管理方面的作用过大，很容易造成政府对枢纽的行政干预过多，同样不利于枢纽的健康发展。因此，必须要研究如何处理好与政府部门的关系，即研究如何发挥政府在枢纽运营管理当中的积极作用。

政府可以通过以下三种形式，即管委会主导型、公司运作型、管委会协调型，参与到枢纽的运营管理当中来，从而发挥其对枢纽管理的影响力。

1）管委会主导型

管委会主导型又称管委会直接运作型，是指由上级政府设立虹桥综合交通枢纽管理机构，管委会作为政府的派出机构全面负责虹桥综合交通枢纽的基础设施建设、土地开发、招商引资和社会管理等枢纽内的一切活动。政府主导型管理模式的主要优点是可以充分利用政府的力量和资源，能从政府的角度对枢纽的功能布局进行整体的规划，能够顺利协调与政府各部门的关系，极大地提高各项行政审批效率，对土地征用、居民安置、配套设施等工作都具有一定的权威性，在招商引资方面也会争取到许多的优惠政策。当然，政府主导型管理模式也存在较多问题。

2）公司运作型

公司运作型是指完全利用独立的经济组织（开发公司）方式管理虹桥综合交通枢纽的一种

模式，首先由政府赋予枢纽开发公司各种有利于虹桥综合交通枢纽发展的权限，在管委会发展战略和计划的指导下，由枢纽开发公司进行基础设施规划建设、土地开发、枢纽管理等活动，并实行自负盈亏。根据虹桥综合交通枢纽的特点，这种模式可分为两类：一类为国企型，虽设立管委会，但仍以公司为主体进行经营管理和社区一般性事务管理，管委会与国有大企业有类似的功能；另一类为联合型，以国有企业为主，由中外企业参股组建联合公司对综合交通枢纽进行经营管理。公司运作型管理模式可使虹桥综合交通枢纽的开发管理工作实现集中化和专业化，提高运作效率，开发公司融资主体明确，成本效益核算科学，容易打造符合国际惯例的公司治理结构。公司运作型管理模式也有其弊病：由于开发公司不具有政府职能，对区外的协调、区内的规划与管理都有一定的难度；企业承担部分社区管理职能，由企业办社会将给企业背上沉重的包袱；一旦虹桥综合交通枢纽的土地都出售或开发完毕，该企业生存的难度将会很大。

3）管委会协调型

管委会协调型也可称为管委会协管型，可以看作是“管委会协调、公司运作”，是上述两种模式的折中，并吸收了它们各自的优点而成。该模式的主要特征是：管委会作为当地政府的派出机构行使政府的管理权，并制定虹桥综合交通枢纽发展规划和政策，为虹桥综合交通枢纽内的企业提供各种服务；而开发公司作为独立的经济法人，实行企业内部自我管理，发挥集中化、专业化的优势。该模式实现了管委会行政权与企业经营权的分离，管委会管理职权基本上包括对区内各项经济活动的监督、管理和协调。管委会协调型模式在一定程度上实现了政企分开，体现了“小政府、大企业”的原则，不仅可以充分利用管委会的协调能力，而且可以利用实力雄厚企业的资金和先进的专业管理经验。但如果开发虹桥综合交通枢纽地区的公司自身综合实力不够，企业缺乏先进的管理理念和吸引人才的机制，则体现不出其专业化水平，发挥不出这种体制的优势。

虹桥综合交通枢纽管理机构在开发过程中面临巨大的非系统性风险，即企业可以控制的风险，包括财务风险、经营风险和组织风险，这是其可以控制的风险。同时，虹桥综合交通枢纽管理机构在开发过程中面临巨大的系统性风险，即企业不可控制的风险，包括政策风险、市场风险、利率/汇率风险和流动性风险等。金融机构以及其他的放款机构在借贷时，为避免风险会较多地考虑枢纽管理机构的管理能力以及管理的规范和完善程度，从而决定放贷与否以及放贷利率的高低和放贷时间、期限。能否对这些风险进行有效的控制与企业的运营管理能力和管理水平密切相连。

通过上述分析可以看出，大量优秀的专业化人才是枢纽良好运行的必要条件，对市场的把握是枢纽运营成功的保证。因此，虹桥综合交通枢纽地区的行政管理实体在管理机构的设立以及虹桥综合交通枢纽地区开发过程中，要遵循商业化运作的原则，招募各类专业化人才，在建设、开发、运营的各个阶段建立完善的风险控制机制。

9.2 经营管理模式策划

经营管理是一种商业行为，是以获利为目的的，主要通过区域及交通核的商业开发，包括出售旅客所需要的产品和服务来获利。对于虹桥综合交通枢纽来说，经营管理和运行管理是不可分的，是一张纸的正反两面。前面讲了开发策划以及虹桥综合交通枢纽的物理、事理和人理，在这基础上就该策划它的经营管理模式了，因为这个设施不仅仅要完成前述这些交通功能，同时还要能够在市场经济里面活得下去，要解决一个赢利模式问题。

9.2.1 成本分析

经营策划首先要做的是成本分析。对于虹桥综合交通枢纽来说成本分两块，投资一块、运行一块。开发策划中我们讲了一个观点，即任何项目一定要投资平衡和运行费用平衡。那不能平衡怎么办？比如做一条地铁线，就是不平衡的，那实际上我们在策划阶段就要讲清楚，缺口是多少，谁来承担？如果对整个社会的效益很好，是城市发展所必需的，那政府就应该承担；如果政府不承担，那这个项目就不成立；如果政府考虑到它的社会效益，愿意承担了，那么它还是平衡的。在日本东京，你如果问地铁运营公司，他们都说公司不亏本。实际上全世界地铁没有不亏本的，唯一不亏本的是香港地铁，但香港地铁是政府把车站附近的地产给了地铁公司，公司用房地产收入来弥补其运营成本。那日本的运营公司为什么不亏本呢？就是因为“政府采购服务”，政府通过招标采购每条线的服务。例如，某一条线各家公司来投标，有人说每年亏 100 万元，有人说亏 150 万元，有人说亏 200 万元，那政府就让那亏 100 万元的中标，然后年初就把 100 万元给他，让那家公司好好运营。这里，从我们策划的角度来说，只要政府答应采购这一块服务，那还是平衡的。所以，在讲经营模式时，其项目投资必须在前期策划时就有个说法，还必须在成本分析的时候要准确地分析清楚运营成本到底是多少。

在讲开发策划时，我们已经知道虹桥综合交通枢纽的建设成本是 573.04 亿元，年运营成本为 5.5 亿元。

9.2.2 经营模式比较

经营模式与运行管理模式直接关联。比如按上述我们推荐的方案，虹桥综合交通枢纽的交通设施的运行管理委托给了铁路公司和机场公司，交给他们的都是没有收益的服务性设施，而在这些交通设施之中和上方还有一批商业、办公等经营性设施。那么，这里面就有了不同的方案。怎么委托经营法？这个委托模式本身就是虹桥综合交通枢纽最根本的经营模式。

第一种方案是按照“物业管理模式”（图9-13）委托，受托方只负责物业管理，委托方花钱请他来做物业管理，支付管理费。具体来说就是申虹公司委托机场公司对东交通中心、磁浮车站，委托铁路公司对西交通中心进行运行和维护管理，申虹公司支付服务费用，对外的界面协调由申虹公司自己负责。此方案中申虹公司仍承担着运行主体责任风险，设施内部的资源经营由其自己负责。

第二种是“物业管理+特许经营模式”（图9-14），就是把一部分经营性的资源一起委托给两家公司运行、维护和经营管理，这样受托方可以将经营收益与管理费冲销。此方案中申虹公司委托机场公司对东交通中心、磁浮车站，委托铁路公司对西交通中心进行运行、维护和部分经营性资源的经营管理，并负责对外的界面协调。申虹公司“捆绑”的一部分可经营性资源的收益作为报酬，可少支付委托管理费用。申虹公司仍可统一管理收费系统，机场、铁路自己承担公用设施的使用费。此方案有利于调动受托方的积极性，也有利于委托方提高资产收益。

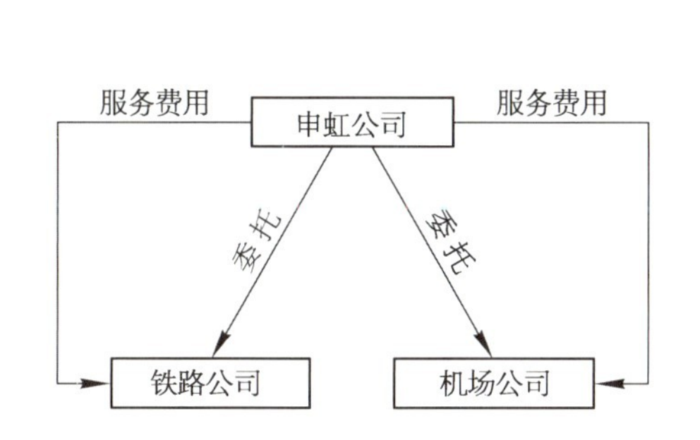

图9-13 虹桥综合交通枢纽物业管理模式

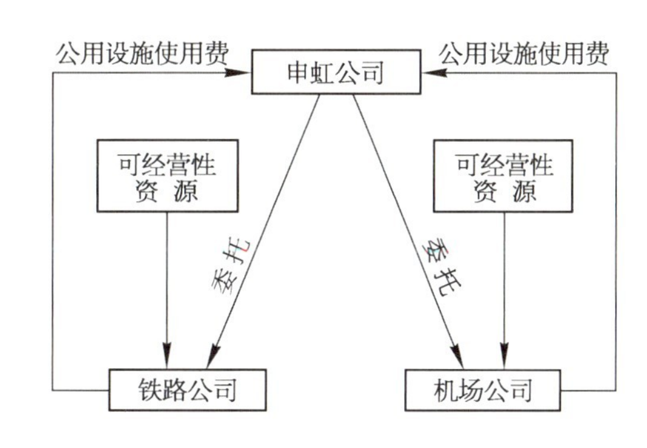

图9-14 虹桥综合交通枢纽物业管理+特许经营模式

第三种是"特许经营模式"（图 9-15），就是申虹公司把东交通中心、磁浮车站所有的交通设施、商业设施以及保障设施全部交给机场公司，整个特许经营权交给受许方去运营管理，然后看是你给我钱，还是我给你钱？前面我们举过一个例子，就是磁浮公司把票务系统交给中国银行管的时候算出来的账是中国银行给磁浮公司钱。具体来说，就是申虹公司将东交通中心、磁浮车站及其内部所有可经营性资源"打包"，特许给机场公司运营，机场方每年支付给申虹公司一定的资产租赁费；同时申虹公司将西交通中心及其内部所有可经营性资源"打包"，特许给铁路公司运营，铁路方每年支付给申虹公司一定的资产租赁费。申虹公司只承担资产所有者责任，不承担任何运行、维护、管理风险。

第四种是"资产移交模式"（图 9-16），即将资产移交给机场公司和铁路公司，因为申虹公司这一块资产是国有资产，机场公司和铁路公司也是国有的，如果把资产交给机场公司和铁路公司，从国有资产管理这个角度来说没有什么障碍，只是一个管理责任的再划分而已。从管理责任这个层面上来看，资产转过去以后，剩下的事情就全是机场公司和铁路公司的事情了，政府就没有任何负担了。前面讲到，这一块里面的商业设施跟它的运营成本是平衡的，而且是略有盈余的，这样一来就实现了我们前面策划时候的想法，即"在投资平衡和运行费用平衡完成以后，申虹公司就可以退出了"。如果这一块是平衡的，而且受托方也认为能平衡，那这个目标就提前实现了。因此，我们策划者认为这个方案其实是最好的。

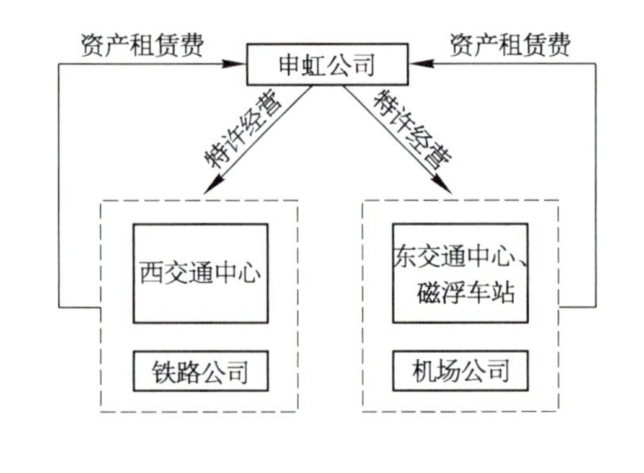

图 9-15　虹桥综合交通枢纽特许经营模式

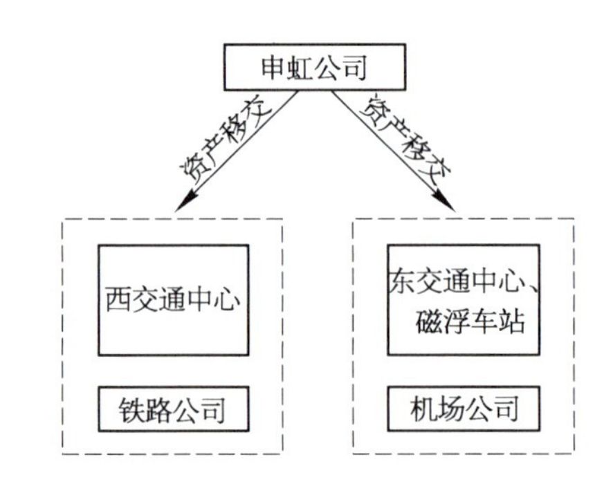

图 9-16　虹桥综合交通枢纽资产移交模式

当然，如果机场公司、铁路公司是民营企业，那就完全是另外一回事了，只能用前面三种模式。由于它们都是国有企业，那政府就可以做这个事情了。所以我们建议的方案，当然是最后这个方案四。

我们的经营管理策划实际上是建议高铁以东整体划给机场公司来管理，而将高铁及西交通中心整体划给铁路公司来管理，而且在适当的时候再把资产转移过去。当然，现在可以先把物业管理委托给机场公司和铁路公司，等到时机成熟，还是可以做后面这个事情的，这些事情什么时候做都可以，不急于现在去做，可以边做边看，大家都认为确实是平衡的，那也就好谈了。因此，从这个意义上来说，从方案一到方案四也可以看作是一个过程。

案例 021 深圳轨道交通 3 号线的运营管理策划

我们再看看深圳轨道交通 3 号线的例子。

我们策划的第一种运营模式是一个单合约的模式（图 9-17）。我们主张业主把运行管理跟经营管理整合在一起，找到一家运营公司，然后整体交给它去运营管理。

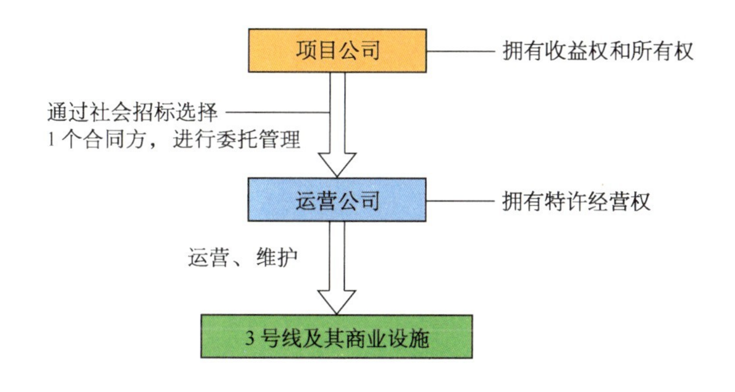

图 9-17 单合约社会化运营管理模式

第二种模式是一个多合约的模式（图 9-18），不是整体委托的模式。项目公司把设施拆成几块，各块去找相应的运营管理单位。这个方案跟第一种相比，项目公司要有一定的运行管理和经营管理方面的能力和人才，有牵头、集成的能力。好处是可以降低业主的运营成本。

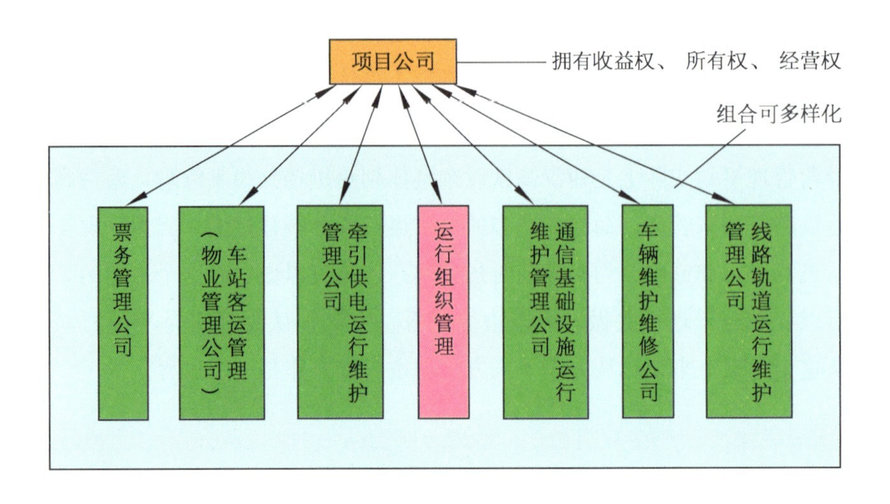

图 9-18 多合约社会化运营管理模式

第三种模式是我们的推荐方案，就是应该找到一家核心运营管理公司（图 9-19）。轨道交通日常运营工作量很大，也比较专业，作为项目公司去做这个事情没有什么必要，自己去管实

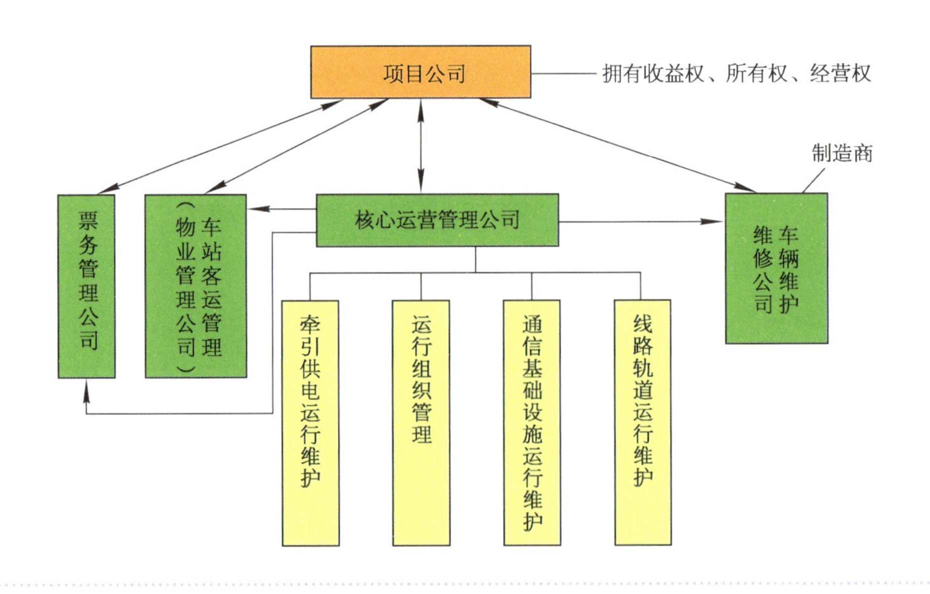

图 9-19 深圳轨道交通 3 号线推荐运营管理模式

际上等于是组建这么一个公司。于是我们建议把日常运营工作交给一家运营公司，但是考虑到收益的最大化和成本的控制，把车站、票务以及车辆基地拿出来交给别人做。车站可以交给跟车站结合在一起的那个商场，或者另外一个法人去做这个事情。因为车站的管理实际上是物业管理，还比较容易找到运营者。至于票务，前面讲上海磁浮线的时候讲到，是可以通过别的方式去招标找到运营者的。车辆和车辆基地更是这样，因为只经营管理车辆和车辆基地本身是可以盈利的，所以可以在社会上找，因为只要是盈利的项目，总能找得到干活的人，当然需要一定的专业水平。我们建议他们买谁的车就去找谁，就是由生产厂商来负责运行和维护，这也就更放心了。

经营策划像这样做完了以后，实际上会对规划设计方案、设计管理、投融资等项目建设的方方面面带来巨大影响。如果以后是这样一个运营管理模式，那么必须针对不同的运营主体，从规划设计方案开始就与之相适应。

案例 022　浦东国际机场运营管理模式策划

我们在为浦东国际机场二期工程做运营管理策划的时候，把整个机场分成三大区域和多家公司进行管理，即飞行区是飞机活动区域的管理，航站区是旅客活动区域的管理，场区是外场人员保障区域的管理。每个区域里面实际上都涉及市政能源、机电信息、安检护卫、消防急救四大专业公司对它们进行支撑和保障。此外还有航空服务和商业服务这一类经营性公司的参与（图 9-20）。

我们在运营策划的时候结合规划设计反复讨论这些问题，上述这种对机场运营进行拆分的方法，实际上改变了浦东国际机场原有的运营管理模式。在原有的运营体制中这些单位都是平行的管理公司，没有区域管理的概念。我们是在这么一个新的理念下开展策划工作的，希望通过变革达到以下目的：一是通过区域化管理使责权利明确、一致；二是通过专业化公司的组建整合资源，提高技术服务水平和经营效率；三是通过区域化管理与专业化支撑的结合对机场经营管理模式进行创新，并借助于信息化平台的建立，来实现浦东国际机场运营管理的流程再造和运行的安全高效，从而提升公司的整体业绩。

这一转变是跨越性的，主要体现在下述几个方面。

（1）通过区域化管理与专业化支撑相结合，实现了责权利统一。在区域化管理与专业化支

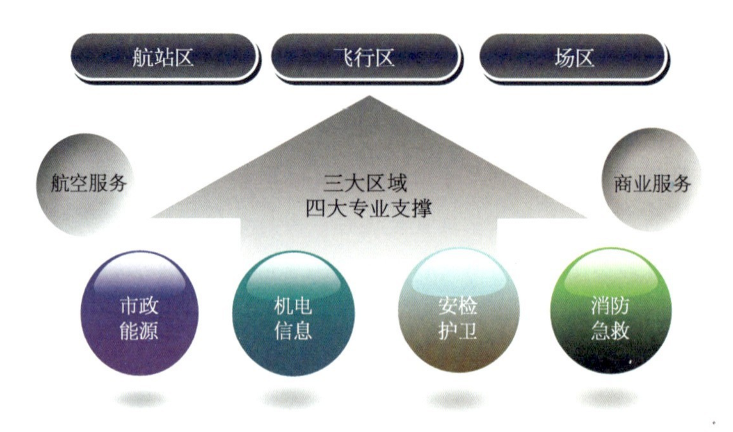

图 9-20　浦东国际机场区域化管理、专业化支撑的运营模式

撑相结合这个前提下，形成了区域化管理部门、专业化支撑公司和职能管理部门构成的浦东国际机场运营管理公司新的组织结构；形成了以三大区域管理中心为核心的，职责、任务、权力、目标明确的新的机场运营管理实体。公司管理模式如图 9-21 所示。

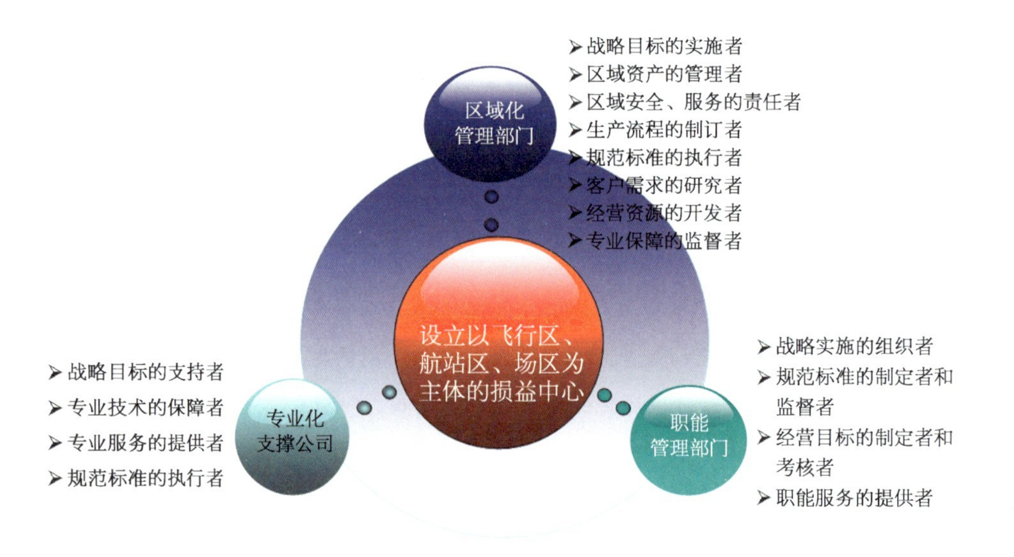

图 9-21　浦东国际机场公司管理模式

(2) 通过经营模式创新，实现了整体业绩提升。在这种模式之下，区域化管理部门实际上变成了真正的管理实体，它可以通过社会化、市场化的方法组织运营。比如说电梯的运行维护者就可以通过招标来找到，采购某公司的电梯时就可以把运行维护一起采购了。这样一来，社会化、市场化的理念就变成了现实，很多以前我们自己做的项目都可以外包了，外包就是社会化、市场化。走向外包，成本下降，效率提高。项目管理的社会化、市场化如图 9-22 所示。

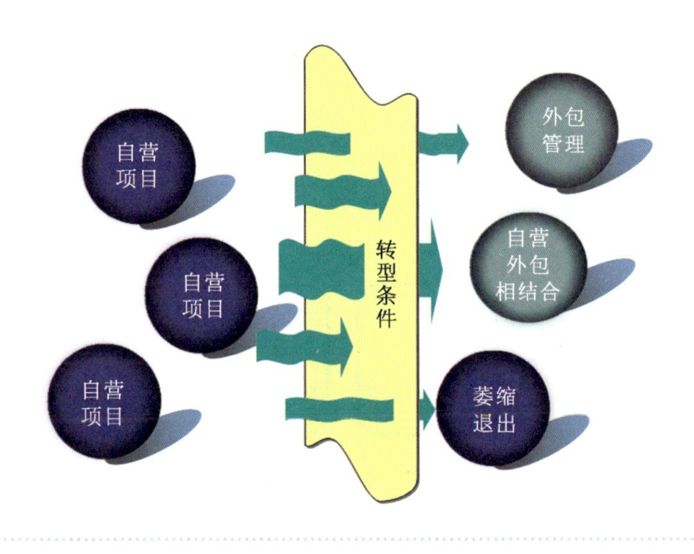

图 9-22 项目管理的社会化、市场化

(3) 通过运营管理平台构建，实现了有序高效运行。为配合三大区域化管理部门的工作，我们建立了相应的运行管理中心，并为三大运行管理中心建设了相应的运行管理信息平台。飞行区运行管理中心（Airside Operation Center，AOC）兼机场的指挥中心，就是说正常情况下，是作为飞行区运行管理中心在运行的，有事情需要整体分区间协调、指挥的时候，它升格为整个机场的运行指挥中心（Airport Operation Center，AOC）。航站区运行管理中心（Terminal Operation Center，TOC）、外场管理中心（Outside Management Center，OMC）接受 AOC 指挥。机场运行指挥体系如图 9-23 所示。

(4) 通过管理角色转换，实现了客户化导向。这样很自然地就形成了分区管理、统一指挥的体制，而且每个区域对应的服务对象非常清楚，也体现了以人为本、以服务为本的管理思想。机场运行服务体系如图 9-24 所示。

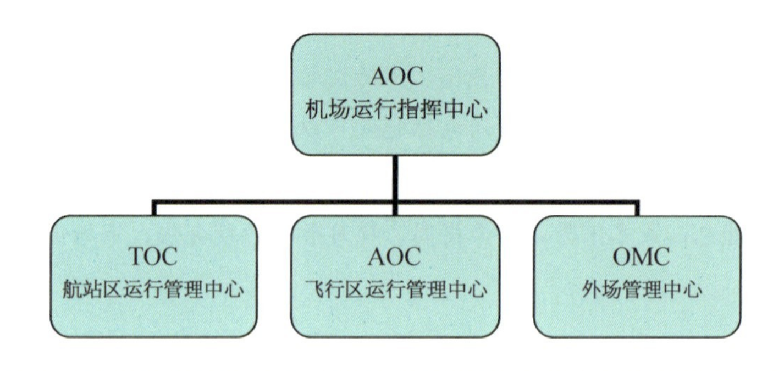

图 9-23 机场运行指挥体系

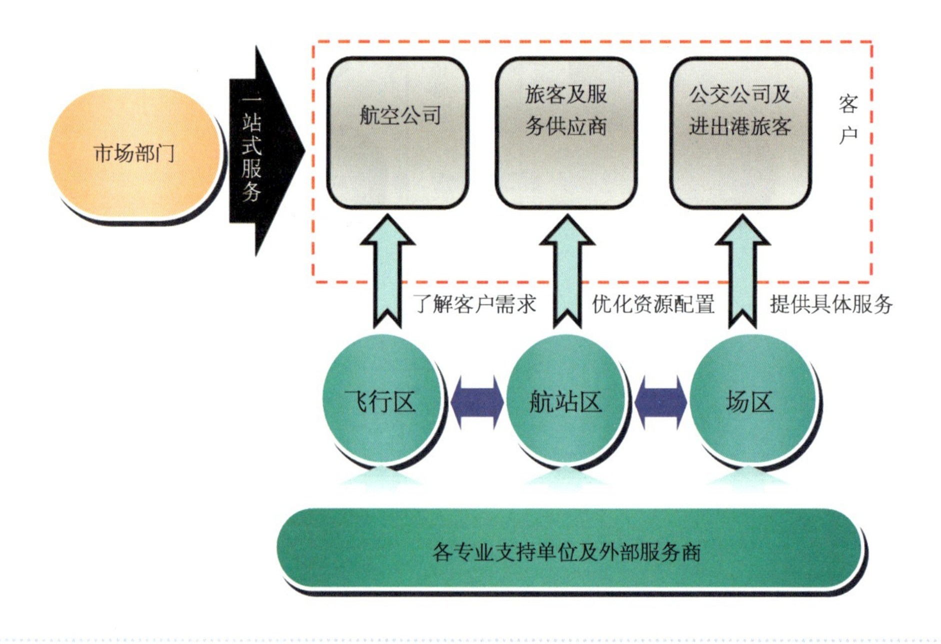

图 9-24 机场运行服务体系

(5) 通过整体协调推进，有利于航空枢纽战略实现。上述运营管理模式的策划，提高了公司整体的协调性，有利于上海航空枢纽战略的整体推进。航空枢纽建设推进体系如图 9-25 所示。

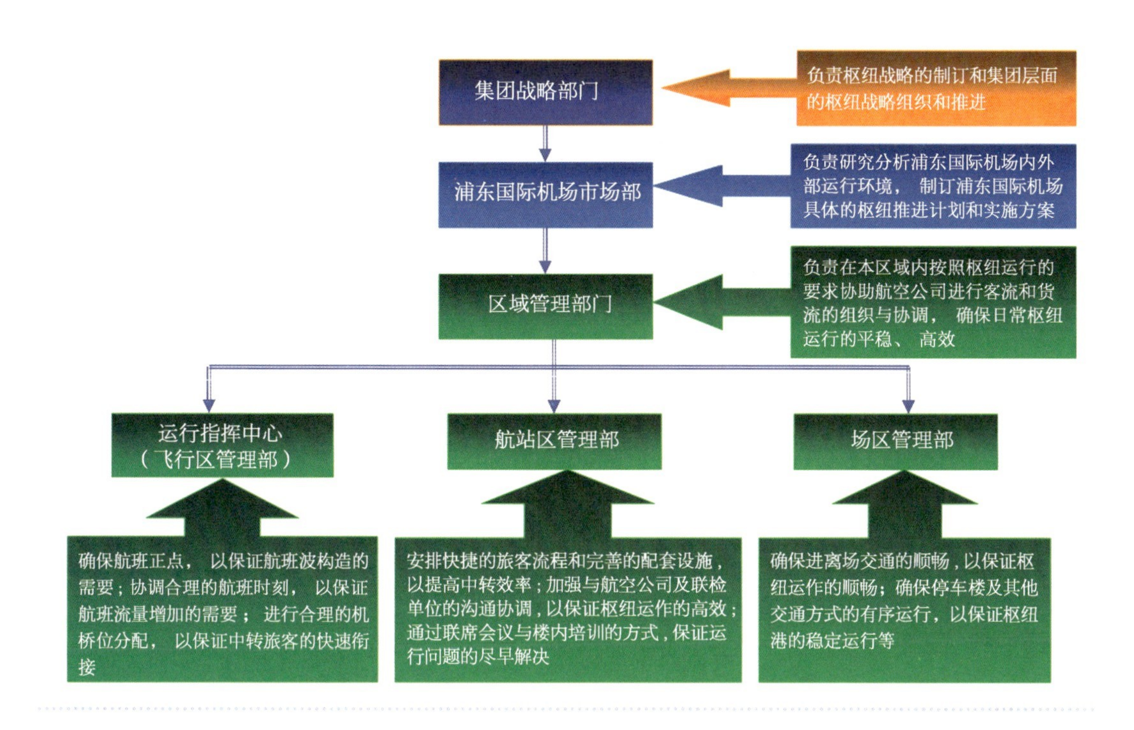

图 9-25 航空枢纽建设推进体系

运营策划最终形成了这样 16 个字：统一指挥、分区管理、专业支撑、配套服务。这种模式与浦东国际机场原来的管理模式相比发生了很大的变化。理所当然，首要的工作就是建立上述几个信息平台，也就是管理平台，这使浦东国际机场的信息化管理水平大大提高了一步。这不仅仅是几个中心的问题，而是所有的机场运行系统、管理系统都按这个思路来运作，新的管理体制就建立起来了。

完成上述运营策划后，我们马上意识到规划设计、项目建设等都必须作出相应的调整。我们需要按区域管理的要求调整规划，为区域管理建立信息平台，同时这些专业支撑单位需要对系统，如机电系统、能源系统、安检系统、信息系统等的设计进行变更。土建的设计要求跟原来也不一样了。我们建设的方式、甚至建设管理体制也发生了相应的变化。

9.2.3 服务模式策划（服务采购）

重大基础设施建设为使用者提供的服务都应该走社会化的道路，都应该通过市场进行服务采购。

案例 023 上海磁浮示范线的运营管理策划

2002 年底，上海磁浮示范线的开通不仅使高速磁浮交通系统引起了人们广泛的关注，其运营管理模式也同样引人注目。本案例将介绍我们在其运营管理方面所作的一些探索。

1. 磁浮系统的组成与经营管理

由于上海磁浮示范线是一条建立在多元投资主体、多种投资渠道基础上的轨道交通项目，我们的工作重点放在提高其管理的社会化和经营的市场化程度上。当磁浮工程还处在初步设计阶段时，磁浮公司就成立了运营筹备部，用一年的时间在充分认识磁浮系统的基础上，按照管理社会化、经营市场化的要求对系统进行详细的拆分、组合。我们将磁浮系统分为牵引供电系统、运行控制系统与维护管理系统、站场及轨道系统、车辆系统、售检票系统，以及基础设施信息系统、办公自动化系统等多个子系统。

磁浮公司经营部是资产所有者的代表机构，负责市场营销工作。在下述社会化管理的实施过程中，都是经营部负责招投标工作。我们认为资产所有权和经营权是不可分割的。

2. 牵引供电系统的运行维护管理

牵引供电系统是整个磁浮系统中的一个重要子系统，绝大多数设备从德国进口。该系统主要包括 110 kV 主变 - 牵引变电所 2 座，轨旁变电站 9 座，57 个轨旁开关站，辅助供电高压配电间 2 间以及电缆系统，此外，在龙阳路车站和维修基地内各有 20 kV/0.4 kV 变电站 1 座。

该系统中的高功率、中功率、低功率变流牵引模块等是磁浮系统的核心模块，市场上无法找到相应的管理单位，为此磁浮公司运行部派遣专人赴德培训，自行对上述模块进行运营维护管理。

该系统中实行社会化管理的范围是除上述内容以外的所有牵引供电系统，以及主变-牵引变电站的常规物业管理和运行维护管理。具体内容包括：运行值班、保安、清洁；道路、绿化维护；电气设备、电缆线路的巡检，计量；清扫及保养；设备的缺陷清除、故障抢修；对承包范围内电气设备进行计划内维修、维护工作以及做好运行中必要的配合工作。

对于实行社会化管理的这部分工作，虽然其专业化要求较高，但是社会上具有合格资质和实力的专业单位较多，有较好的市场化条件。通过资格审查，我们对6家有实力的专业运营维护管理单位进行了招标。结果，上海闵行电力实业有限公司以低于平均价50%的标的中标。通过公开招标的方式，我们既保证了中标者的专业水平，又有效地控制了管理成本。中标单位在磁浮公司运行部的领导和监管下，很好地保证了牵引供电系统的安全可靠运行。

牵引供电系统运行维护管理模式是一种社会化管理的典型模式，这种模式的基础是社会化和专业化分工的市场大环境。在市场环境下，中标单位上海闵行电力实业公司增加的投入对企业而言仅仅是低成本的投入，甚至是一种边际成本。他们的主业不是维护管理，但对于该业务的参与实际上是一种很好的拓宽市场的方式。

3. 运行控制系统的维护管理

运行控制系统是磁浮系统的核心，对系统的安全和运行的稳定至关重要，但在市场上找不到合格的运行维护管理单位。为此，磁浮公司和华东电脑公司联合组建了由磁浮公司控股的上海迈创科技有限公司，负责上海磁浮线运行控制系统的建设，并从中学习、培训，最终达到能够承担运行维护工作的目的。

上海磁浮示范线采用控股公司对核心系统进行控制的模式，也是一种社会化、市场化管理的新型模式，不仅引进了社会上专业的技术力量来承担系统的维护，而且通过资金参股和派出人员的办法掌握了这部分技术，也达到了培育市场主体、建设市场环境的目的。一旦时机成熟我们就可把迈创公司完全推向市场。

4. 站场、轨道系统的物业管理

上海磁浮示范线的基础设施包括2座车站（龙阳路站、浦东机场站），1座维修基地，沿线包括线路轨道系统、各种轨旁设施以及绿化、围墙等。由于上海磁浮示范线是世界上第一条商业运行线，具有较好的旅游观光性，因此，示范线的物业管理工作要求较高。

我们邀请了6家专业物业管理公司，将龙阳路站、浦东机场站、维修基地以及沿线设施分为两个物业管理标段进行了招标。最终上海明华物业公司和上海外滩物业有限公司两家单位分别中标。在磁浮公司运行部的领导和监管下，两家公司相互竞争、相互学习，管理水平不断提高，同时又互为"替补队员"，充分体现出社会化、市场化的优势。

通常物业管理主要包括清洁、保安、养护、停车等一般服务业的内容，而上海磁浮示范线的物业管理除了这些内容之外，还包含了站务、设施维护以及对外接待等服务项目。这些，在招标文件中都作了详细规定，明确了物业管理的管理范围、职责和权限，强化了磁浮公司对物业管理单位的指导和管理。

坚持社会化管理还为磁浮公司节约了大量的人员管理成本，其对口两座车站物业管理的运行部管理人员仅有2人。同时，也节约了一般物业管理工作的制度建设和人员培训成本。

上海外滩和明华两家物业管理公司承担上海磁浮示范线的运行及物业管理工作，既是企业自身拓展服务领域的良好开端，也为企业带来了大发展的机会，这一方面提高了公司的经济效益，同时也具有良好的社会效益。物业管理公司参与上海磁浮示范线的运行维护管理工作的意义是深远的，它为轨道交通设施的社会化管理启动了一个巨大的市场。

5. 售检票系统经营权转让、售票委托管理

上海磁浮示范线的自动售检票系统包括管理系统、车站计算机系统及车站设备三个部分，分别位于龙阳路站和浦东国际机场站内，于2002年5月安装完成。为了实现票务管理的社会化，提高透明度，从运营准备之初我们就吸取浦东国际机场建设费管理办法的经验教训，提出了转让经营权、售票委托管理的方案，随后用了很长的时间研究可操作性和编制标书。

标书规定转让经营权、委托售票管理范围包括投标单位获得磁浮公司设立的票务收入专户和在车站指定位置（自动售检票系统设备和售票亭部分区域）发布广告及企业标识的权利。经营权转让和委托售票管理的期限为5年。公开招标后，2002年12月18日中国银行上海市分行以较优惠的报价（501万元）中标，最终取得了上海磁浮示范线自动售检票系统经营权和标书规定的广告经营权，同时承担5年票务管理等工作。至此，我们成功地实施了自动售检票系统经营权与票务管理的社会化管理。

这次转让和委托过程实际上是一个双赢的过程。首先，磁浮公司直接的经济效益在于获得中国银行支付的经营权转让和票务管理委托的501万元综合收入。其次，由于票务管理工作委托给中国银行带来的磁浮公司管理成本降低，间接地也成为磁浮公司在博弈过程中的收益，初步测算，磁浮公司节省5年票务管理成本至少700万元。因此，这次经营权转让和票务管理委托带给磁浮公司的直接经济效益有1200万元之多。

显然，磁浮公司的直接收益来自于中国银行的实际支出，那么中国银行赢在哪里呢？首先，车站部分广告经营权是中国银行在本次转让中的直接收益之一。其次，磁浮票务收入的现金流直接进入中国银行开设的专户，这是有保证的、稳定的现金流，它当然会给中国银行资金运作带来稳定的存贷利差收益。合同还约定，磁浮公司承诺票务收入专户中的存款平均余额不低于人民币500万元，银行即可以运用这些资金开展业务，获取收益。再次，中国银行通过设立磁浮公司的票务收入专户，不仅争取了又一高端客户，而且也延伸了中国银行的服务范围，

甚至可以认为中国银行免费在磁浮车站增加了一个业务服务网点。最后，中国银行在此次交易中还获得了巨大的广告效益。

磁浮项目存在稳定的长期收益是售检票系统经营权转让、售票委托管理成功的根本，而这一特点也是许多基础设施项目所共有的。特别是对于轨道交通，这种经营管理模式具有非常积极的借鉴意义。

6. 磁浮公司运行部的工作

磁浮公司运行部负责运行调度和日常运行与维护的统一指挥和监管，以及一些暂时还无法市场化的运行维护工作。运行部将逐步被培养成为一个独立的市场主体。

由于磁浮车辆是磁浮系统的核心技术所在，国内还没有人掌握它的维护技术，因此市场上也无法找到相应的维护管理单位。为此磁浮公司运行部派遣了多批专业技术人员赴德进行培训，自己对车辆进行运营维护管理。上海磁浮示范线的运营管理体制如图 9-26 所示。

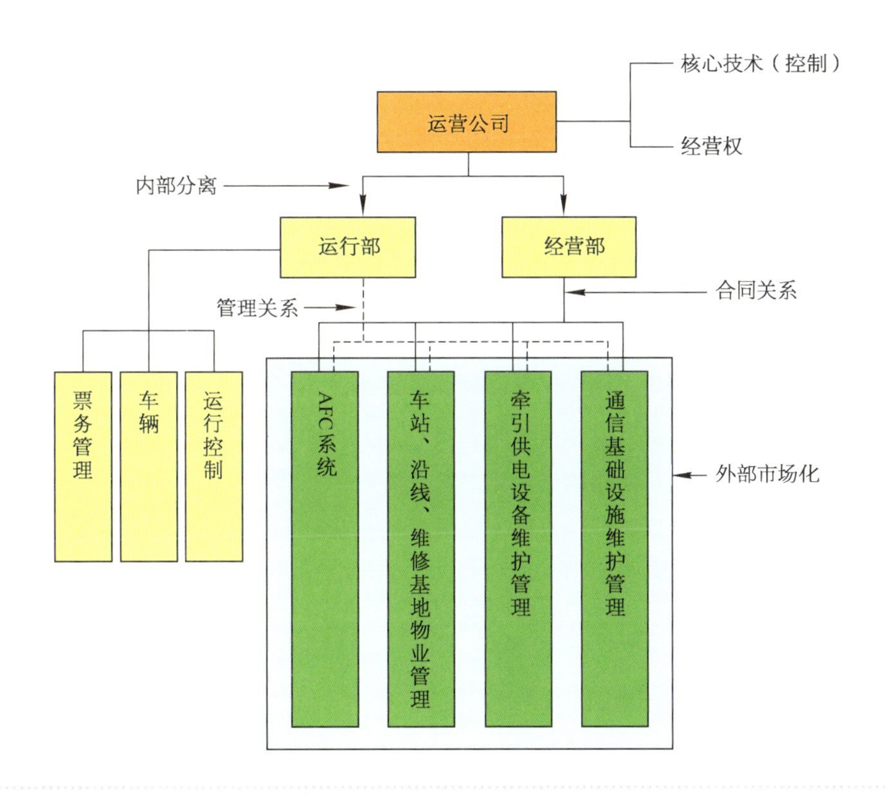

图 9-26 上海磁浮示范线的运营管理体制

上海磁浮示范线在运营管理上创造了一种符合轨道交通“四分开”体制的全新模式。这种模式的指导思想是经营市场化、管理社会化、专业化。该模式的特征为资产所有者负责资产的管理委托和经营（市场营销）；运营商（公司）负责运行调度和日常运行与维护的统一指挥和管理。牵引供电系统、运行控制系统、车辆系统、站场与轨道系统则根据市场的不同成熟度，由资产所有者通过招投标确定其运行维护商。其中，站场与线路轨道的管理和维护交由一般性物业公司负责；售检票系统由银行负责售票，物业公司负责检票，专业公司负责设备维护，而只有资产所有者可以随时从中央计算机得到全部票务信息。

我们所探索的这个运营管理模式的最大优点是：对资产所有者来说“产权明晰”，对运营商来说“责权利清楚”。该模式对资产所有者的经营管理水平和运营商的运行管理水平都提出了较高的要求，但并不要求人的数量，所以磁浮公司的运营部只有50多人。

9.2.4 赢利模式策划（商业开发策划）

下面讲赢利模式，也就是商业设施的策划。以虹桥综合交通枢纽为例，我将会讲得稍微具体一点。

赢利模式一定是对开发策划的进一步深化，因为开发策划里面我们只做了一个资金的流动目标，那么这些资金是不是能来，很大程度上取决于这里要讲的商业策划能不能把原来那些设想落地。所以，我们在做商业模式策划或曰赢利方案策划的时候，是在制订市场操作方案，提出市场操作的要求、需求，实际上就是在把我们开发策划讲的那些东西落地，把原来的想法、讲的那些故事变成真实场景，否则仅仅是讲故事那就失败了。

虹桥综合交通枢纽的商业开发主要是两大块，一块是商业服务设施本身的策划。我们要开发的就是商业服务设施，把房子租出去，让人家做商业、办公，当然这也是枢纽功能的需要。还有一块很重要，就是商业广告。广告这一块跟商业设施还不完全一样，几乎所有的重大基础设施都有很大一笔广告资源在里头。

案例024 虹桥综合交通枢纽商业开发策划

由于虹桥综合交通枢纽的商业设施几乎全部集中在东交通中心和磁浮车站内，因此本案例只介绍这部分的商业策划。

1. 商业策划的前提

商业策划的前提一定是人，取决于有多少客人到这儿来换乘，有多少人在这一地区工作，没有人来肯定是不行的。不管是办公、商务、会展、商店、餐饮，还是其他服务设施、配套设施等，最终都是顾客量的问题，到底有多少顾客光顾决定一切。

我们对虹桥综合交通枢纽进行分析，一天按照设计能力算应该有100多万人次进出，也就是说每天有五六十万人来这里。针对这么多人流我们还要分析这些人流的构成，多少是从上海市外部到枢纽来然后换乘城市交通的，多少是从市内城市交通换乘大交通离开上海的，多少是大交通换乘大交通，多少是城市交通换乘城市交通，还有多少是来枢纽地区工作的等等。这些不同的人流在商业上的意义是不一样的，最直接的就是什么样的人用什么样的商业设施问题。虹桥综合交通枢纽客流预测如图9-27所示。

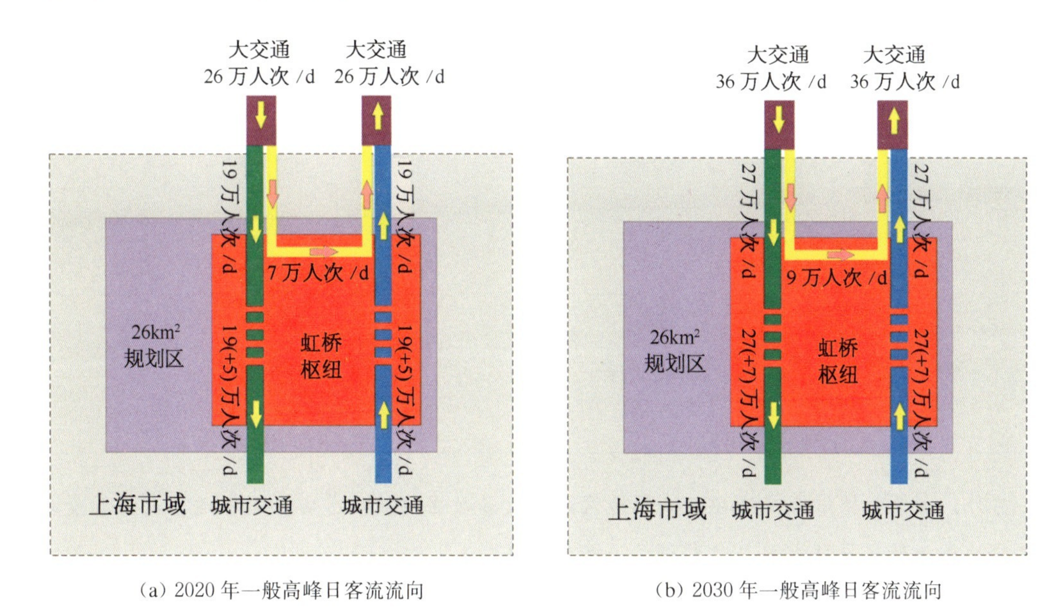

(a) 2020年一般高峰日客流流向　　(b) 2030年一般高峰日客流流向

图9-27　虹桥综合交通枢纽客流预测

注：1. 2006年规划阶段，预测枢纽2020年日均进出客流总量为110万人次。

2. 本次预测进出枢纽客流中，2020年日均约90万人次，一般高峰日约100万人次，极端高峰日约120万人次；2030年日均约127万人次，一般高峰日约140万人次，极端高峰日约165万人次。

3. 不包括一号航站楼客运量与高速公路集散客运量。

4. 括号内为接送客运量。

2. 商业规模策划

商业规模策划的方法有三种，一种是用交通原单位来算（交通工程学的方法），第二种是用消费者购买单位来算（经济型的方法），最后一种就是用市场原单位来算（调查实证的方法）。

我们用上述三种方法对虹桥综合交通枢纽的商业规模进行策划，并进一步综合调整的结果见表 9-3。比如宾馆推算的结果是 8 万多平方米，于是我们的策划和规划里面安排了 8 万～10 万 m^2。这里不同于开发策划里讲的那个规模，开发策划是根据资金平衡需要做的测算，而这里是根据这么多的人流消费需要进行的推算，每天 100 万人次的旅客就需要有 8 万 m^2 宾馆。因此，我们就在航站楼两侧布置了两个宾馆，加起来有四五万平方米，又在铁路车站附近规划了两个宾馆。

表 9-3 虹桥综合交通枢纽商业规模策划结果 （万 m^2）

<table>
<tr><th colspan="2">设施区分</th><th>策划报告推荐面积</th><th>实际面积</th></tr>
<tr><td rowspan="2">店铺</td><td>零售店</td><td>10</td><td rowspan="2">14</td></tr>
<tr><td>餐饮业</td><td>3.1</td></tr>
<tr><td colspan="2">租赁式办公室</td><td>4.1</td><td>3.5</td></tr>
<tr><td colspan="2">宾馆</td><td>8.2</td><td>8</td></tr>
<tr><td rowspan="2">虹桥综合交通枢纽运营、管理事务所</td><td>机场</td><td>3.9</td><td>3.5</td></tr>
<tr><td>高铁、磁浮</td><td>1.3</td><td>—</td></tr>
<tr><td colspan="2">合计</td><td>30.6</td><td>29</td></tr>
</table>

另外，由于虹桥综合交通枢纽南北地区的绝大多数用地被轨道占据，不适合商业开发，因此主要的商业开发设施需要与交通设施一体化开发。

3. 商业理念策划

大规模交通系统与商业的融合，会催生新的交通商业文化。交通商业理念的策划需要立足现实、追寻长远，虹桥综合交通枢纽若能满足这两条就意味着商业开发的成功。虹桥综合交通枢纽需要体现人类新的绚丽的大都会生活，而其商业环境也将成为枢纽本身的核心竞争力。重大基础设施建设的业主不应该仅仅满足于造就一个新地标，还必须努力创造一个最有价值的综合性交通商业设施。我们策划的虹桥综合交通枢纽的商业理念是：充分发挥虹桥综合交通枢纽的基本交通功能；让大都市的商业文明与高速交通和谐共存；采取多阶段的商业发展模式；建设虹桥综合交通枢纽内的商业旗舰店；构建回游型的设施布局；满足多样化、多层次的购物方式。我们的目标是充分体现这些核心理念，从而打造一个快节奏的、轻松愉快的、便利的、和谐的、商业化的交通中心。

(1) 打造使人联想未来、追寻梦想的设施。商业确实是一个很复杂的事情，做策划的时候如果简单地拿出一个商业设施的策划方案，一般都是有重大缺陷的。商业策划要有理念、要有梦想，要让旅客的想象力在设施中被激发，不仅仅纯粹实现买卖功能。虽然我们往往会强调它的买卖功能，比如为旅行服务的商业设施，功能上需要卖旅行包，但我们不能停留在卖“包”，我们要卖出包的“未来”、卖出未来的包、卖出关于包的遐想，否则这个商业设施就没什么生命力。若仅仅停留在纯功能要求上，那这些商业设施最后将沦落为只能满足旅客刚需的“卖方便面的小卖店”了。所以，商业设施一定要有梦想，不能够就事论事。

(2) 采取阶段式的发展模式，留下变化的弹性。商业策划永远是一个动态的过程，不同的时期、不同的客人、不同的业态、不同的规模、不同的商品，都有不同的要求，需要不停地调整，这是一个永远没有最后结论的命题。所以要做好一个商业设施的策划，最重要的是考虑它的弹性。考虑到旅客构成和数量的变化，商业设施应该随之变化，我们要为它留下发展变化的余地，谋求渐进地成长与发展。商业模式一定是一个阶段性的发展过程（图 9-28），人流多的时候与人流少的时候，对商业服务的要求是不同的，商业本身的发展规律也要求采用分阶段发展模式，此外国民生活水平的提高也会要求商业模式随之变化。

(3) 建设枢纽旗舰店，提高波及效果。在商业设施群中强调要有旗舰店。所谓旗舰店，就是具有一定规模和综合性的核心商店。如果枢纽内主要是一大堆小店铺肯定是不适合的，既不利于管理也不具备标志性。当然，另一个便捷的办法就是把东交通中心的所有商业服务设施一揽子交给一家知名的集成商来经营管理，如百联、百盛、太平洋、家乐福之类的集成商。

(4) 构建鳞次栉比的回游型设施。让旅客在这个商业设施里可以回游是一个很重要的理念。应将所有商业服务设施布置在一个游廊的两侧，让旅客在里面周游，愿意在里头走动，又不感觉累，像逛街一样比较舒服，这一点非常重要。

(5) 建立区分不同消费领域的复杂构造。为了应对利用者巨大的需求，整个商业区分为三个不同的消费领域。第一是 FUSION BAZZAR，以高速铁路、民航、磁浮、地铁等短时间停留的换乘旅客为目标客户，追求便利性、即时性、价格优势，布置在交通流线上及其附近。第二是 FUSION SHOWCASE，以品位较高、停留时间充裕的旅客为目标客户，以高品位、信息发布、趋势性为指向，可导入全部商业设施所在区域，引起各层次旅客对中高档消费品的期待

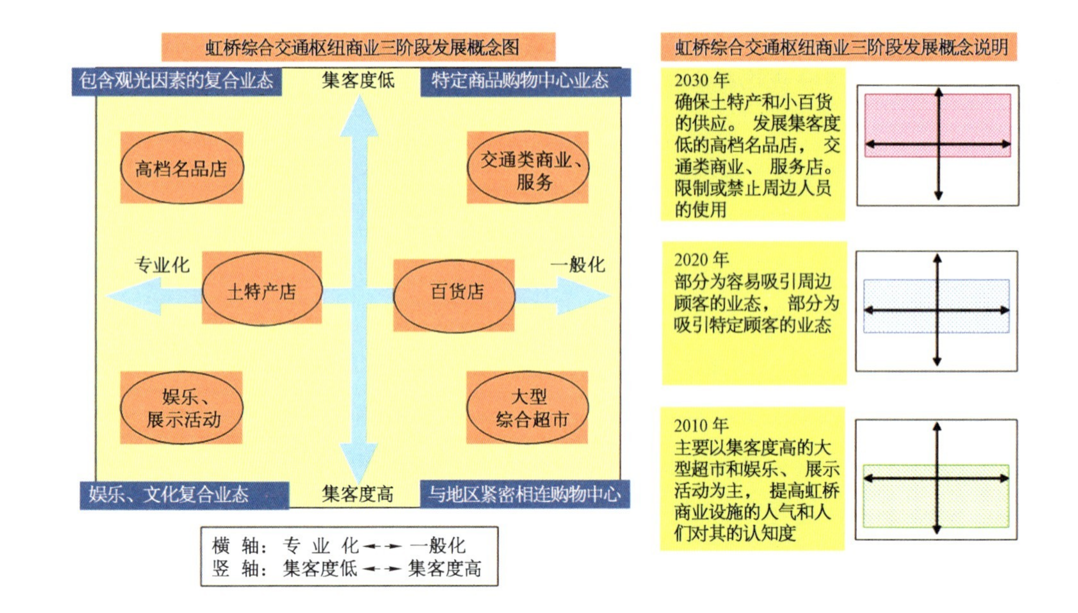

> 图 9-28 虹桥综合交通枢纽商业模式分阶段发展示意图

感。第三是 FUSION BANQUET，以富裕阶层、停留时间长和宾馆住宿旅客为目标客户，提供高档次饮食、购物和服务，对其他旅客营造一个引力空间，吸引他们去尝试。不同消费领域业种与商品策划见表 9-4。

表 9-4 虹桥综合交通枢纽不同消费领域业种与商品策划

业态	BAZAAR	SHOWCASE-A	SHOWCASE-B（2010、2020 年设施利用时）	BANQUET
零售	·土产、地方物产店 ·旅行用品、传统小物品店 ·商业小物品、皮革小物品店 ·家庭杂货、简易书店 ·药店 ·时尚饰品店 ·便利店 ·娱乐设施、自动售货机	·土产店、文具店、书店 ·音乐 CD、电影 DVD 店 ·商业饰品店 ·高级家电、电脑店 ·化妆品、饰品店 ·流行时尚店 ·品牌内衣店 ·品牌精选店	·服饰用品、小物品店 ·一般家电店 ·一般化妆品店 ·一般内衣店 ·一般精选店 ·一般时尚店	·高级礼品店 ·品牌时尚店 ·珠宝店 ·装饰礼品店 ·进口食材、进口点心店 ·高尔夫用品店

（续表）

业态	BAZAAR	SHOWCASE-A	SHOWCASE-B（2010、2020 年设施利用时）	BANQUET
餐饮	·外卖咖啡店 ·果冻店 ·中国茶、咖啡店 ·食品角 ·啤酒角	·咖啡休息室 ·三明治店 ·简便餐厅、茶店 ·咖啡专门店、甜品店	·咖啡厅 ·轻食餐厅	·高级餐厅 ·专门餐厅 ·自助餐厅 ·休息室 ·行政沙龙 ·商业沙龙
服务	·足底按摩店 ·ATM、邮政局 ·银行柜台 ·投币储物箱	·休闲店 ·诊所（内外科、齿科） ·美容诊所（皮肤科） ·儿童乐园、旅行代理店	·休闲店	·高级会所 ·美容室
租赁办公室 租赁会议室	—	·租赁会议室 ·租赁办公室 ·商业中心 ·信息服务中心	·租赁办公室（企业等） ·租赁会议室（供办公室用）	·大型、中型租赁办公室 ·会议中心 ·多目的大厅

4. 商业设施布局策划

我们发现虹桥综合交通枢纽不仅人流量庞大，而且旅客在停留时间、人均消费金额、消费倾向性等多方面都有多样性、阶段性的特征，消费者的消费也有集中在特定业种、特定时间的倾向；并且，虹桥综合交通枢纽的旅客消费金额不一定随着利用人数的比例增加而增加。对于具有这种多样性的旅客设施，必须要有一个与其多样性相适应的、分阶段发展的商业布局策划。

图 9-29 是第一阶段，2010 年建成时的空间布局策划。该阶段旅客量远未达到设施的设计能力，因此除旅客服务必需的商业服务设施外，还布置了以超市、娱乐、会展等为代表的集客设施，以提升人气和枢纽商业的知名度。

图 9-30 是第二阶段，2020 年时的空间布局策划。这个阶段旅客量有了一定提升，但还未达到设计能力，因此布置一部分吸引交通旅客的商业设施，一部分吸引周边旅客的商业设施。

图 9-31 是第三阶段，2030 年时的空间布局策划。该阶段旅客量已达到设施的设计能力，因此在确保土特产、小商品、交通关联商品和服务的供应店外，布置的是集客度较低的高档品牌店，限制集客力大的设施进入。

设施布局按 10 年一个周期进行一次大的调整，主要原因一是 10 年旅客量会发生较大的变化，另一个就是国民收入也会发生较大的变化，当然要买的东西就会发生变化。

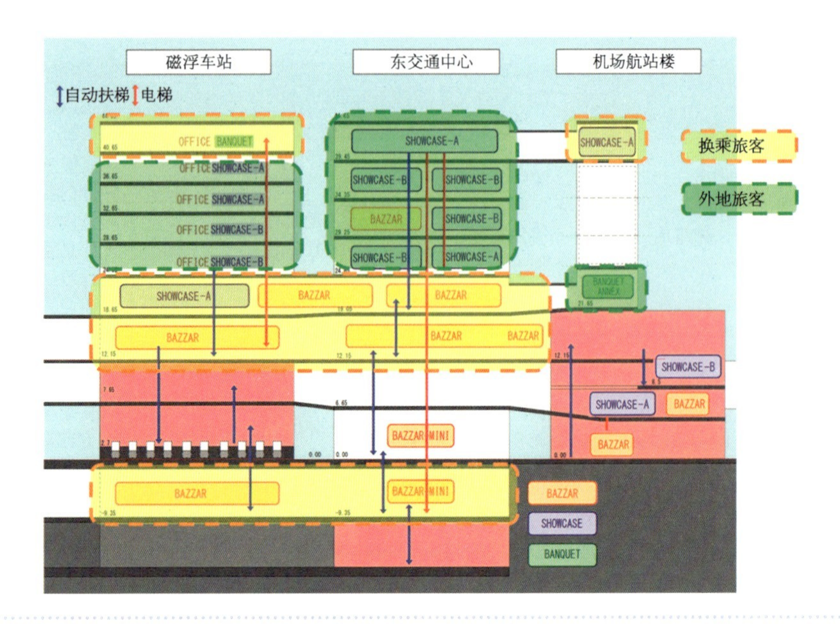

图 9-29 虹桥综合交通枢纽商业设施布局策划——2010 年

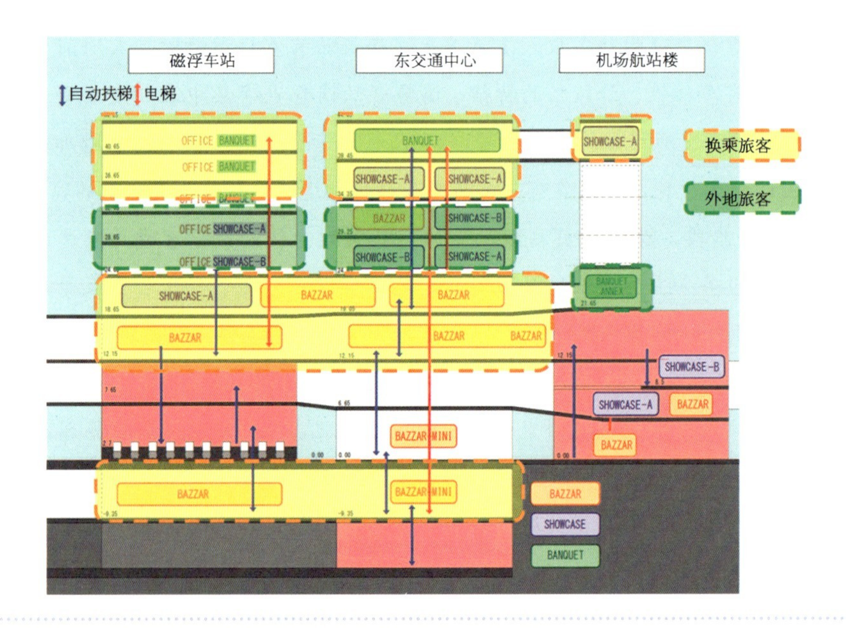

图 9-30 虹桥综合交通枢纽商业设施布局策划——2020 年

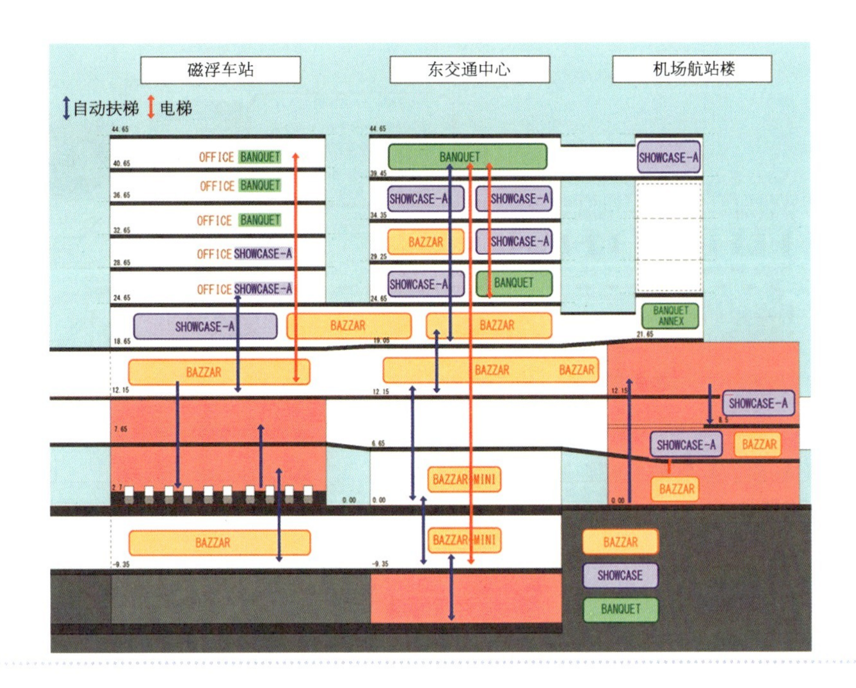

图 9-31 虹桥综合交通枢纽商业设施布局策划——2030年

其实我们在做这个策划的时候，周围一直是有不同意见的，一些人认为交通客流比较大的地方，不应该做商业设施。我向他们解释说：不一定的，商业设施有时候还会起到削峰填谷的作用，旅客拥挤的时候一部分旅客会去买东西，等待一会后再坐车，同时商业本身也是枢纽功能的一部分，旅客在这里顺便买东西可以避免其跑到市区去买东西，从而可以减少交通量，这是第一个理由。第二个理由是并非所有的商业设施都集聚客流，比如土特产，它不集聚客流，一定是交通旅客才会去买，市民从市区跑到枢纽去买是不大可能的。即使是集客设施也不是都不能做，比如浦东国际机场刚通航的时候，没有旅客量，设施大量放空，我们希望有客人去，希望大家都到那里去购物，这样商业才能做上去，于是我们就把 OUTLETS 开到了浦东国际机场，很多人就到那里去买东西，我们生意就好做了。如果是土特产，那是不会有人专门跑到浦东国际机场去买的。后来旅客量到了设计容量，机场设施开始拥挤，我们就和 OUTLETS 解约了。虹桥综合交通枢纽在 2010 年刚刚启用的时候，每年只有 20 万～30 万旅客量，那肯定是亏本的，怎样做能亏得少一点，或者不亏呢？我们就应该把一些集客的设施放进去。

按照上述策划，我们最终在磁浮东交通中心对 2010 年商业设施作了布局，如图 9-32～图 9-38 所示。

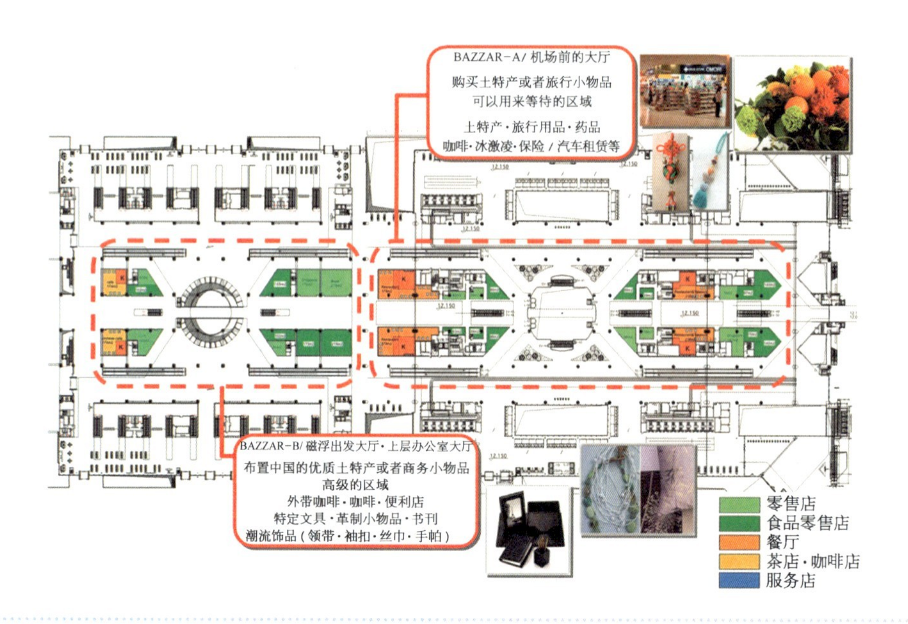

> **图 9-32** 虹桥综合交通枢纽 + 12 m 层商业设施业态策划

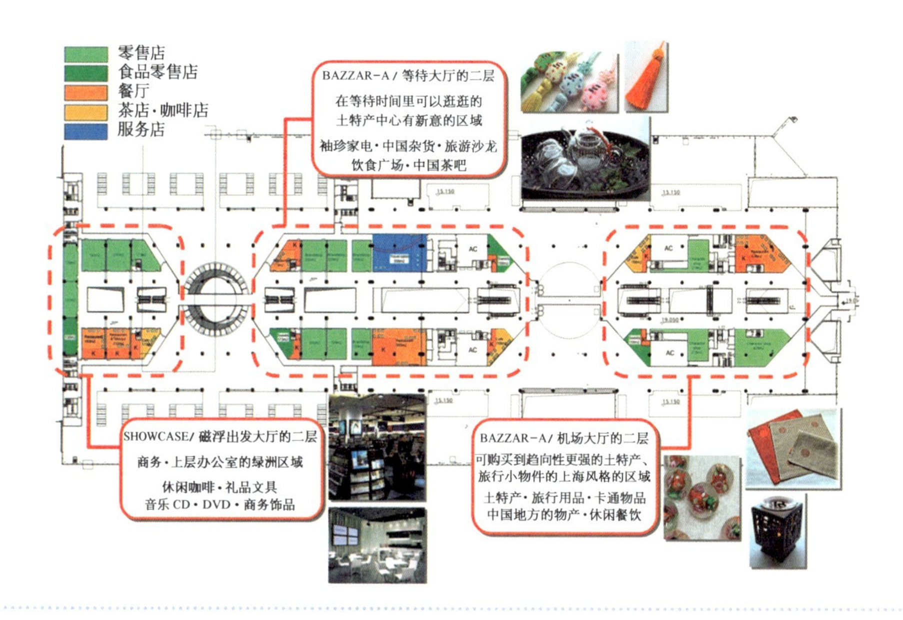

> **图 9-33** 虹桥综合交通枢纽 + 18 m 层商业设施业态策划

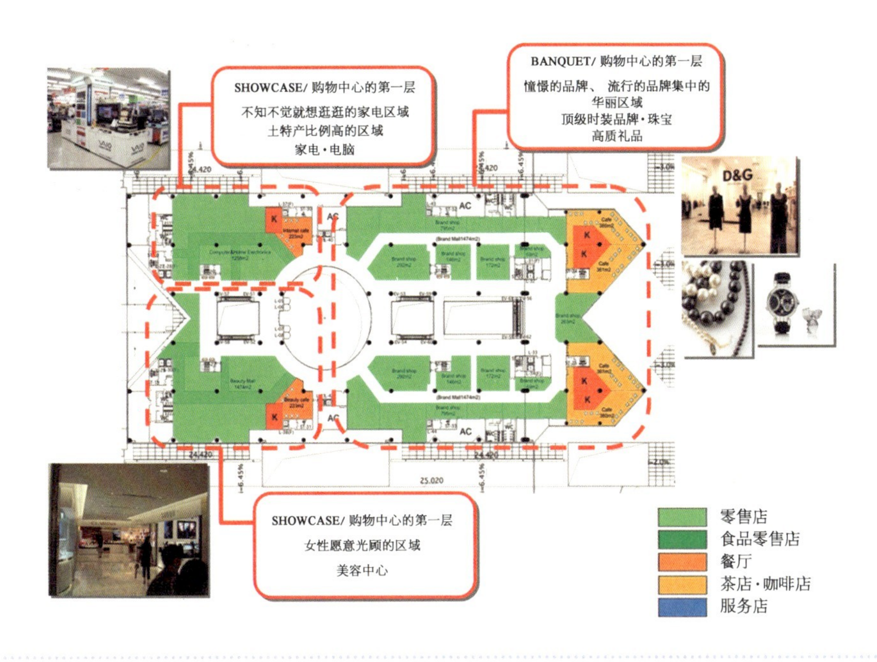

图 9-34　虹桥综合交通枢纽 + 24 m 层商业设施业态策划

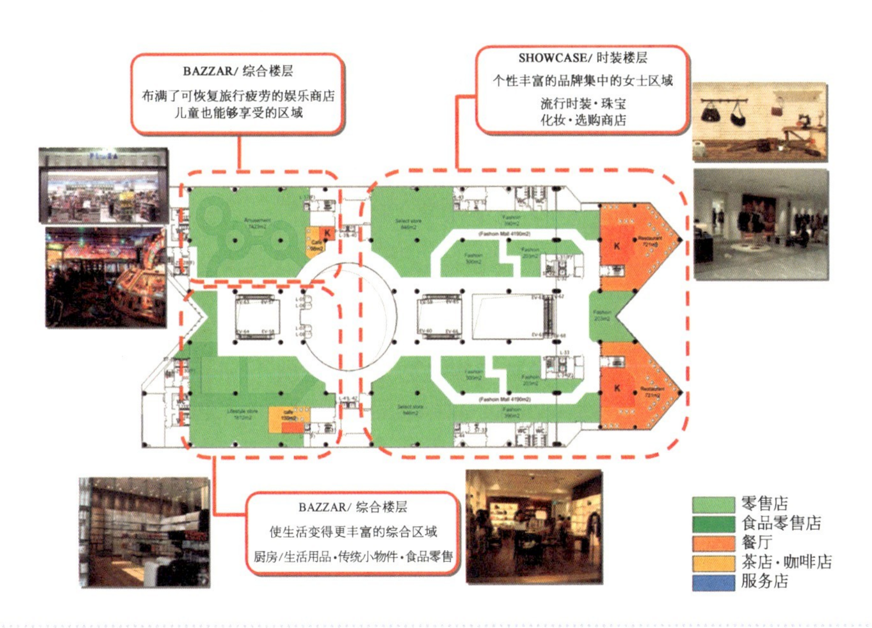

图 9-35　虹桥综合交通枢纽 + 29 m 层商业设施业态策划

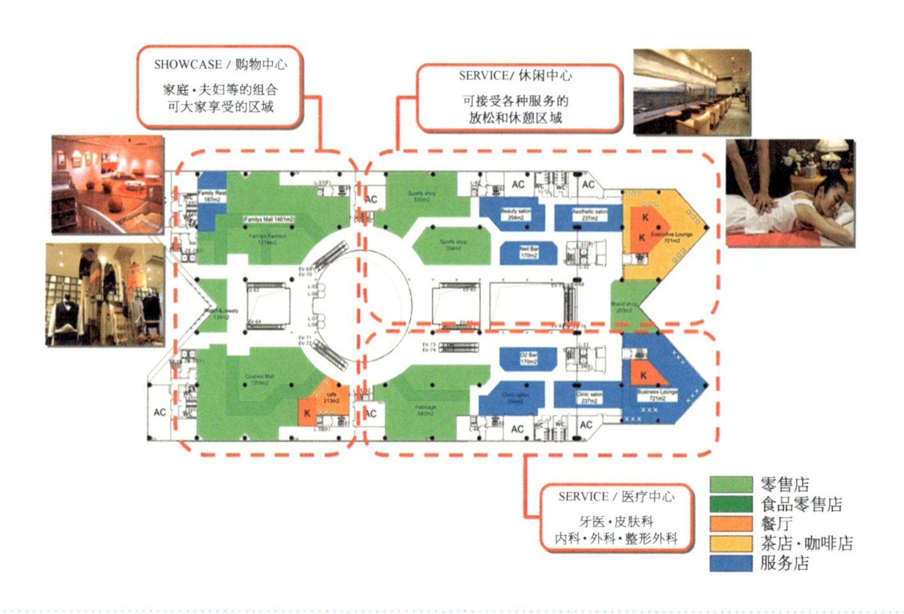

图 9-36 虹桥综合交通枢纽 + 34 m 层商业设施业态策划

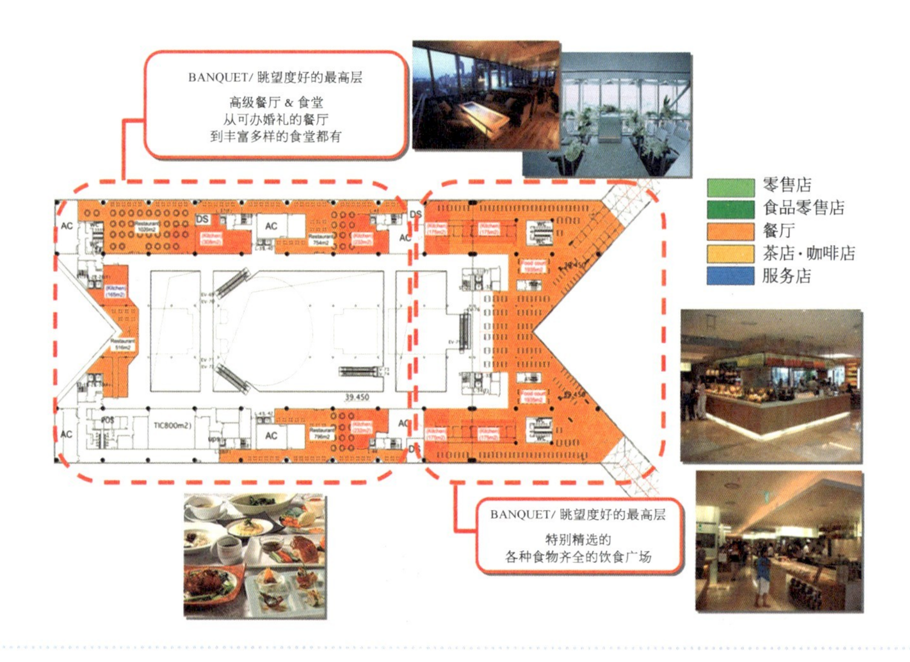

图 9-37 虹桥综合交通枢纽 + 39 m 层商业设施业态策划

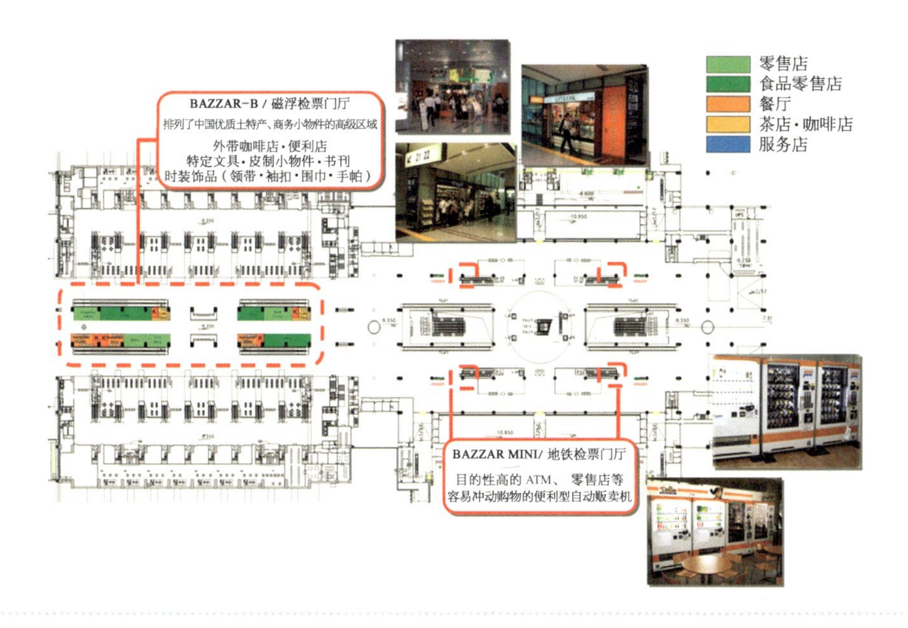

图 9-38 虹桥综合交通枢纽 −9 m 层商业设施业态策划

在磁浮车站上的商业、办公设施布局如图 9-39～图 9-41 所示。

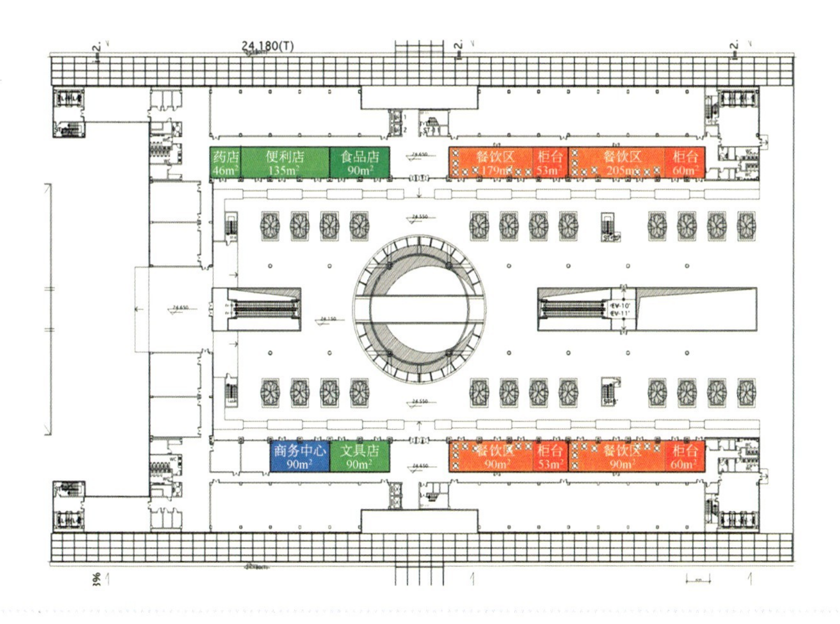

图 9-39 虹桥综合交通枢纽 +24.65 m 层商业设施业态策划

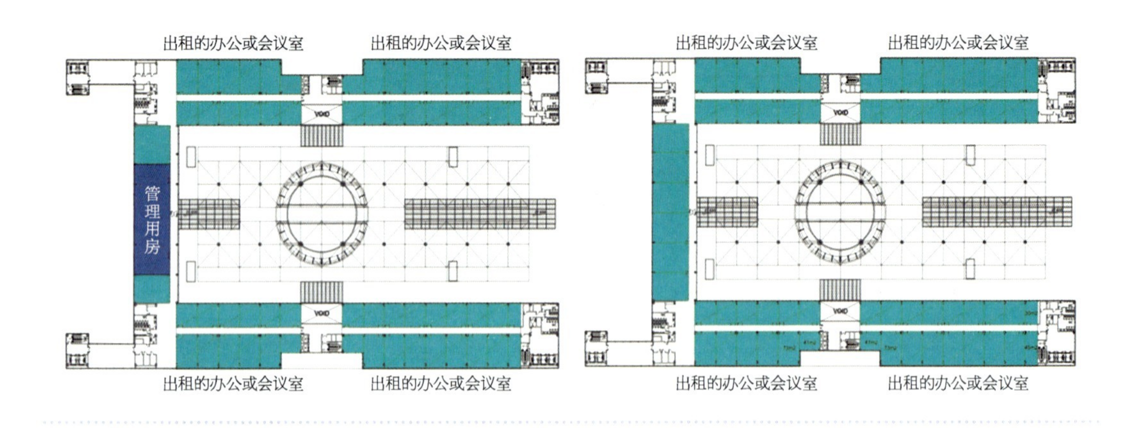

图 9-40　虹桥综合交通枢纽 + 28.65 m 层和 + 32.65 m 层商业设施业态策划

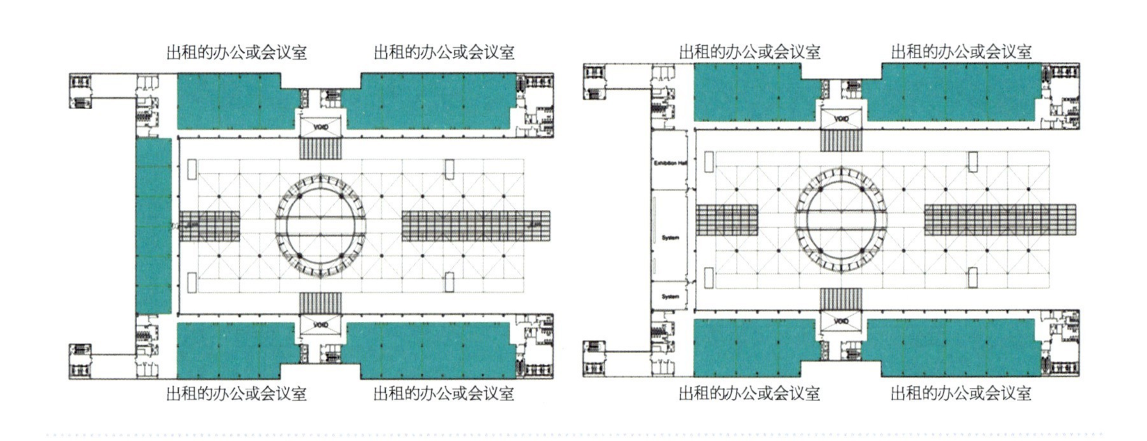

图 9-41　虹桥综合交通枢纽 + 36.65 m 层和 + 40.65 m 层商业设施业态策划

商业策划的另一块内容就是商业广告布局策划。市场上有许多优秀的广告策划商、广告集成商，请他们尽早参与会是一个聪明的选择。不同的媒体对设施会有不同的要求，对于业主来说明确和平衡这些要求是一项细致、超前的决策工作。

广告设施是综合交通枢纽的最优质资源，综合交通枢纽广告设施的经营过程中完全没有经营风险，应该“稳挣”、只盈不亏。因此，我们在规划设计阶段就应该认真研究，掌握其发展规律，尽可能做大做强这一块。总结经验教训，我们认为综合交通枢纽广告规划的基本原则有如下四条：

(1) 广告的受众要尽可能多。广告的价值与看到它的人数成正比，这就要求我们将广告布置在旅客流程上，要让尽可能多的旅客能够看到。虹桥机场值机大厅中，柜台上方的 8 块巨大的广告牌就是受众最多的，几乎所有的旅客都必须在这里办票和通过。其实还不只是旅客，工作人员和送客的人也都能够看到这些广告牌。虹桥机场航站楼值机大厅与安检区的广告规划如图 9-42 所示。

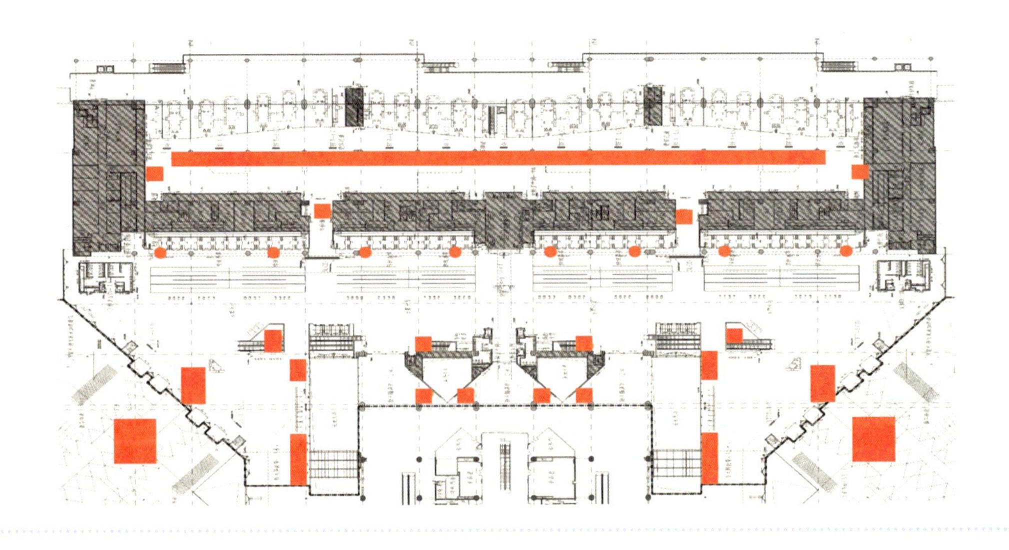

图 9-42 虹桥国际机场航站楼值机大厅与安检区的广告规划

(2) 单幅广告的面积要尽可能大。一般来说，平面广告的面积越大给人的印象越深，越容易引起人们的注意。这就要求我们要为广告牌的设置准备充足的建筑空间和电源。虹桥机场航站楼值机大厅的广告如图 9-43 所示。

(3) 广告本身的品位要尽可能高。综合交通枢纽是所在城市的门面，广泛分布其中的广告设施的品位其实也代表了这个城市的品位，因此，我们要对投放的广告进行一定程度的规范、规划，以期提高其品位。另一方面，提高广告的品位也有利于提高广告的收益。一般情况下，品位高的广告设施比较容易吸引品位高的产品广告，而品位比较高的广告有比较好的收益。

(4) 广告的传播形式要尽可能丰富。现代科技为我们提供了许多新的传播方式，在综合交通枢纽广告设施规划中要特别注意多媒体广告、实物广告设施的规划。在虹桥综合交通枢纽，我们就规划了大量多媒体广告设施和实物广告设施，特别是在旅客休息和等待的区域，我们为广

图 9-43　虹桥国际机场航站楼值机大厅的广告

告商提供了显示器插口、为旅客提供了手机充电插座，旅客可以坐下来比较长时间地观赏电视节目或（植入的）广告商制作的多媒体广告。虹桥机场航站楼候机指廊的广告规划如图 9-44 所示。

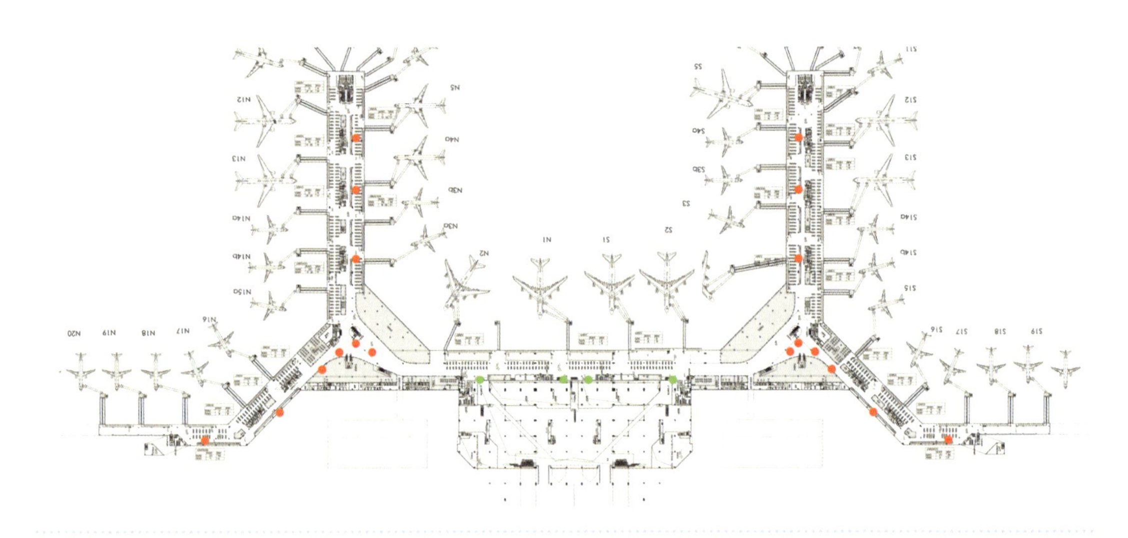

图 9-44　虹桥国际机场航站楼候机指廊的广告规划

我们做商业策划是出于建设的要求和业主角度的，最好是找专业做商业策划的人或经营者来做商业策划。作为业主、作为建设者、作为设计管理者、作为项目经理，我们有了这个商业策划就比较容易回答设计人员的问题，人家问你该怎么做你马上可以回答一系列的问题。这就是我们做这个策划的目的。

其实，我们最好早点把运营商找到或组建起来，由他们去研究、确认这些设施的运营管理方案，方案越具体对建设的指导性越好。我们在虹桥机场二号航站楼的规划建设中，就很好地与运营方配合、协调，达到了一个比较高的水平。同时，运营方以设施扩建为契机，还配套了许多改革措施，提出了一系列提高运营水平的新要求，通过二号航站楼的投运促进虹桥机场改革进入了一个新时期，实现了跨越式发展。

案例025 沪港机场管理（上海）有限公司运营虹桥国际机场二号航站楼

虹桥国际机场是中国机场中的“老人”，曾经一直走在中国机场运营管理的最前沿。但是浦东开发开放以后，上海机场的建设发展重心转到了浦东国际机场。虹桥机场的基础设施不断老化，经营管理也越来越跟不上时代的发展，特别是在旅客服务和商业经营方面已经严重落后。

2010年，借上海世博会东风，虹桥国际机场完成了西区扩建工程。为了改进我们的旅客服务和商业经营、引进香港机场的运营管理经验和人才，我们也借二号航站楼建成投运的东风，与香港机场管理局合资组建了沪港机场管理（上海）有限公司。沪港机场管理（上海）有限公司是上海机场（集团）有限公司与香港机场管理局合资建立的机场管理公司，其注册资金为1亿元人民币，上海机场（集团）有限公司占51%股权，香港机场管理局占49%股权，自2010年起合资期限为20年。董事长由沪方委任，总经理由港方委任，虹桥机场公司还委派一名副总经理任该公司副总经理。

沪港机场管理（上海）有限公司接受上海机场（集团）有限公司的委托，在上海虹桥国际机场东西两个航站区内，以及与旅客流程相关的区域内提供运营管理服务，包括对区域内的商业零售和餐饮企业进行管理和服务。沪港机场管理（上海）有限公司接管了虹桥机场航站楼的商业和旅客服务之后，变化很快发生了。他们大刀阔斧地改进了商业经营管理的模式，带来了许多旅客服务新理念，极大地提高了我们的运营水平。2014年2月19日，国际著名航空服务测评机构Skytrax公布了世界机场最新服务测评结果，上海虹桥国际机场T2航站楼获评国内首座“五星级航站楼”，与新加坡樟宜机场 T2、T3 航站楼，韩国仁川机场航站楼和香港机场航站楼等，并列成为全球旅客服务水准最高的 5 座航站楼之一。

讲评：对运营管理公司的策划，也是项目策划的内容。也许组建或引进一家好的运营管理公司，可能比做一个好的运营策划更重要。

9.3 运营创意策划

运营创意策划也许不是必需的，但对于国家投入大量资金、对国计民生影响巨大的重大基础设施，最应该在运营服务上提高水平，使我们的城市管理水平上一个台阶。千万不要忽视这一策划内容！

9.3.1 运营创意的产生

任何一项重大基础设施建设完成、投入运营以后，仅仅是完成一些最基本的功能和已有类似设施已做的事情那是不够的。以虹桥综合交通枢纽为例，我们就从运营的角度研究了还能做些什么事情。我们已经把这些设施合在了一起，希望除了旅客换乘方便以外，还能不能更方便一点，做成联运。比如一张票既可以乘飞机，也能直接乘高铁到苏州、到南京。因此，我们就做了这样一个创意策划：以虹桥综合交通枢纽为核心开展长三角的空铁、空磁、空路旅客联运。

首先，我们定义了旅客联运的范围即长三角这个区域，以虹桥综合交通枢纽为核心，以两个主要的交通轴为对象展开联运（图 9-45）。

其次，我们做的这个联运策划是以航空为核心、以空铁联运为主体的。虽然在这个地区有铁路、公路、磁浮，还包括城市交通，但实际上真正有社会经济效益的联运是航空和铁路的联运。航空与磁浮联运以后也许会更重要，但近期磁浮交通在虹桥综合交通枢纽还不能开通运营。航空与陆路交通会发生联运，甚至陆路和铁路、陆路和磁浮之间也会发生联运，但当前还没有太大运量。因此旅客乘飞机到达虹桥机场后，下一站肯定是要到长三角或者是到市内的某个地方去，所以怎样去做这一块的联运是我们策划工作的重点。

图 9-45 长三角空铁、空磁、空路联运示意图

第三，航空（含铁路、磁浮）与地铁的联运实施起来难度并不大。日本东京新干线与地铁的联运就是用新干线的票可以乘坐东京地铁的任何线路、在任何车站出站，从高铁进地铁甚至没有检票口，可直接进站，出站时把票交给检票人员就可以了，然后地铁与新干线进行票款清分。这些上海也很容易做得到，因为机场和铁路都属国资委，双方只要谈好票款清分方式就行了。这样做不仅可实现联运，而且也会方便乘公交的旅客，体现公交优先的原则。

第四，实现长三角以航空为核心的联运需要解决两个关键问题。一是联运票务问题，最好能做到一票联程。当然多票联程也是可以的，但多张票必须能在一个地方购买，这样就能够真正方便旅客。二是行李运输问题，应该尽可能实现远程值机、远程交运行李。

最后，在旅客完成远程值机后必须提供全程的航空信息服务。就是说要让旅客感觉到在车站办票以后的信息服务同在机场航站楼里是一样的。比如，旅客在苏州买了一张从虹桥机场起飞的机票，他一进铁路车站就能知道所要乘坐的这个航班的情况，如“现在机场开始办票了吗”，“航班是不是晚点了”，“登机口变更了吗”等等。

因此，我们策划了在长三角地区实施以航空为核心、以空铁为主体的旅客联运——空铁联运，即在长三角的主要铁路车站实施上海机场的远程值机。

2019 年，长三角有 235 列高铁列车挂上了民航的航班号，虹桥综合交通枢纽每天在空铁之间换乘的旅客数都超过 1 万人次，达地铁与机场旅客量的 40%以上，高铁旅客量的 50%以上，这大大地推进了长三角一体化的进程，也极大地减轻了城市道路的压力，缓解了城市交通的拥挤。

9.3.2 运营创意的深化

空铁联运服务可以有不同的模式。一是在异地提供部分值机服务，只办票、不接受行李；二是在异地提供有限制的值机服务，就是可以办票，但必须提前一定的时间交运行李；三是在异地提供完整的值机服务。

如果要实现上述远程值机，还须在这些车站里建一些远程值机设施，其主要功能为下述四块：旅客购票和信息查询、人工值机、行李托运及后台交接、自助值机（图 9-46）。

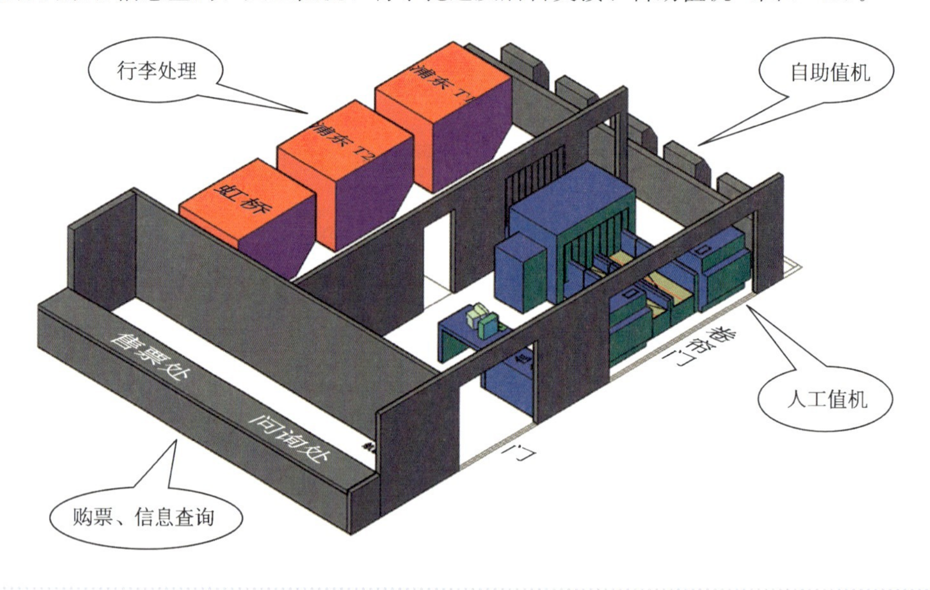

图 9-46　远程值机的四个功能模块

如果远程值机不接受行李托运，旅客可以拿着行李在车站的远程值机点办票，然后到虹桥机场交运行李、登机。如果是浦东国际机场的旅客，也可以拿着行李到车站远程值机点办票后，到虹桥机场托运行李，然后旅客可轻便地在市内购物，再去浦东国际机场乘机。旅客、行李流程模式一如图9-47所示。

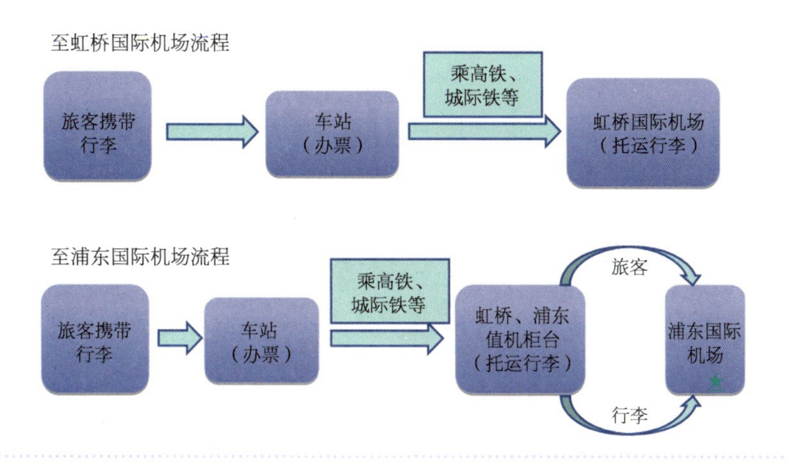

图9-47 旅客、行李流程模式一

如果设在车站的远程值机点接受旅客行李托运，旅客就可以在车站办好票、托运掉行李，然后自己很轻松地去虹桥国际机场或浦东国际机场。托运的行李则由第三方承运人运到机场。旅客、行李流程模式二如图9-48所示。

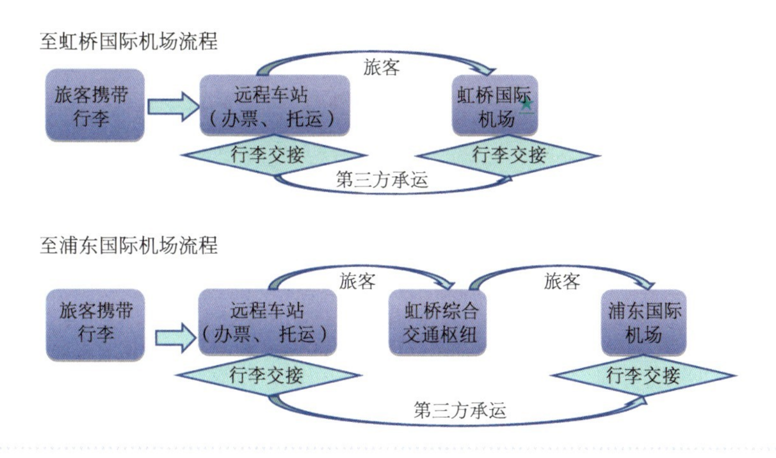

图9-48 旅客、行李流程模式二

前面我讲到上海机场快线能够把两个机场连接起来，从虹桥综合交通枢纽到浦东国际机场只需不到 45 min，就如同一个机场内的换乘一样。这样一来，就相当于我们把沪宁、沪杭线上的每个车站都变成了一个虚拟机场（图 9-49），这样不仅能够增强上海机场的辐射能力，同时也能够减少长三角部分城市的基础设施投资，又给旅客提供了很大的方便。2019 年，上海浦东、虹桥两机场间的机场快线已经开工建设。

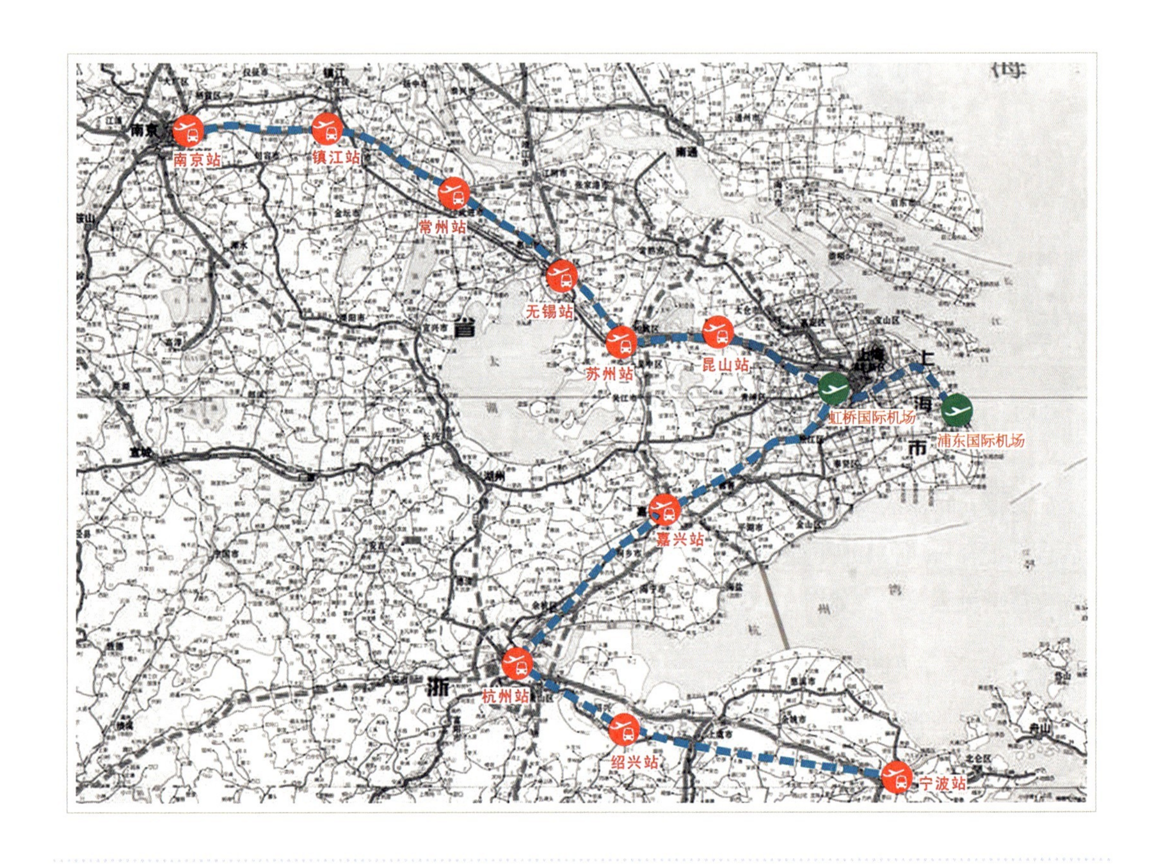

图 9-49　上海机场空铁联运远程值机点示意

9.3.3　运营创意的实施

为什么要在长三角实施远程值机？一个很重要的原因就是高铁运营以后，长三角与虹桥国际机场联系更方便了，在自己所在城市的车站里办票，乘高铁来虹桥国际机场坐飞机，或者去浦东国际机场坐飞机，就能够实现当天往返全国。比如一位旅客早上七八点钟在无锡车站办完票来虹桥国际机场，乘 9 点钟左右的航班到全国某主要城市开会，当天晚上还可以再回到家。能够做到这一点，他实际上就把晚上住在那个城市的宾馆费省了，不仅省了半天到一天的时间，而且省了这笔费用。如果省 500 元宾馆住宿费，他就一定愿意掏一部分钱来提高交通效率，一定愿意接受远程值机服务。这样，我们这个运营创意策划的经济效益也就出来了，否则仅仅是提供服务没有收益，这个运营创意的策划还不能算是成功的，就可能做不下去。现在上海静安寺的那个城市航站楼就做不下去，就是因为没有收益，没有收益就不能长久，也不能发展壮大，服务水平就会下降，旅客就会慢慢流失了。

当然这个运营创意的实施需要一个过程。我们策划分三步走，首先在虹桥综合交通枢纽尝试实施浦东国际机场的值机服务；然后在上海市内建设城市航站楼，提供远程值机服务；同时在杭嘉湖、苏锡常地区推行远程值机，并接受行李；最后把远程值机业务推广到整个长三角。

比如，我们在城际铁路和高速铁路的昆山车站设一个这样的远程值机点（图 9-50），旅客就可以在这里托运掉行李、办好票，然后再上车到虹桥国际机场来，这样就很方便，就能够达到我们策划的目的。以虹桥综合交通枢纽为核心沿沪宁、沪杭线延伸，每一个车站既是车站也是“机场航站楼”，能够使虹桥国际机场的服务圈大大拓展，使它的辐射能力和服务能力大大提高。

图 9-50 远程值机设施在昆山车站的位置示意

按照这样的实施计划，我们已经在虹桥综合交通枢纽东广场布置了4组浦东国际机场的远程值机柜台，这些柜台既可以办理浦东国际机场的机票，也可以办理虹桥国际机场的机票，为远程值机的实施奠定了设施基础。

虹桥综合交通枢纽实施浦东国际机场远程值机的旅客和行李的基本流程如图9-51所示。把这个运营创意策划做完后，我们在虹桥综合交通枢纽的建设过程中就把相应的设施配套实施了。这是一个很好的项目，既有很好的社会效益，有利于树立上海海纳百川、服务长三角的良好形象，同时也会产生比较好的经济效益，特别在世博会期间，是一个很好的亮点。

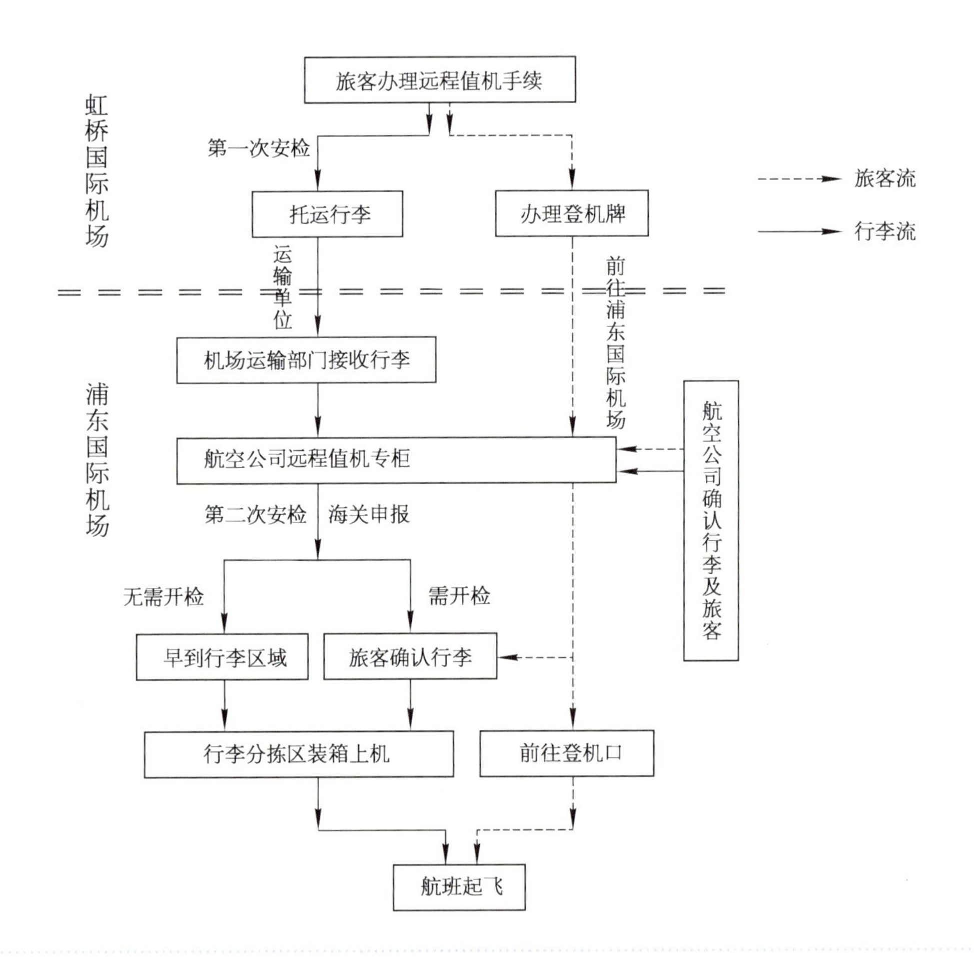

图9-51 浦东国际机场远程值机旅客、行李流程

案例 026 扬州泰州机场运营创意策划

扬州泰州机场位于江苏扬州市与泰州市之间的扬州境内，是国家批准建设的支线机场。由于其选址与南京禄口机场、无锡硕放机场、上海虹桥机场、上海浦东机场的距离很近，航班运营是一个关键问题。前述案例 002 对其终端规模的策划已有一个介绍，但是当前的规模仍然是一个问题，因为现在两市的航空旅客都被临近的几个机场吸引走了。为此，我们给扬州泰州机场做了一个运营创意策划（图 9-52）。

图 9-52　扬州泰州机场运营创意策划

我们建议：

（1）在扬州泰州机场与虹桥机场、浦东机场之间开通“空中巴士”，吸引两市的航空旅客，因为乘此空中巴士到达上海两个机场后，旅客可以非常方便地换乘到全国各地和全世界的各主要城市。

(2) 空中巴士的运行频率必须在30 min之内，因为必须保证旅客随到随走才能留住两市的全体航空旅客。

(3) 采用小机型飞机直飞这两条航线，小机型飞机有利于提高客座率、提高运行频率、提高服务水平、提高航班经济性。

(4) 与以上海为基地的航空公司组建支线航空公司，专飞这两条航线，并推出在下段旅程购买母公司长线机票的旅客，支线公司送扬州泰州机场至上海两机场机票的营销策略。

(5) 积极开展包机、专机业务。

9.4 运营培训策划

最后还有一个很重要的策划内容，就是运营培训策划。做建设管理的人，甚至做项目策划的我们可能不大关心这个问题。其实，运营人员的培训如果没有建设管理部门的支撑、仅仅依靠运营部门的工作是做不出高质量的培训工作的。最好的培训就是让运营人员在建设期间参与从规划设计到安装调试、竣工验收的全部工作，他们了解了为什么这么设计、买的是哪个厂家的设备、安装调试也跟着做了，那当然验收接管就比较顺利了，运营培训也就自然解决了。

案例027 上海磁浮示范线的运营培训策划

上海磁浮示范线这一世界上第一条磁浮商业示范运营线的运营培训，我们就是像上面说的这样做的。原来我们是想请德国人帮我们运营一两年的，结果他们只做了3个月就可以走了，我们的员工基本上就可以接手了，就是因为我们从一开始就有一个运营培训计划，有着“一定在建设期间把这些人培训出来”的目标或曰决心。当时我们还有一项措施就是把运行筹备部跟总工办、规划设计部、设备部这几个与磁浮技术关联度较大的部门交给一位领导来分管，为的就是整合这些技术力量，从设计、施工到运营，培养出一支磁浮专业队伍。

项目的运营培训策划阶段对项目最终的运营成功具有重要的意义。这个阶段应包含的工作内容主要包括编制运行手册、评估设备供应商的操作和维护手册、制订人员培训计划并进行测试与评估、编制安全手册等。

9.4.1 运营手册编制

运营培训策划的第一项工作就是编制运营手册。因为投资建设的项目最终要去运营，运营单位来的时候，给人家一本运营手册告诉它怎么运行，才能把建好的设施交得出去。就像工厂生产一个设备，卖给客户的时候也会提供一本产品手册或说明书，告诉客户怎样使用。我们生产了一个建筑产品，也要给人家这个手册。我们必须从一开始就考虑这个问题，在建设期间不断地准备和实施，安排设计、生产单位做相应的工作，请他们帮助培训；与厂家签合同的时候就提出培训要求，明确要做什么培训，要提供什么资料，这样运营手册的编制就有基础了。在建设期间编制运营手册也是为了“固化”运行需求，“确认”规划设计和建设的前提条件。

运营手册主要包括运行管理与计划、操作指导书与程序手册、考核指标、试验和检验、紧急情况处理预案等。

“机场使用手册”就是机场运营的“宪法”，是运营管理的总纲。

9.4.2 维护手册编制

维护手册主要是制造商提供的。建设结束时所有的厂商、建造商都要提供维护手册给业主，还必须提供与之相应的维护培训。

《维护手册》主要包括以下内容：

1）维护计划

（1）完整的设备识别编码。

（2）完整的维护要求。

（3）制定维护工作一揽子制度。

2）维护管理

（1）维护预算。

（2）对设备维护分包商的控制程序。

（3）制订各种设备的维护要求。

3）工作控制

（1）纠正和预防错误的维护措施。

（2）制订和实施工具控制措施。

（3）制订和实施备品备件发放程序。

9.4.3 安全手册编制与防灾策划

运营安全手册是安全管理工作的指导性文件，它是基于设施防灾策划的提炼和规范。我们在做虹桥综合交通枢纽时从刚开始就确立了综合防灾这个课题，叫作“虹桥综合交通枢纽综合防灾研究”，实际上就是更精确细致的综合防灾策划。记得是我在清华大学讲虹桥综合交通枢纽的时候，有一个研究生问：“这么复杂的设施、这么多的人，遇到灾害怎么办？”回来后我马上就在上海市科委立了这个课题，做了这样一个防灾的策划。我们很多策划都是作为科研课题来做的，所以都叫什么什么研究。

基础设施的防灾策划一般应考虑经常遇到的五大类灾害：地震、火灾、水灾、风灾、防恐，应对它们进行详细的识别、分类、评估，并针对其不同的情况从建设和运营角度提出相应的对策、措施。比如过去为了方便旅客，我们让汽车可以开到航站楼门口，在新加坡甚至没有做路沿石（俗称路牙子），旅客下车很方便，更加人性化。但我们发现美国的机场门前有很大的石墩子之类的障碍物，它是防恐用的。我们在虹桥综合交通枢纽也做了这种障碍物，使汽车不能直接冲进楼内去。又如消防局最关心的是防火疏散问题，这么一个巨大的设施高峰时有 5 万人在里面，万一着火了怎么疏散？结果我们的设计方案一次审查就通过了。为什么？因为我们事先有一个防灾策划，从一开始就考虑了旅客疏散问题，枢纽设施几乎全是开敞的，地下设施也可以直接疏散到地面安全地带。

我们这个防灾策划，还为运营部门提供了一个应急救援的大纲，根据前面研究的结论和工程实施的情况，为以后的应急救援方案和防灾演习提供了一个信息和技术上的支撑，运营单位可以在这个基础上再去做防灾救援的预案和安全手册。我觉得如果我们不把这个做好交给运营人员，他们刚接手运营工作就做安全手册是有一定难度的。因此，这也是一个很重要的培训内容（具体参阅《虹桥综合交通枢纽综合防灾研究》，上海科学技术出版社 2010 年出版）。

9.4.4 培训计划的编制与实施

培训计划是我们培养运营技术骨干和管理骨干的具体安排，它应该与建设计划、安装调试计划、运营计划一样是项目总体计划的一部分。

培训计划应该包括以下内容：实施策略、培训组织、培训材料与设施、培训时间安排、培训教员的选定、受训人员的考核和评审等。

培训方式可以多种多样，但培训的根本目标就是一个：培养合格的运营人员。只要有了合格的人才，一切问题都不在话下了。

案例 028 上海机场建设指挥部的运营培训

上海机场建设指挥部特别注意运营培训问题。为什么呢？许多大型国际机场，比如新曼谷机场、迪拜机场等，建设完成之后都是委托厂商运营的，或者委托外国人帮助运营。而上海机场，无论是浦东国际机场还是虹桥国际机场在大规模建设完成以后，我们都是自己运营的。这在发达国家应该是很正常的事情，但对发展中国家来说是有一定难度的。

为什么上海机场能做得到呢？就是因为上海机场建设指挥部从建设一开始，就非常重视培训工作，就有一个运营培训策划的课题伴随工程在进行中。我们在做浦东国际机场二期工程的时候，集团给指挥部的编制是 100 人，当时我们就根据人员培训的需要，给设备部、信息部、航站区工程部一部分编制以外的指标，让他们超编招聘一部分技术人员和应届毕业生，跟随工程建设边工作边培训边做运营手册、维护手册、安全手册，工程结束时转去做运营工作。这样一来，我们就有一批了解这些新的设备和系统运营情况的技术人员，他们会带着自己编制的运营手册、维护手册、安全手册转入运营部门工作。

浦东国际机场一期工程结束后，从建设指挥部挑选了 200 多人转去做运营工作，二期工程结束后转去 50 多人，虹桥机场扩建工程结束后我们又转去 100 多人，这一措施很好地支撑了上海机场的运营工作。

第10章

结　语

10.1 项目策划的内容

综合上述各章的研究和实践，我们认为重大基础设施建设中的项目策划工作应包含以下内容：

首先要有项目设想。该设想来自政治、经济、社会的项目灵感，以及来自系统网络、地区、城市、区域的项目灵感，当然也可能是多个灵感，好像是从“天上掉下来的”，这就是项目最初的设想。这种灵感是最有价值的，也是最不可“分析”的东西。

其次就是比较研究。就是要开始调查研究，开展对相同、相似或相反案例的收集和比较研究。

然后，我们就进入正题，开展项目策划。

(1) 功能策划。这是从区域、城市、网络、系统等角度对功能的定位和描述。

(2) 设施策划。设施策划是策划阶段的方案设计，是对设施间的相互关系进行明确、对设施布局原则进行确定的过程。设施布局又与设施的规模密切相关，不同设施间的关系和规模都会影响设施的布局。

(3) 开发策划。开发策划是在对设施特征充分认识的基础上，通过对设施市场运营环境的分析后，对设施全生命周期运营模式的设定过程。开发策划有两个原则：建设投资平衡、运营资金平衡。

(4) 组织策划。组织策划是根据项目公司的目的和经营范围，对项目公司的治理模式及其组织结构进行设定和调整的过程。

(5) 融资策划。融资策划是在对项目市场环境充分理解的基础上，对项目建设资金来源进行安排的过程。融资过程可以贯穿项目建设的全过程。

(6) 建设管理策划。建设管理策划是对项目的业主管理、设计管理、建设进度、施工管理、设备采购等的管理模式和操作方法的设定过程。

(7) 运营策划。运营策划是对项目设施建成后运行管理、经营管理、运营创新、运营培训等进行全面设定的过程。运营策划的成果是下阶段项目设计和设计管理的最直接依据，因此，运营策划越细致，对设计的指导越具体，项目设施建成后的可用性越好。

策划的内容主要就是这么七个方面。我们认为这七块内容，都是策划所必需的，或者说总会遇到的，但是不一定每个项目里都会遇到。一般来说，业主请你做项目策划，他往往是哪个不明白就让你做哪个，不一定会完整地给你做这七块内容。

这七块内容里，我认为比较重要的有三块。第一个就是功能策划，这个是最重要的，但是也是最难的。项目的功能定位策划，就是弄清楚你自己的需求是什么，就是你想要什么，这对项目策划来说是最根本的。第二个就是开发策划。它难在项目提出来以后，怎样把故事讲圆，让它能够在理论上成立。虹桥综合交通枢纽开发策划，重点讲的是资金，讲从市场的角度怎样让它成立，但事实上开发策划还有许多其他的角度，最根本的是项目想出来以后，要把这个故事讲完整就一定要在经济上能够运转。第三个重要的内容是运营策划。这一块的工作量最大。运营策划就是把那个故事落地，变成可以操作的，变成可实现的。我们认为项目策划最主要的就是这三块内容，第一个最难，第二个最重要，第三个工作量最大。功能策划没有做好，我们就没有方向、没有目标，所做的一切，可能都是无效的；开发策划讲不圆这个故事，那个设想就是空想；运营策划不能把它落到地上，那个故事就仅仅是故事而已。

10.2　项目策划的“三大定律”

在本书中，我们对重大基础设施建设的项目策划工作，明确提出了“三大定律”，实际上就是三个主要的原则，或者说是三个方法。

第一定律，讲的是策划与设计、施工、运营的关系，即“策划→设计→施工→运营”这一模式。

第二定律，是策划的一种方法论。重大基础设施建设项目要分区、分块、分系统地做策划，即“区分策划的理论与方法”。

项目策划要求我们要做比较细致的工作，要充分理解项目本身，比如，有人做融资策划，常常是财务人员来做的，他们只能是对整个项目的资金来源做个策划，这与我们所讲的区分策划是不同的。我们这个区分策划是一个很重要的方法。重大基础设施不进行区分策划的时候，很多很好的想法就不成立，但是把它拆分开以后事情就有了新的天地，有好多创意就可以操作了。由于重大基础设施都是综合性的设施，设施构成都很大、很复杂，所以做项目策划前一定要充分理解项目的内在机制和构造，找出策划的突破点。

第三定律，是我们策划的一个方法和过程，即策划、实施（试一下），再讨论一下，然后再调整策划，然后再实施，再策划，再实施……这么一个循环的过程，即“策划→实施→调整策划→再实施→再策划→再实施……”

这些是我们做策划的很重要的方法或者也是一种项目策划的模式。如果不这样，那谁也不是神仙，是做不好这个工作的。因此，项目策划人员一定是跟随项目做工作，一直跟着大家做，也许不同的阶段与不同的人配合工作，但一定是伴随整个项目实施的全过程的，不然的话，策划会变成空话。

10.3　虹桥综合交通枢纽项目策划的成果

本书的主体案例虹桥综合交通枢纽项目策划完成验收时，得到评审委员会的高度评价，认为我们在这次项目策划中取得了如下成果：

（1）对枢纽功能设施的定位、内容、规模以及它们之间的联系进行了研究，对枢纽设施布局进行了策划，提出了一个集机场、铁路、磁浮、城市轨道交通、道路交通等多种交通方式于一体的综合交通枢纽布局的策划方案（或曰：概念方案）。

（2）从虹桥综合交通枢纽设施拆分的目的和意义出发，对枢纽设施进行了构成分析，按照可经营性、可拆分性把枢纽设施分成了四种类型，并以此策划了枢纽投资与土地开发收益、运营成本与经营性设施收益的平衡关系。

（3）基于枢纽设施的拆分和分类，策划了枢纽投资分工结构，以及融资模式和操作机制，并得到完整实施。

（4）针对虹桥综合交通枢纽规模巨大、关系复杂这一特点，策划了枢纽工程建设管理体制、规划设计管理模式、进度计划体系等一系列项目管理模式，并得到实施。

（5）策划了按照区域划分管理界面，以高铁、机场为主，其他各交通方式为辅承担枢纽运营管理工作的运营管理模式，为虹桥综合交通枢纽的运营筹备工作奠定了基础。

也就是说，我们在虹桥综合交通枢纽的项目策划中主要做了以下这些工作：第一，我们对枢纽的定位、内容、规模以及它们之间的联系进行了一个比较完整的策划，使这个项目在实施之前，大家就有了一个共识，当然也把这个复杂项目的各种关系都理清了。第二，我们从开发的角度，从设施可经营性程度，把项目按可经营和不可经营、可拆分和不可拆分进行了拆分，拆分以后我们又策划建立了该设施群的投资和运营时的资金平衡关系。第三，我们在设施拆分的基础上，提出了一个比较好的融资模式，使这个项目最后能够很快启动起来，能够做下去。第四，为这么一个巨大的，我们以前没有遇到过的项目，提供了一个建设管理的模式，而且这种管理模式包括规划设计管理模式和工程实施管理模式两个方面，它是基于我们现在的管理能力的，应该说是具有比较好的操作性的，而且这个模式被完整采用，并指导了我们的规划设计和工程实施工作。最后，我们按照区域划分了管理界面，为枢纽的运营准备工作提供了一个很好的管理模式，这个运营管理模式也被完整采用了。虹桥综合交通枢纽的这个项目策划，是到现在为止我们所做的最成功的一个。之所以这么说，一个很重要的原因，就是我们策划的绝大部分、最主要的内容都得到了实施，而且从现在来看，还都比较成功，比较顺，没有引起大的问题。当然，现在对我们这套项目策划工作体系做评价还为时过早，还需要有更多的实践案例来做进一步的补充和完善，但是，这个体系在虹桥综合交通枢纽得到了一次比较完整的验证或者说测试。在虹桥综合交通枢纽策划完成之后，2010 年以来的十年中，我们又做了许多项目策划工作，可以认为用这种方法去做重大基础设施的项目策划工作基本上是可行的。

案例 029　揭阳潮汕国际机场综合交通枢纽项目策划

1. 2016 年承担的项目策划工作

2016 年初，我们开始为广东揭阳潮汕国际机场的航站楼前广场地区做综合交通枢纽的项目策划。当时的主要目的是为旅客航站楼前地区的未来发展做一个开发策划，为高速铁路在航站楼前选择合适的站址，项目策划报告分为 7 个部分。

1）现状与现行规划

2015 年揭阳潮汕国际机场完成了 320 万人次旅客量、2 万 t 货运量、3.9万架次起降量。现行机场规划是 2045 年完成 2060 万人次旅客量、34 万 t 货运量、15.8万架次起降量。

2）机场的功能定位与规模策划

策划结论是：揭阳潮汕国际机场应定位于国内的干线机场、粤东地区最大的机场和综合交通枢纽、揭阳潮州汕头城市一体化中“未来城市的 CBD”（即三座城市一体化发展的“动力源”），如图 10-1 所示。

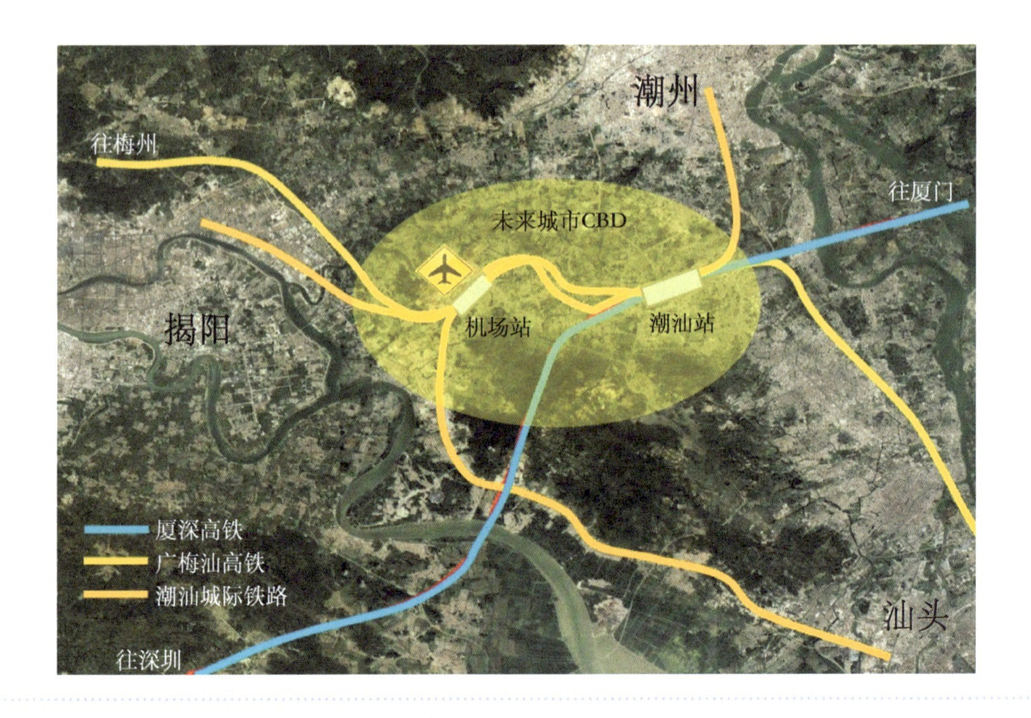

图 10-1 揭阳潮州汕头的城市一体化示意

3）对机场规划的修订建议

建议如下：远期年处理能力定为 2000 万人次以上，暂时不需要第二条跑道，规划保留两条近距离跑道的可能性；远期规划 70～80 个机位；可能需要增设航站主楼，要预留卫星厅；要跟踪智慧机场的发展，研究拓展综合交通枢纽的值机功能；考虑远期引入城市轨道交通。

4）综合交通枢纽的布局与流线策划

我们将高铁车站布置在距机场航站楼 200 多米的南面，在航站楼与高铁车站之间开发建设综合交通枢纽。航站楼、综合交通枢纽、高铁车站通过地下一层的通道直接联系。综合交通枢纽分为三个部分：中间部分的二层以下是旅客换乘通道和商业服务中心；三层以上是旅客过夜用房（宾馆）；中间部分的东西两侧是停车楼，停车楼由 4 个独立的标准单元组成。揭阳潮汕国际机场综合交通枢纽布局策划如图 10-2 所示。

> 图 10-2　揭阳潮汕国际机场综合交通枢纽布局策划

5）综合交通枢纽的开发策划

综合交通枢纽建筑投资约10亿元，多为经营性设施，随着旅客量的不断增加，经营效益会越来越好。如果现金流允许，机场集团可以自己持有相关物业；当然也可以充分利用社会资金，采取合资合作、BOT、F-EPC等方式，推动揭阳潮汕国际机场基础设施的跨越式发展。

6）综合交通枢纽的建设策划

鉴于项目规模不大、不停航施工、影响因素复杂等，我们的建议是：实行设计由一家单位总包；施工也由一家单位总包；统一由一家单位监理；出租的商业服务设施的精装修可以由商家自己组织实施，纳入施工总包管理；可以找一家投资监理。

7）综合交通枢纽的运营策划

我们研究比较了三种可能的运营管理模式，向机场方推荐了这个方案：由机场航站区管理部门下属的交通管理机构，将综合交通枢纽综合体交由一家公司运营管理。

2. 2020年承担的项目策划工作

2016年末完成的上述策划工作很好地指导了高铁的选线和高铁车站的选址，也为机场扩建的工程可行性研究奠定了坚实的基础。但是有两个问题遗留下来，需要进一步协调解决：一是中轴线上的旅客过夜用房影响机场航站楼的立面展示，其规模和造型需要进一步优化；二是在机场规模不大、机场公司实力有限的情况下，开发这样的综合交通枢纽，其资金来源需要进一步策划、落实。

2019 年末，揭阳潮汕国际机场的年旅客量达到 735 万人次，同时其综合交通枢纽旅客过夜用房的造型与规模经过近两年的协商和优化，已经达成一致。于是，广东省机场管理集团有限公司（简称：广东机场集团）决定启动揭阳潮汕国际机场综合交通枢纽项目的招商和开发建设工作。作为投资方的项目策划团队，我们又为揭阳潮汕国际机场做了综合交通枢纽综合体（图 10-3）的融资策划和组织策划工作。

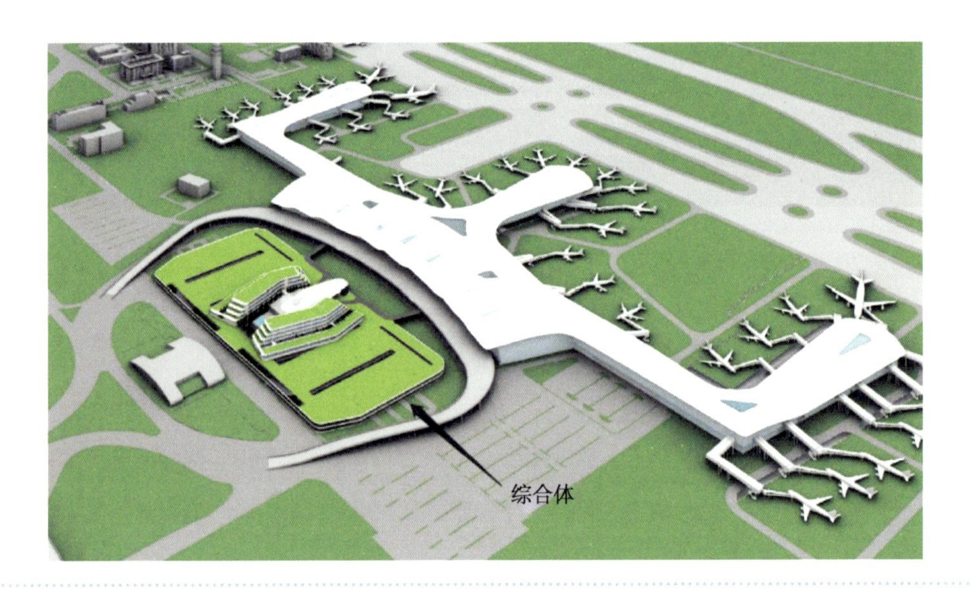

图 10-3 揭阳潮汕国际机场综合交通枢纽综合体示意

1）综合交通枢纽的融资策划

基于广东机场集团在揭阳潮汕国际机场综合交通枢纽综合体开发建设中引进社会资金的要求，我们确立了如下原则：

(1) 综合交通枢纽综合体的地下一层为旅客航站楼的人防设施，其投资应由广东机场集团承担。

（2）地上部分由社会投资者（81%）和广东机场集团（19%）组成的合资公司承担，合资公司持有地上部分资产。

（3）由于综合交通枢纽综合体的流程是机场旅客流程的重要组成部分，与航站楼运营密切相关，因此要求社会投资者熟悉机场的建设运营。

（4）中标的社会投资者的资金到位进度，必须满足综合交通枢纽综合体工程付款进度的要求。

2）综合交通枢纽的组织策划

由于最终的建设方案使综合交通枢纽综合体成为一座单体建筑，无法分隔，运营管理也就无法再进行区分，因此我们提出以下建议：

（1）必须由一家公司对综合交通枢纽综合体进行运营管理。

（2）鉴于合资公司已经成立，将整个综合交通枢纽综合体（包括广东机场集团投资的地下一层部分资产和土地）一起交给合资公司运营管理是最佳选择。

（3）广东机场集团向合资公司收取上述资源的使用费，合资公司向广东机场集团收取上述资产的运营管理费。

（4）合资公司承担运营管理责任，可以通过公开程序招聘旅客过夜用房的管理者和商业服务设施的经营者。

讲评：我们看到，总是投资者更加关注投融资模式策划和项目公司治理策划。

揭阳潮汕国际机场综合交通枢纽项目策划断断续续做了5年，在这个不断谋划、不断克服困难、不断推进的过程中，我们看到了广东机场集团对科学和市场的尊重，他们做得非常睿智、非常成功。

揭阳潮汕国际机场综合交通枢纽综合体将于2021年10月建成投运。我们相信机场综合交通枢纽综合体一定会很成功，它一定会成为粤东地区最具代表性的门户型综合交通枢纽，它所在的地区也将会在不远的将来成为揭阳潮州汕头的CBD。

总之，项目策划工作本身是有其科学规律的。对于大型项目、功能复杂的项目，特别是重大基础设施项目，我们需要“谋定而后动”！这就是“项目策划”。

不谋万事者，不足以谋一时；不谋全局者，不足以谋一域！

案例索引

图表索引

第 6 章 项目公司治理模式策划

第 7 章 投融资模式策划

第 8 章 建设管理模式策划

第 9 章 运营管理模式策划

第 10 章 结语

参考文献

[1] 刘武君．重大基础设施建设设计管理［M］．上海：上海科学技术出版社，2009．

[2] 刘武君，顾承东，赵海波，等．建设枢纽功能　服务区域经济——天津交通发展战略研究［M］．上海：上海科学技术出版社，2006．

[3] 中国城市规划设计研究院．上海虹桥综合交通枢纽功能拓展研究［R］．2006，12．

[4] 上海迈祥工程技术咨询有限公司．深圳市轨道交通3号线项目策划［R］．2004，5．

[5] 中国城市规划设计研究院，上海市城市规划设计研究院．虹桥综合交通枢纽地区控制性详细规划［R］．2008，7．

[6] 上海市城市综合交通规划研究所．虹桥综合交通枢纽旅客量预测与评估［R］．2006，8．

[7] 上海市政工程设计研究总院．虹桥综合交通枢纽快速集散系统工程可行性研究报告［R］．2006，12．

[8] 上海市政工程设计研究总院．虹桥综合交通枢纽市政道路及配套工程可行性研究报告［R］．2006，12．

[9] 华东建筑设计研究院有限公司．虹桥综合交通枢纽交通中心工程初步设计［R］．2007，7．

[10] 朱忠隆．上海磁浮示范线售检票系统经营权转让和售票委托管理［R］．上海磁浮交通发展有限公司，2003，3．

[11] 吴祥明．浦东国际机场建设——项目管理［M］．上海：上海科学技术出版社，1999．

[12] 吴祥明．浦东国际机场建设——总体规划［M］．上海：上海科学技术出版社，1999．

[13] 吴念祖．以运营为导向的浦东国际机场建设管理［M］．上海：上海科学技术出版社，2008．

[14] 吴念祖．浦东国际机场总体规划［M］．上海：上海科学技术出版社，2008．

[15] 吴念祖．图解虹桥综合交通枢纽策划、规划、设计、研究［M］．上海：上海科学技术出版社，2008．

[16] 吴念祖．虹桥综合交通枢纽开发策划研究［M］．上海：上海科学技术出版社，2009．

[17] 吴念祖．虹桥国际机场总体规划［M］．上海：上海科学技术出版社，2010．

[18] 贾锐军．机场运营准备和管理［M］．北京：

中国民航出版社，2009.

[19] 虹桥国际机场. 虹桥国际机场使用手册[S]. 2010.

[20] 刘武君. 虹桥国际机场规划 [M]. 上海：上海科学技术出版社，2016.

[21] 刘武君. 综合交通枢纽规划 [M]. 上海：上海科学技术出版社，2015.

[22] 吴念祖. 虹桥综合交通枢纽综合防灾研究[M]. 上海：上海科学技术出版社，2010.